→ 西藏，
身体下地狱，眼睛上天堂，

U0560694

尼玛达娃 ◎ 著

西藏，改变一生的旅行

西藏旅游全身心攻略（全新修订版）

广东旅游出版社
GUANGDONG TRAVEL & TOURISM PRESS
悦读书 · 悦旅行 · 悦享人生

中国 · 广州

图书在版编目（CIP）数据

西藏，改变一生的旅行／尼玛达娃著．—2版．—广州：广东旅游出版社，2015.6（2023.7重印）

ISBN 978-7-5570-0073-8

Ⅰ．①西… Ⅱ．①尼… Ⅲ．①旅游指南－西藏 Ⅳ．① K928.975

中国版本图书馆 CIP 数据核字 (2015) 第 061242 号

出 版 人：刘志松
责任编辑：廖文静　张晶晶　梁诗淇
责任校对：李瑞苑
责任技编：冼志良

西藏，改变一生的旅行

Xizang，Gaibian Yisheng de Lüxing

广东旅游出版社出版发行

（广州市荔湾区沙面北街 71 号 邮编：510130）

印刷：文畅阁印刷有限公司

（河北省保定市高碑店市世纪大街北侧）

联系电话：020-87347732　　邮编：510130

787 毫米 ×1092 毫米　32 开　11.5 印张　200 千字

2015 年 6 月第 1 版

2023 年 7 月第 2 次印刷

定价：68.00 元

本书如有错页倒装等质量问题，请直接与印刷厂联系换书。

编辑絮语

1.这是为即将开始西藏之行或向往西藏之行、西藏文化的人设计的西藏指引书。除了例行的示意图和交通情况、旅行提示等（大多经作者实地考察或对资讯进行核对更新）之外，还特别筛选提供了适当的背景和词汇解释，以使旅行更加丰满和深入。因为我们知道真正好的旅游绝不只是感官的旅游。

2.多方收集了精美照片和资料图片，以展现西藏之旅中的特色风景和文化景观。编辑过程中感受到的震撼与感动，我们努力通过这些图片及文字传达。而我们深知，真正的西藏却唯有在你经过长途跋涉抵达雪域，开始与其亲密接触时才能有所体悟。而本书，只是引玉之砖，引发你行动的触媒。

3.拉萨、喜马拉雅、雅鲁藏布、冈底斯……这些深具魔力的词汇，仿佛都闪现着某种奇异的光芒。如大家所知，西藏在它被"发现"的过程中也成了一个思想的造物。某种程度上，本书是一本"祛魅"的书，对一些常见的误解和道听途说进行了澄清。在对一些神圣、神秘的东西保有敬畏的同时，我们也在努力寻求着西藏的真相，这两种倾向在本书中并行不悖。

4.所涉及的不少具体人物及墨脱部分文字为作者在墨脱3年、在藏10年亲身体验之结晶。特将墨脱作为相对独立的内容做了详细的介绍，有精华景点、徒步路线、徒步须知，更有亲历者的切身体会、不常见的久居墨脱者拍的墨脱风景图片。更多的就交给读者自己去体会了。

5.附录里收入了全方位攻略，证件要求、航班情况、列车时刻表、旅行禁忌、经典路线等一应俱全，较为全面，读者有需要时可随时查阅。

总而言之，我们努力将这本书做成进藏旅行的全身心攻略。希望对你的旅行有所裨益。这就是我们全部的希望。

往喀什

日土

新藏北线

噶尔（狮泉河镇）　　昂龙岗日
　　　　　　　　　　革吉　　　改则
扎达　　那不如　　　　　　　　洞措

　　　　　　冈仁波齐
拉昂错　　　　　　　　　　措勤　　　　文部
　　　玛旁雍错

新藏南线
　　　　　　　　　　　　　扎什伦布寺
　　　　　　　　　　　萨嘎寺
　　　　　　　　萨嘎　　　　　　　拉孜
　　　　　　　　　　　中尼线　　　萨迦
　　　　　　　　　　　　定日　　萨迦寺
　　　　　　聂拉木
　　　　　　　　珠穆朗玛峰
　　　　　　樟木　　　　　绒布寺
加德满都

那曲　　羌塘草原：自然保护区，盛大美丽。纳木错：世界最高的咸水湖，转湖圣地。
　　　　达木骷髅墙：骷髅成墙，生死之所。

日喀则　珠穆朗玛峰：地球最高点，永恒诱惑。

阿里　　冈仁波齐：四宗教推崇，著名神山。古格王朝遗址：赫赫荒城。

西藏旅游交通示意图

格尔木

拉萨

布达拉宫：永远的宫殿，圣城象征。
大昭寺：觉卧佛所在，心愿成真。
八廓街：信徒汇集地，商品繁多。
罗布林卡：雪顿观藏戏，达赖夏宫。
哲蚌寺：雪顿节晒佛，场面壮观。

往青海省　青藏线

双湖

唐古拉山口

尼玛

班戈

申扎

纳木错

念青唐古拉　羊八井

日喀则市　尼木

白居寺　江孜

夏鲁寺　浪卡子

康马

亚东

安多

巴青

那曲　比如

丁青

昌都市

川藏北线　往成都

澜沧江　川藏南线

邦达　往成都

怒江

往云南　滇藏线

当雄

墨竹工卡

拉萨市　达孜

贡嘎　扎囊

桑耶寺　泽当

工布江达

林芝

通麦　波密

八宿

然乌

南迦巴瓦峰　墨脱

马东　雅鲁藏布江

米林

琼结

羊卓雍错

错那

察隅

林芝　雅鲁藏布大峡谷：最后的秘境。墨脱：背包客圣地，隐秘莲花。
察隅：西藏的江南，世外桃源。

昌都　然乌湖：冰川下惊艳，人间仙境。

山南　青朴修行地：穴居修行者，密宗名所。拉姆拉错：测前世来生，观相之湖。

03

坐着火车进西藏，一路饱览别处难得一见的高原，
绝色风光，心灵的触动由此开始。

🔥羊群遍布的青藏线风光。

了解西藏文化，绕不开宗教这个厚重的人文关口，
感动与震撼接替交缠。

🔔大昭寺吉祥双鹿法轮。

高原罕见的丰饶地，世界第一大峡谷在此屹立，
劈开雪冻，造出的"江南"胜景迭出不穷。

林芝国道旁一处油菜田。

目录

第四篇｜颠倒众生的圣城拉萨 149

西藏随处可见五色风马旗和雪山。

怀一颗朝圣的心上路

那一月……不为超度/只为触摸你的指尖
那一年……不为觐见/只为贴着你的温暖
那一世……不为修来生/只为途中与你相见

——《信徒》

　　西藏平均海拔 4000 米以上，海拔 1545 米的泰山和海拔 3099 米的峨嵋山，与之相比均相形见绌。也正因为如此，那里空气稀薄、极度缺氧。那么，究竟是何原因使那么多人不顾危险持续不断地飞蛾扑火般奔赴西藏呢？

到高处呼吸

　　罗曼·罗兰曾经写过这样一段话："我不说普通的人类都能在高峰上生存，但一年一度他们应上去顶礼。在那里，他们可以变化一下肺中的呼吸与脉管中的血流。在那里，他们将感到更迫近永恒。以后，他们再回到人生的广原，心中充满了日常战斗的勇气。"虽然他指的高峰是精神和思想的高峰，但在此处借用也不算离谱。因为西藏独特的宗教和民风，使它成为一座精神的海拔高峰，那些都市里精神缺氧的人把它视为灵魂的"氧吧"，而纷纷前去吸"氧"了。

　　除此之外，西藏的高度魅惑人心，还在于那里很容易让人达到高峰体验。马斯洛认为："高峰体验是一种自我实现的瞬间，是人类最美好时刻的一种体验，是人生体验之极致……感受到一种发自心灵深处的颤栗、欣快、满足、超然的情绪体验。"此种高峰体验能够愈合心灵创伤，使人振奋向上，进而获得心灵自由、人性解放。

　　那些去过西藏的人，口口声声所谈的无非天堂境界、精神家园、灵魂震撼，其实，这

不远千里虔诚磕着长头的人们，是西藏之旅中的一道风景。🌡

都是对高峰体验的描述。寻求高峰体验而绝无落空者，西藏无疑是一个最适宜的地方。

生活在别处

作家三毛曾经说过，她自第一眼在地图上看见撒哈拉，就无法自拔地爱上了它。撒哈拉，黄沙漫漫，天地辽阔。不知有多少人，也是这样第一眼在地图上看见西藏就义无反顾地喜欢上了它。西藏，雪峰皑皑，牧场无边，高原上的居民们纯朴善良、乐天知命。对三毛式的人物来讲，它是另一处可以寄托爱情和理想的撒哈拉。

西藏在某种程度上是一个想象的产物。但是当你到了西藏就会发现，西藏本身竟远远超乎想象。如此辽阔的天地，如此恢宏的建筑，如此坚韧的民族，如同一切伟大的事物，它几乎超出了人类想象力的边界。

有人谓"人定胜天"，但西藏那些频发的山洪、地震、风雪、冰雹、雪崩、泥石流及野兽的侵害，却是古时的雪域居民无力战胜的。自然的严酷和生活的艰辛，使藏族的先民们内心充满挫折、失败和恐惧感。于是，他们把目光投向了宗教，投向了来世。他们把大量的时间、精力和财富，都奉献给了宗教和神灵。他们尽全力娱悦神灵，反过来又依赖于神灵的护佑。结果，整个西藏变成了一个大寺院，雪域大地被僧侣的袈裟染成了绛红色。

于是，原本一个勇武善战、怀有帝国野心的民族，1000年来竟以载歌载舞、静坐祈祷的形象出现了世人的面前。玛尼堆无所不在；随处可见的风马旗一遍遍向天空传送着经文；无数手摇玛尼轮、口诵真言的信徒走在雪域各处的转经道上。西藏，已成为远方的代名词，代表着一种完全不同的生活，是真正的别处。

旅行也是朝圣

"我喜欢上路，因为我还年轻。"与《在路上》的作者杰克·凯鲁亚克一样，多数青年人都喜欢旅行。他们渴望那些陌生的风景、陌生的人们和陌生的文化能够刺激在日常生活消磨下麻木了的神经，唤醒那早已久违了的梦想和激情。

荣格曾对旅游者的心理做过精神分析，他认为："如果他们长期生活在他们的社会模式里，那他们或许就需要有一个具解放性的改变。而此需要，可以借由赴世界各地旅游以得到暂时的解决。"同时，荣格还将旅行和朝圣联系在了一起："到未知地去冒险的探险家，给人一种解放、冲出密封生活的意象，表现了超越的特征……透过超越来解放的最普遍之象征，是孤独的旅行或朝圣。这大抵是种精神的朝圣。"荣格本人的思想曾受到过西藏密宗学说的很大影响。

有宗教信仰的旅行者，他的旅行往往带着明显的朝圣意味。对于缺乏宗教情感的大批人群，他们的旅行虽在宗教之外，却仍具有类似宗教情感的特征。西藏之旅，使旅行者暂时远离了自己原有的社会地位，摆脱了周围的社会关系，原来的自己似乎消失了，他（她）变成了"另一个人"。除了天堂，只有西藏；洗涤灵魂，纯净心灵……诸如此类，所抒发的难道不是宗教式的情感吗？

怀一颗朝圣的心，上路

在去往西藏的路上，有那么一些人，以蜗牛的姿势和态度匍匐冰雪沙石之上，缓缓向着目的地——圣城拉萨行进。这就是西藏之旅所能见到的最令人震撼的一幕——磕长头的朝圣方式。

在西藏流传着一首民歌，形象地描述了磕长头朝圣的人们：

黑色的大地是我用身体量过来的，
白色的云彩是我用手指数过来的，
陡峭的山崖我像爬梯子一样攀上，
平坦的草原我像读经书一样掀过。

电影《可可西里》中，日泰对尕玉说："见过磕长头的人吗？他们的手和脸脏得很，可他们的心特别干净。"禅语"衣衫褴褛，心似锦缎"，说的岂不正是他们？

当然，朝圣者并不都是经年累月磕着长头、数千里胼手胝足前往朝圣地的。这样的朝圣者，从来都只占少数。徒步、骑马或乘车，是现在绝大部分朝圣者选择的交通方式。作为旅行者，徒步、骑车等方式非一般人所能承受。坐火车沿着青藏铁路进藏，车轮滚滚，翻山越岭，逐步靠近向往已久的拉萨，无疑是目前最佳的选择。以此种方式，那份接近圣地的神圣感，多少还算保留了一些。除非万不得已，乘飞机实是进藏的下下之策。孙悟空一个斤斗十万八千里，比飞机要快多了，但未曾经历过磨难又如何能取来真经？

除了寺庙和圣迹，西藏有转湖、转山、转森林的朝圣传统。藏族人的朝圣之地大多也是旅行者的热门去处。远道而来的朝圣者，在走近拉萨第一眼看见布达拉宫时，要捡一颗小石子放在路边的玛尼堆上。我们无法像磕长头的朝圣者一样行走，但我们却同样可以怀一颗朝圣的心上路。在第一眼看见布达拉宫时，不妨在心底放下一颗自己的小石子。

第一篇
不可不知的西藏
〖西藏，改变一生的旅行〗

意象九九

下面所列99个具有代表性的西藏意象构成了一部微型的西藏百科全书。西藏于你，将不再是陌生之地。

1. 阳光：因为离天空最近，西藏是最受阳光眷顾的地方，全年日照时间长达 3000 小时以上。

2. 布达拉宫：由松赞干布创建，是拉萨的象征。分为红宫和白宫，红宫居中，白宫横贯两翼。在拉萨，无论从哪个角度都能看到这座雄伟的宫殿。

3. 大昭寺：寺内释迦牟尼 12 岁等身像，又称觉卧佛，是整个藏区最受崇敬的佛像。大昭寺因此成了雪域的中心、朝圣者的重要目的地。

4. 八廓街：曾叫八角街，拉萨最古老的街道，著名的汇聚各地朝拜者的转经道，拉萨的地标之一。

5. 六字真言：源出梵文，汉字音译为"唵（ong）、嘛（ma）、呢（ni）、叭（bei）、咪（mei）、吽（hong）"。转经的人们口中喃喃念诵的，转经筒和经幡上刻印的，差不多都是这六个字。

6. 磕长头："等身礼"的俗称，磕长头者匍匐冰雪沙石之上，口诵六字真言、三步一拜、每拜必五体投地，是西藏之旅中最震撼心灵的一幕。

7. 转经筒：内装有纸或布印经文，藏族人用转经筒来代替念经，除寺庙里的大经轮外，最常见的是手摇小经筒。

8. 晒佛：也称浴佛，传说是为纪念佛陀的诞生而设。雪顿节第一天，哲蚌寺里会举行盛大的晒佛仪式，场面极壮观。

9. 喇嘛教：一般指藏传佛教。分宁玛派（因穿红色袈裟，俗称红教）、萨迦派（因寺庙围墙涂有红、白、黑三色花纹，俗称花教）、噶举派（因穿白衣,俗称白教）和后期的格鲁派(因戴桃形黄帽,俗称黄教)四大教派。新中国成立前，格鲁派为西藏的执政教派。

10．达赖／班禅： 达赖，蒙语"大海"的意思；班禅是"大学者"的意思。藏传佛教中达赖被认为是观音菩萨的化身，班禅被认为是"肥墨佛"即阿弥陀佛的化身。

11．活佛： 活佛的存在是藏传佛教不同于其他佛教派别的重要特征。汉族人习称"活佛"，其实不准确，应译称"转世尊者"。

12．金瓶掣签： 清朝为减少活佛转世过程中的人为操纵，颁旨实行金瓶掣签制度，由抽签决定候选灵童里谁才是真正的转世者。

13．密宗： 又称藏密，仪轨复杂，需经金刚上师秘密传授。因其神秘性而多附会，武侠小说最爱用密宗双修法来说事。

14．欢喜佛： 明王拥抱一位赤身裸体的明妃接吻交媾，如此惊世骇俗的造型，竟是藏传佛教中的珍宝。不妨买一尊做工精美的带回去收藏。

15．莲花生： 藏密始祖，为阿弥陀佛、观世音菩萨、释迦牟尼佛身口意之三密金刚应化身。主持兴建了西藏第一座三宝齐全的寺庙——桑耶寺。

16．"卍"字符／藏语称"雍仲"： 武则天时代，定音为"万"。佛教徒按顺时针方向转，本教徒按逆时针方向转。

17．风马旗： 俗称经幡，分蓝、白、红、绿、黄五色，在西藏无处不在。蓝色表示天，白色表示云，红色表示火，绿色表示水，黄色表示土。印有佛经咒文的经幡每在风中摆一次，表示向上天传达一遍经文。

18．玛尼堆： 藏语称"多崩"，指刻有经文的祈祷石堆，在藏地随处可见。信徒们每过玛尼堆都要放一颗石子在上面，作为一次祈祷。

19．长明灯： 有寺庙就有长明灯。信徒们表达敬意的方式之一就是给每一盏长明灯添酥油，边添边诵经，默默祈祷。

20．辩经： 喇嘛学习佛经的一种方式，是对佛教理论的辩论。辩经过程中夸张奇特的肢体动作均有深奥的含义。以色拉寺的辩经最负盛名。

21．度母： 传说是观世音菩萨的化身，专门度众生出离

生死苦海，以颜色区分为 21 相。绿度母为西藏地区的守护神。

22．**转山／转湖**：藏区有马年转山、羊年转湖、猴年转森林的习俗。传说吉祥法轮将转身之圣地冈仁波齐定为马年，转语之圣地纳木错（在西藏，湖泊被称为"错"）定为羊年，转意之圣地杂日山定为猴年。据说，按此前往朝拜，福德不可限量。

23．**神山圣湖**：朝拜神山圣湖是藏族人的人生目标之一。神山圣湖中最神圣、最受尊崇的是冈仁波齐和玛旁雍错。

24．**冈仁波齐**：冈底斯的主峰，在藏语中意为"神灵之山"。此山是印度教、藏传佛教、本教及古耆那教共同尊奉的"世界的中心"。

25．**纳木错**：如一颗蓝宝石镶嵌在羌塘草原上，因距离拉萨不算太远，几乎已成为来西藏旅游的人必去的景点。

26．**雅鲁藏布江**：西藏地区第一大河，藏族人的母亲河，正如郑钧所唱，雅鲁藏布江有着把心洗清的能量。

27．**牛皮船**：雅鲁藏布江与拉萨河的部分河段，至今仍能见到这种古老的水上交通工具。大者可乘十余人，小者可乘三五人，速度极快。

28．**珠穆朗玛峰**：世界第一高峰，2022 年公布的海拔最新数据为 8848.86 米。对登山者有着永恒的诱惑。

29．**雪人**：喜马拉雅雪人曾名列"世界四大自然之谜"。有兴趣去喜马拉雅山脉的雪山森林深处走一走，兴许会跑出来个雪人跟你打招呼呢！

30．**南迦巴瓦峰**：《中国国家地理》杂志评出的中国名山之首。屹立于雅鲁藏布江边，时光在它的额头静静安眠。

31．**墨脱**：与世隔绝的世外桃源——安妮宝贝笔下的隐秘莲花，背包客心中的徒步圣地。（2013 年 10 月，墨脱公路建成通车，彻底结束了墨脱县不通公路的历史。）

32．**唐卡**：即藏语"卷轴画"之意，内容以各类佛像为主，因容易随身携带和收藏，流行于西藏各地，被誉为"随身携带的庙宇"。

33．**天葬**：因为不被了解，天葬总给人一种神秘的恐怖感，天葬台也一度成为一些猎奇者趋之若鹜的"景点"。

34．**牦牛**：西藏特有的牛种，藏族人相依为命的忠实伙伴。人们喝牦牛奶，烧牦牛粪，用牦牛的皮毛做帐篷。近年来牦牛肉干成为超市的常客。

35．**吐蕃**：吐蕃及松赞干布，代表着西藏曾经的辉煌历史。因为和汉族公主联姻的关系，内地人对吐蕃这个词有着莫名的亲切感。

36．**香巴拉**：藏传佛教中的"香巴拉"被视为净土的最高境界，它只是一个宗教概念而非一个地理概念，与香格里拉并无关联。

37．**猕猴变人传说**：传猕猴与魔女结合，为藏族人始祖。此传说暗合达尔文进化论，令人称奇。

38．**格萨尔王**：口口相传，成就了世界最长史诗《格萨尔王传》。在半神半人的格萨尔身上，藏族人寄托了自己的全部英雄梦想。

39．**藏袍**：藏族人常穿宽大的藏袍，用换穿法而不是换衣服的方式适应高原温差大的气候条件——平常右臂裸露，到了夜晚或天冷时，再套上右边的衣袖。天很热时，索性把两只袖子都放下来。

40．**藏医**：为高原奇花异草、丰富矿藏和神秘宗教文化的共同产物。藏医神奇之处甚多，如对胚胎学的认识早于西医，对此至今没有合理的解释。

41．**藏羚羊**：罪恶的"沙图什"贸易，导致精灵般的藏羚羊濒临灭绝。影片《可可西里》为它唱了一曲挽歌。入选2008年北京奥运会吉祥物名单。

42．**藏獒**：排名世界猛犬之首，以它为主角的《藏獒》成了畅销书。昔日的传奇动物、高原英雄，如今已沦为千金难买的都市宠物。

43．**藏饰**：藏饰包括项链、吊坠、手链、手镯、戒指、耳环等，材质主要是被称为"西方七宝"的藏传佛教七宝：金、银、红玉髓、蜜蜡（即上品琥珀）、砗磲（一种稀有的深海软体动物的贝壳）、珍珠、珊瑚。其绚丽诱惑着许多旅行者。

44．**藏香**：藏香是西藏宗教生活不可缺少的必需品；藏区之外，它成为情调的发散装置和保健用品。

45．**藏刀**：藏族人的必备工具，也是最受游客青睐的藏式工艺品之一，可惜过不了安检。

46．**藏语**：除了"扎西德勒"和"金珠玛米"（解放军），"羌"（青稞酒）恐怕就是内地人最熟悉的藏语了。

47．**嘎乌**：嘎乌是银制、铜制小盒，内装小佛、舍利、经咒等。一般男子用方的，女子用圆或椭圆的，挂在脖子上，垂在胸前。

48. 绛红袈裟：在藏语中，"红"的转义是以其色与血肉相关联，引申为血腥和凶恶的意思。僧侣们穿绛红色长袍，披绛红色袈裟，表示卑贱和终生苦修的决心。

49. 白色崇拜：雪山、白云、羊群、冰川、乳汁、酥油、哈达皆为白色。在藏族人心目中，凡与白色有关的神山圣水都是拯救人类的神。

50. 高原反应：一个令西藏以外的人闻之色变的词汇。不知有多少人，带着对它的畏惧而来，又带着没有体验到它的"遗憾"而去。

51. 红景天：和 SPF 超过 30 的防晒霜一样，抗高原反应的红景天也是进藏的必备物品。

52. 冬虫夏草：中医把冬虫夏草和人参、鹿茸并列为最上等的三大补品。昔日不值多少钱的西藏冬虫夏草，现在贵比黄金。

53. 藏红花：不是红色的，花色有白、红紫、淡蓝等。来自西亚和南欧的它进入西藏后成为驰名中外的"藏药"。

54. 雪莲：在西藏，雪莲太常见了，晒干的雪莲灰扑扑的，几块钱一颗。看武侠小说长大的人难免失望。

55. 青稞酒：藏语谓"羌"，由青稞发酵后酿成，味道酸甜，酒精度低。主人敬你青稞酒时，按照习俗应该"三口一杯"。

56. 酥油茶：最负盛名的藏族饮品，可以抗缺氧，原料为酥油、茶叶和食盐。酥油茶味道香醇，营养丰富，为藏族人每日不可或缺之物。

57. 糌粑：青稞晒干、炒熟后磨成粉状就成了糌粑，是藏族人的主要食粮。吃糌粑少不了酥油茶。

58. 木碗：西藏人把木碗比喻为爱人，形影不离，无论是喝酥油茶、青稞酒，还是吃糌粑都离不开它。

59. 哈达：生丝织品，普遍用白色。在西藏，婚丧节庆、拜会尊长、觐见佛像、送别远行都有献哈达的习惯，藏族人出门总要随身带上几条。

60. 氆氇：一种羊毛织品，可用来做藏袍、邦典（围裙）。

61. 康巴汉子：长相英武、目光深沉、辫梢盘着"英雄结"的藏族人。康巴世商是藏区各地寺庙的重要施主。

62. 英雄结：将黑色或红色的丝线与又黑又亮的发辫相互盘结于头顶，是刚武勇猛的康巴汉子独有的标志。

63. 卓玛：意为"仙女"，藏族最常见的女孩名字之一。常有这样的一家人，奶奶叫卓玛，妈妈也叫卓玛，女儿还叫卓玛。

64. 格桑梅朵：梅朵，藏语"花"之意。格桑花只生长在青藏高原，传说为格桑活佛所变，可以带来吉祥。西藏有很多名叫格桑梅朵的姑娘。

65. 罗布林卡：达赖的夏宫，也是西藏规模最大的人造园林。雪顿节期间演出藏戏，旅行者不可错过。

66. 藏戏：一般游客看不懂藏戏，但藏戏独特的服饰、舞蹈、音乐和面具，能使你从中领略到西藏文化与众不同的魅力。

67. 热巴：以米拉日巴道歌为内容，融歌舞、说唱、杂技为一体的表演形式。过去西藏的流浪艺人多以热巴舞卖艺为生。

68. 锅庄：最为知名的藏族舞蹈形式。在节日或农闲时节，藏族男女围成圆圈，男女分站、拉手或搭肩，自右而左，边歌边舞。

69. 弦子：男舞者边领舞边以弦乐二胡或牛腿琴伴奏，男女围圈共舞，姿态优美柔和，彩袖轻拂似细风托云，动作轻盈婉转。

70. 雪顿节：每年藏历六月底七月初举办，藏语意为吃酸奶子的节日。不但有藏戏看，还可看到最壮观的晒佛。

71. 青藏／川藏／滇藏／新藏公路：青藏铁路开通前西藏的大命脉。

72. 青藏铁路：2006年7月1日正式运行。它改写了西藏不通铁路的历史，也为进藏人士提供了新的交通选择。

73. 高原红：指藏族人腮边那两团红晕，也指2001年由3个藏族女孩组成、具有浓郁藏族特色的演唱组合。但其实她们主要来自四川藏区。

74. 《北京的金山上》：最著名的藏族歌曲，后辈歌手如韩红、高原红组合都不约而同地翻唱它，旋律无人不知。

75. 才旦卓玛：最负盛名的藏族歌唱家。演唱藏族歌曲《北京的金山上》和汉族歌曲《唱支山歌给党听》一样拿手。

76. 《洗衣歌》：双拥晚会上歌颂军民鱼水情的保留曲目。

77. 《阿姐鼓》：《阿姐鼓》《央金玛》专辑中的西藏元素首次把西藏推向了世界，南方歌手朱哲琴因此往往被误认为是藏族人。

78. 《回到拉萨》：郑钧1994年写出《回到拉萨》时还没去过西藏，一曲唱罢，却不知打动了多少寻找精神家园的人。

79. 《青藏高原》：李娜的天籁之音让青藏高原再次成为都市人的向往。韩红也演绎过，但成为绝响的还是李娜版，哪怕她已经遁入空门。

80. 《冈底斯的诱惑》：马原这部作品志在小说形式的探索而不是描摹西藏风物，但因此前无人涉及西藏腹地，客观上仍然起到了宣传作用。

81. 《西藏组画》：陈丹青1980年完成的《西藏组画》至今仍不断被提起，人们正是从这组画中认识到了前所未见的西藏人形象。

82. 《农奴》：新中国第一部反映西藏人民生活的电影，也是一部在影像上堪与世界优秀影片媲美的经典之作。

83. 《走过西藏》：马丽华的《走过西藏》使读者对西藏怦然心动。可以说，跑马观花所见的西藏，还不如马丽华笔下的西藏。

84. 《红河谷》：被西藏人认为是自《农奴》以来反映西藏最好的影片。人们相信所有藏族姑娘都跟女主角宁静一样美丽泼辣。

85. 扎西达娃：1985年以《西藏，隐秘的岁月》成名的扎西达娃之于西藏，就好比贾平凹之于陕西。

86. 达娃央宗：藏语意为纯洁的月亮。从1990年为北京亚运会采集圣火到2004年在北京传递雅典奥运会火炬，从2008年北京奥运会举"祥云"火炬到2010年广州亚运会擎"潮流"火炬，她与火炬结下了不解之缘。可以说她是藏族独一无二的"火炬使者"。

87. 多布杰：著名藏族明星，导演们心中藏族汉子角色的第一人选。曾出演《红河谷》《尘埃落定》《可可西里》里的藏族人角色。

88. 《西藏人文地理》：影响最广、水准最高的涉藏民俗文化杂志之一。

89. 《西藏生死书》：如果对藏传佛教感兴趣，又打算去西藏，不妨看看索甲仁波切的《西藏生死书》，一本了解藏传佛教的入门书。

90. 《喇嘛王国的覆灭》：藏学研究的里程碑式著作。对西藏历史文化的了解不愿止于走马观花的人，建议找来戈尔斯坦的这本书钻研一下。

91.《雪域求法记：一个汉人喇嘛的口述史》：以汉人身份而在西藏当上喇嘛，邢肃芝的经历本身就很吸引人，而且还和西藏题材相关，于是不出意料地畅销。

92. *Lonely Planet:Tibet*（《背包客圣经》）。*Lonely Planet* 于2000年推出了西藏专刊，至今已经有无数国外游客在它的指引下进入了西藏。

93.**扎大厢**：意为坐卡车车厢旅行。要做好面对灰头土脸、随时可能断路、坏车以及不知道下一顿饭在哪里的恐慌，女生最好就免了吧。

94.**亚旅馆**：拉萨最早出名的藏式旅馆，离布达拉宫、大昭寺很近，晚上还可以就近泡吧。其留言板最出名。

95.**八郎学**：曾被评为世界"十大山地旅馆"之一，声名远播。

96.**玛吉阿米酒吧**：拉萨最有传奇色彩的酒吧，其传奇色彩来自以写诗著称的六世达赖仓央嘉措，这是他和情人玛吉阿米幽会之地。

97.**冈拉梅朵**：这家以"雪莲花"命名的酒吧，是目前在背包客中口碑最好的拉萨酒吧。

98.**甜茶馆**：红茶熬汁再加入白糖、牛奶就成了甜茶。藏族人常去的甜茶馆，大多装修朴素，但却是融入藏族人生活的必经途径。

99.**打阿嘎**：一种藏族传统的屋顶或是屋内地面的修筑方法，它是将碎石、泥土和水混合后铺于地面或屋顶，再以人工反复夯打而成。打阿嘎时十几个人的劳动场面像是一场歌舞表演。

——获授权改编自《新周刊》2006年第8期文章《西藏的99个意象》

📍拉萨河上的牛皮筏。

西藏简史

我一生向你问过一次路，
你一生向我挥过一次手，
远远的我为你唱一支歌，
静静的你露出天边的笑容。

——《央金玛》

▶ 远古神话时代：猕猴和魔女结合，传为藏族人始祖。

▷ 约 50000 年前：定日县东南苏热山和申扎县雄梅一带有古人类活动。

▶ 约公元前 2000 年：拉萨北郊曲贡、林芝、琼结县等地有古人类活动，住地穴，会制作石器、骨器、陶器，从事采集，种植谷物和饲养家畜。

▷ 约公元前 3 世纪：雪域高原出现了几个大的邦国，如西北方的象雄古国、中部的苏毗和雅砻河谷的雅隆。在象雄古国诞生了原始宗教"苯教"。

▶ 约公元前 126 年：聂赤赞普被推举为山南雅隆部落联盟首领，成为吐蕃王室的第一代赞普。西藏的信史，自此而始。

▷ 633 年：松赞干布平定苏毗等部，定都逻些（今拉萨），建立吐蕃王朝。

▶ 641 年：文成公主进藏和亲，嫁吐蕃赞普松赞干布。

▷ 649 年：唐高宗封松赞干布为驸马都尉、西海郡王。

▶ 670 年：大论噶尔·钦陵率兵攻占唐朝西域安西镇，在青海湖以南大非川大败唐军。

▷ 713 年：唐朝以河西九曲之地为金城公主汤沐邑，赐予吐蕃。

▶ 763 年：安史之乱后，吐蕃占据唐朝的河西、陇右地区。是年 10 月，吐蕃军占长安，立金城公主的侄子李承宏为帝。唐军反攻，吐蕃军半月后退出长安。

▶ 779 年：西藏第一座三宝俱全的寺庙桑耶寺建成，佛教被奉为吐蕃国教。

▷ 822 年：吐蕃与唐朝订会盟条约，次年，盟文刻石立碑于拉萨大昭寺前。

▶ 877 年：吐蕃各反叛势力攻占山南雅砻河谷，在琼结掘毁赞普王陵，赞普王室后裔四处逃亡，吐蕃王朝灭亡。

▷ 895 年：赞普朗达玛的曾孙吉德尼玛衮率众逃到阿里，其后裔在阿里和拉达克建古格王朝、拉达克王朝。

▶ 1027 年：《时轮本续经疏》传入西藏，现使用的藏历以此年为元年。

- 1247 年：萨迦班智达在凉州与阔端会见，双方议定西藏归附蒙古事宜。

▶ 1260 年：忽必烈即蒙古大汗位，封八思巴为国师。数年后，八思巴回到西藏，主持建立西藏行政体制，划分卫藏十三万户，以萨迦本钦总领。

▷ 1288 年：噶玛巴·让迥多吉由噶玛拔希的弟子邬坚巴主持认定为噶玛拔希的转世，这是藏传佛教首次实行活佛转世制度。

▶ 1578 年：蒙古土默特部首领俺答汗赠给索南嘉措"圣识一切瓦齐尔达喇达赖喇嘛"名号，是为"达赖喇嘛"名号之始。索南嘉措为第三世达赖喇嘛。

▷ 1587 年：明神宗颁发敕命"番僧答赖准升'朵儿只唱'名号"，仍给敕命、国书，这是明朝中央政府对达赖（答赖）的正式赐封。

▶ 1642 年：固始汗迎请五世达赖喇嘛阿旺罗桑嘉措到桑珠孜，将前后藏献给五世赖喇嘛。蒙古和硕特部与格鲁派联合建立甘丹颇章政权。

▷ 1645 年：蒙古和硕特部固始汗向扎什伦布寺的罗桑确吉坚赞赠以"班禅博克多"尊号，并将后藏部分地方划归他管辖。罗桑确吉坚赞为第四世班禅。

▶ 1705 年：第司·桑结嘉措与蒙古和硕特部汗王拉藏汗发生冲突，桑结嘉措兵败被杀。六世达赖仓央嘉措被拉藏汗废黜，解送北京。

▷ 1751 年：乾隆皇帝制定《酌定西藏善后章程》十三条，命七世达赖喇嘛格桑嘉措掌管西藏政教。下设 4 名噶伦，组成噶厦。

▶ 1792 年：清朝派福康安率领大军入藏反击廓尔喀军，廓尔喀投降议和。

▷ 1793 年：清朝制定《钦定藏内善后章程》二十九条，确立金瓶掣签制度。

▶ 1904 年：英军侵略西藏，西藏军民在江孜英勇抵抗，失败。英军进入拉萨，强迫订立《拉萨条约》。

▷ 1913 年：在英国压力下，中、英、西藏地方派代表在印度西姆拉召开会议。历时 8 个月，会谈破裂，未达成协议。

▶ 1951 年：中央人民政府代表团与西藏地方政府代表团经过谈判，签订《关于和平解放西藏办法的协议》（简称"十七条协议"），西藏和平解放。1952 年，中国邮电部发行《和平解放西藏》纪念邮票 1 套 4 枚。

▷ 1959 年：中央人民政府平息叛乱，解散西藏地方政府，由西藏自治区筹备委员会行使西藏地方政府职权。

▶ 1965 年：西藏自治区正式成立。

▷ 1995 年：国家邮政局发行《西藏文物》特种邮票 1 套 4 枚，分别是 20 分陶罐，30 分宝胄，50 分天体运行图，100 分珍珠曼荼罗。

▶ 2006 年：青藏铁路全线通车。国家邮政局发行《青藏铁路通车纪念》纪念邮票（1 套 3 枚）。西藏的古老时钟开始加速。

▷ 2013 年 10 月 31 日上午，墨脱公路通车仪式在西藏林芝地区波密至墨脱县 80 千米处举行，宣告中国最后一个未通公路的县正式通车。

第二篇
深入西藏的四种方式
〖西藏，改变一生的旅行〗

他者的目光

真正的蓝罂粟只存在于西藏古老的传说里，人们满怀喜悦地摘走的不过是酷似它的花朵而已。

——藏族诗人

　　"他者"是人类学里的一个概念，以"他者的目光"观察自身，有助于加深对自身的认识。但此种"他者的目光"距离他物的本质，却始终隔着一道无法逾越的鸿沟。西藏之所以会成为一种思想造物，某种程度上是这种"他者的目光"误读的产物。

　　这里有个离奇的例子。英国人彼得·霍普柯克梳理完成了一部西方人在 19 世纪后半叶，即西藏成为禁地那段时期的西藏探险史《闯入世界屋脊的人》，书中不乏见地，但他对汉语"西藏"二字的含义竟做了如下的解释："西藏是从两个汉字衍生而来。一个意思是'西边'，另一个意思是'被藏起来'，换句话说就是'被藏在了西边'。"

　　如果说出于知识上的欠缺而产生的误读尚可理解的话，那么，那些将自己的价值观覆于西藏之上的人，就未免有些可鄙可笑了。英国自然科学家赫伯特·斯蒂文斯即为此类典型之一。20 世纪 20 年代末，赫伯特·斯蒂文斯穿越康藏地区探险考察，在其所著的《经深峡幽谷走进康藏》一书末尾，有这样一段话："康藏高原万岁！希望现代文明不会打破这片神秘土地的宁静和安详；因为随着道路的开通就会有汽车喇叭的喧闹和汽油泵的污染出现在这里，而所有这些令人厌恶的行为都是以人类进步为名义。至少我们要这上帝创造的地球上保留一块净土，不受现代商业气氛的破坏。我的期望是不是太多了？如果深信如此，我将说：康藏高原！保持你那令人惊叹的'原貌'又有何妨。我只是更爱你。当心啊！别让转瞬即逝的娱乐遮住你的眼睛，侵入你的家园，占据你的灵魂，破坏你的幸福。"令人百思不得其解的是，赫伯特·斯蒂文斯在说这些话之前已亲眼看见过"土司"辖区内人民的苦难生活——如他书中所述："一个奄奄一息的人被人用临时拼凑的担架抬着来我这儿，我立即给他服痢疾药，还递给他的监护人一份备用药，但是太晚了——他当晚就断了气……一位母亲的经历令人伤心。为了还债她出卖自己做奴隶，而那个还在襁褓中的女婴连件遮体的衣服都没有。我们无力改变这种可悲的状况。"如果真的要按照赫伯特·斯蒂文斯所期望的，为地球保留这样一块"净土"的话，那种可悲的状况又如何能够得到改变呢？

20世纪30年代，在英国作家詹姆斯·希尔顿的《消失的地平线》里，明确提出了此后影响深远的"香格里拉"概念。香格里拉的神话，是西方人"他者的目光"之下关于西藏的最为典型的思想造物。有人曾对此做过精辟的评论："人们发现了高度现代化带来的许多难以补救的社会弊端……而号称世界第三极的西藏不仅地理位置独特、封闭、尚未受到现代化冲击，而且这里生活着相对与世隔绝、智慧却又十分知足自得的藏族人，他们还有自己古老独特又神秘莫测的宗教传统。这一切正好符合西方人对一个理想的、失落了的过去的构想。于是西藏在他们心目中变成了世界上最后一块净土，变得神圣不可侵犯。"

"后现代"社会里为物质文明所异化的西方人，将无以排解的内心迷惘诉诸虚幻的香格里拉，犹在情理之中。未想到经济奇迹下信仰空白的国人，竟也过快地步了西方人的后尘，香格里拉情结一时四处蔓延。几年前，以保护"香格里拉的西藏"名义反对青藏铁路开通的声音不绝于耳。其中除了西方人，国人持类似观点者亦为数者众。如果仔细

📍佛殿门楣上足有三米长的印度湿婆神慧眼，据说此慧眼可判别善恶。

西方第一幅标出西藏的地图。一直以来，西方人都把西藏称为"图伯特"，英文词是"Tibet"。"Tibet"一名，由古代阿拉伯旅行者自中国学得。说得更准确一点，"Tibet"一名应源自突厥人和蒙古人，因为他们称藏族为"土伯特"。

分析一下，不难发现，把现代文明等同于"污染"、呼吁西藏保持"原生态"的人，恰恰是那些占有大量资源、享受着现代文明成果的人。

从某种意义上完全可以把这些人称作"'香格里拉'原教旨主义者"。因为在他们眼里，西藏是时间停滞的香格里拉，现代文明只会破坏污染这个地方，而西藏本身的文化，反倒具备了拯救世界的能力，将使西方或世界再生。试想，曾经的那种尚未脱离古老传统的西藏文化，果真能给这个世界以精神指导吗？学者李敖先生对此问题提出强烈质疑，不是没有道理的。

那么，真实的西藏到底在哪里呢？我们通过何种途径，才可一窥西藏的真相？就我所闻，温普林有过一个取巧而睿智的解答："西藏是一面魔镜，每个人从中都能看到自己要看的东西。于是，在美丽的误读中，每个人都有了自己的西藏。有天堂化的，有妖魔化的。全世界人民共同编造着关于西藏的传说和故事。"西藏之外的人，在各自的误读里，寻找着自己的安身立命之所。

西方人眼里的西藏

> 如果没有西方的旅行家，那就绝不会有西藏的神话。西藏除了是一种地理现实外，还是一种思想造物。
>
> —— 瑞士藏学家米歇尔·泰勒

深藏在青藏高原皑皑群峰之间的西藏，长久以来不为西方所知。早期，西方人眼里的西藏，只是一些零星不详的传说和神话。其中最吸引人也最为奇异的故事要数"蚂蚁掘金"和"长老约翰的国土"。

两个传说及其渊源

公元前 5 世纪，希腊历史学家希罗多德撰述的《历史》中有这样一段记载：印度以北的某个地方，盛产金子，金子在沙土中，由一种比狐狸大、比狗小的蚂蚁守护。当地上午的太阳最热，所以蚂蚁们一般上午躲在地穴中休息，下午出来活动，若碰到有人来偷金子，见到人畜即咬。印度人为了偷取黄金，常带一母二公三匹骆驼，在早晨前往，若被蚂蚁发现，就骑着母骆驼逃跑，而将两匹公骆驼留给蚂蚁吃。因为母骆驼惦记着家中的小骆驼，所以跑得更快一些。这是西方对西藏最早的文字记录，传说中蚂蚁掘金的地方，大致在现在的西藏阿里地区和印控克什米尔拉达克一带。

大约在 12 世纪以前，欧洲就有了关于"长老约翰的国土"的传说。1145 年，叙利亚加巴拉的主教在致教皇的报告里，提到了一个叫约翰的基督徒国王，他生活在东方最为偏远的地方，并战胜了不信基督者、波斯人和米迪亚人，甚至传说约翰是一位长老。东方有一个基督教王国的传说，在第二次十字军远征失败后得到了强化，但那时候无人知道"长老约翰的国土"的确切方位。正如米歇尔·泰勒所言："事实上是东方首先闯入了西方，而不是西方首先发现了东方。"蒙古骑兵在 13 世纪中叶侵入欧洲，渡过多瑙河，令整个欧洲惊惧不已。担心自己未来命运的欧洲人开始了"发现东方"或者说"发现中国"之旅。"长老约翰的国土"

最初定位在"大汗的国土"。此后"大明"或"康熙治下的中华帝国",次第成为西方乌托邦理想的寄托之地。但 18 世纪后期以来,随着西方对中国了解的深入和殖民侵略的加速,中国乌托邦的形象逐渐被解构和祛魅。此后,如利·费贡《解密西藏》一书中所说,"许多西方人将西藏当作中国的替代性自我"。中国的一隅西藏代替中国,成为新一轮乌托邦理想的投影地。

著名的旅行家马可·波罗曾游历吐蕃边缘的藏区,他首次较为确实地向欧洲人展示了富于"异国情调"的西藏的诱惑力。但与后来的绝大多数旅行家一样,马可·波罗站在"文明人"的立场上,热衷于用歧视性的语言讲述一些未经核实的关于西藏的奇闻轶事和奇风异俗。

17 世纪至 19 世纪上半叶,率先进入工业文明的西方国家,为了在全球范围内寻求原料和市场,进入了扩张性的地理大发现时代。自 17 世纪英国占领喜马拉雅山以南的印度后,西藏逐步从隐身处走向前台,成为西方"长老约翰的国土"的乌托邦理想的现实落脚点。

小昭寺的转经筒。转经筒内装有纸或布印经文,周围刻有六字真言或其他宗教符号。据说,每转动一次经筒就等于将内置经文诵读了一遍。轴枢多以蚌壳做成,轴枢磨损毁坏之日即为功德圆满之时。☛

法国妇女大卫·妮尔和义子庸登及导游摄于1924年的旧照片。她是进入拉萨的第一个欧洲女子。

西方人入藏始末

关于西方对西藏 300 多年的发现历程，米歇尔·泰勒的《发现西藏》一书中有翔实清晰的记述。早在 1459 年，西藏就让人吃惊地出现在了西方的一幅地图上，但绘图者摩罗对西藏的认识，应当是基于他人的描述而非亲身经历。后来的数百年间，相对较大规模进入西藏的西方人，主要分为三类，他们是传教士、政治间谍和武装入侵者。

最初进入西藏的是传教士。1624 年，以葡萄牙籍神父安德拉德为首的一批天主教耶稣会教士，开始了西方对西藏的首次探险。他们到达了阿里，并在古格王的支持下兴建了西藏第一座天主教堂。由于激起了喇嘛教势力的强烈反对，最后不仅传教士被逐出阿里，古格王朝也在内外势力的夹击下从此烟消云散。大约自 1865 年始，相当数量的英俄政治间谍通过不同方式，怀着不可告人的目的纷纷进入了西藏腹地，其中以英国人训练的印度土著间谍居多。假扮朝圣僧人到达拉萨的纳恩·辛格，是他们之中最有"成就"的一个。纳恩·辛格用的转经筒里装的不是经文，而是罗盘和记录纸，他的念珠数目是用来测量距离的 100 颗，而不是佛教徒常用的 108 颗。纳恩·辛格首次测量了拉萨的经纬度和海拔高度，他的西藏之行已成为间谍史上的传奇。俄国沙皇派出的一个蒙古间谍德尔智，以僧人的身份混入哲蚌寺，取得格西学位，最后竟做了十三世达赖喇嘛的侍读。德尔智曾向达赖喇嘛造谣说，佛教的香巴拉净土在俄国，沙皇本人就是佛的转世。英国人唯恐俄国占了先机，迫不及待地于 19 世纪末和 20 世纪初发动了两次侵藏战争。1904 年，英军指

挥官麦克唐纳和荣赫鹏率领的主要由印度雇佣军组成的英国远征军，用枪炮敲开了西藏的大门，他们占据拉萨达7星期之久，并迫使西藏地方政府与之签订了《拉萨条约》。

然而，在这300多年间，西方通往西藏的道路并不顺畅平坦。18世纪末，清朝中央政府在派兵击退廓尔喀（即尼泊尔）人的入侵后，沿袭内地闭关锁国的政策，很快向西藏下达了封闭边界的命令。此举既遂了西藏地方上层期望保持传统生活方式的心愿，也暂时阻挡了西方尤其是英俄两国伸向西藏的触角。但另一方面，西藏成为禁地、拉萨成为禁城的事实，反倒为西藏在西方赢得了巨大名声，"禁果效应"在这里发挥了突出作用。

西藏，尤其是拉萨，如同一块通上电的电磁铁，骤然间对西方人产生了前所未有的强大吸引力。米歇尔·泰勒对此有过一段精彩的描述："特别是在19世纪下半叶，前往西藏就意味着冲向拉萨……前往那里的人，总会在距目的地有500、300或200千米外受阻。好像西藏除了拉萨之外，再无其他地区一般，人们在其他地方进行的探险也仅仅是希望能发现某种到达拉萨的方法。"

在前面提到的三类人之外，还有一类我们不应忽略的人——就是那些旨在搜集标本、研究理论并著书立说的人文和自然学者。他们的身份介于科学考察者、探险家和旅行家之间，相对来说没有各自国家的官方背景，也没有明确的政治目的。但在地理大发现时代，他们基本上不可避免地成为各个帝国主义国家向外殖民扩张的实际先行者。瑞典人斯文·赫定是他们之中的佼佼者。斯

佩带着藏刀的藏族牧民。藏刀习惯上称为"藏腰刀"，是高原居民生产生活不可或缺之物。藏刀有装饰、防身、生产、生活等用途，同时还具有很高的艺术欣赏价值。拉萨、拉孜、当雄、易贡、昌都等地所产藏刀最为著名。

文·赫定被誉为"西域探险之父"，100 年前他在羌塘草原上的见闻，至今犹令我们神往不已："道路！在那片土地上，只有野牦牛、野驴和羚羊踏出来的道路。事实上，路得自己走出来……如果有谁认为，在如此孤寂的荒野中旅行会令人感到乏味和厌倦，那他就错了。世界上没有比这更壮观的景象了。每一天的跋涉都会为你带来难以想象的美丽景色。"

此外，西藏禁地的诱惑也波及了女性，她们抛弃舒适的上流社会生活，不畏艰辛走向西藏。法国妇女大卫·妮尔为其中的杰出代表。被欧洲人称为"长着白种人的皮肤和黄种人的心灵"的大卫·妮尔，在 55 岁时化装成一名藏族乞丐，和义子庸登喇嘛一起抵达拉萨，成为进入拉萨的第一个欧洲女子。大卫·妮尔所著的《一个巴黎女子的拉萨历险记》一书，记述了拉萨之行的整个过程。一生热爱西藏的大卫·妮尔，在 98 岁生日时，亲笔写下了这样一段文字："我应该死在羌塘，死在西藏的大湖畔或大草原上。那样死去该多么美好啊！境界该多高啊！"

盛大的万里羌塘。羌塘草原是中国五大牧场之一，地势高亢，平均海拔 4500 米以上，面积近 50 万平方千米。青藏高原特有的野牦牛、藏羚、藏原羚、白唇鹿和西藏野驴等在此无人区保护得最好，种群数量也最多。

香格里拉神话

西方人最初为寻找"长老约翰的国土"而来到西藏，却发现西藏是一个"有暴虐的喇嘛和恶魔及地震、天花、野狼和土匪"的原始蒙昧地区；而当西藏获得禁地的声誉后，在各种因素的结合下，西藏的形象彻底为之一变，"香格里拉神话"遂横空出世。

19世纪，在西方社会曾出现了一种时尚，当不能确定某人下落时，人们就习惯性地说他去了西藏。比如有人声称，耶稣消失后的岁月就是在西藏度过的。在小说《空中楼阁的冒险》中，福尔摩斯是这样向华生解释他与莫利亚迪一起跳下瀑布后他的去向的："我在西藏旅行了两年，在那里以访问拉萨来消遣，并且与喇嘛首领度过了一些日子。"到了20世纪30年代，希尔顿的《消失的地平线》一书出版，明确提出了"香格里拉"概念。也正是从那个时候开始，西藏在西方人眼里基本定型，形成了一个基于某种理念铸就的僵化形象。在根据《消失的地平线》改编的电影里，来自欧洲的大喇嘛主持香格里拉，并矢志要在香格里拉实现"基督教伦理"，突出表明在西方人眼里，西藏只不过是一个虚置的背景之下白种人的香格里拉。

20世纪，"香格里拉神话"得到强化。这一点从下面两个典型例子即可看出。1956年，一名英国水暖工哈斯·金斯，假借洛桑然巴的藏名出版了畅销书《第三只眼睛》,哈斯·金斯在书的开头大言不惭地写道："我是一个西藏人，是为数不多曾到过陌生的西方世界的一员。"许多西方人在洛桑然巴的身份被揭穿后，仍相信他捏造的种种谎言。20世纪40年代，奥地利纳粹分子、登山家海因里希·哈勒从印度的英国战俘营逃出，潜入西藏并到达拉萨。好莱坞后来根据哈勒的回忆录《西藏七年》拍摄了一部同名电影，影片末尾郑重其事地宣布当年有100万藏族人被屠杀。令人遗憾的是，这个弥天大谎在西方却很少受到质疑。时至今日，大部分西方人仍像鸵鸟一样把头埋入沙里，不愿面对真实存在的西藏，而宁肯继续沉浸在自己制造的"香格里拉神话"里。

去往雅鲁藏布大峡谷路上的林芝风光。印度洋暖湿气流和高原寒流在林芝会合，使得林芝部分地区气候温和湿润，夏无酷暑，冬无严寒。其中墨脱为热带、亚热带气候，察隅部分区域四季如春，在雪域高原都十分罕见。

内地人眼里的西藏

对于未来者，西藏是个令人神往的佛界净土；对于在此者，西藏是一种生活方式；对于离去者，西藏是一个让人怀想的地方。

—— 马丽华

世界上最早关于西藏的书面记载，来自汉文史料。早在公元前2255年，就有舜驱三苗于"三危"的记事。"三危"所指大致就是古代羌族部落居住的青藏高原。西藏以较为清晰的面目出现在外部世界的面前，则始于唐初。当时各自向外扩张的大唐和吐蕃在边境地区正式交锋，或战或和，上演过一幕幕历史悲喜剧。然而穷兵黩武的吐蕃王朝，如乍放光芒的流星划过历史的夜空，其来也急其去也迅，转瞬间消失了踪影。此后吐蕃陷入了长期的内乱，从此锋芒不再。大概有三个多世纪，西藏几乎被其他地区的人所遗忘。元朝初年，以"天之骄子"自居的蒙古人征伐四方，席卷天下，建立了人类历史上最庞大的帝国，甚至使遥远之地的西藏臣服、欧洲震骇。自此，西藏从政治关系上与汉地连为一体，同时，它也开始引起了西方的注意。

当西方人挟工业文明之威，开始地理大发现并走上"发现西藏"之路时，中国内地除了在政治、经济和文化等层面与西藏发生着一些联系外，对包括西藏在内的边疆地区的辽阔土地，却丝毫没有显现出"发现"的热情。如今我们所能见到的数百年中国内地有关西藏的记述，除了官方的公文，仅有少量驻藏官员的抒怀和见闻，内容大多记的是西藏边地之荒寒，人民之愚贫。

20世纪中叶，西藏发生了天翻地覆的变化。交通的便利和中央人民政府支援西藏的政策，促使大批干部、科技人员进藏，内地和西藏缩短了彼此之间的距离。电影《农奴》和才旦卓玛的颂歌，向内地人民展示了新旧西藏的天壤之别。但是，囿于时代的局限，它们带给人们的只是脸谱化的西藏——百万农奴翻身做主人、藏族人民能歌善舞、文成公主进藏和亲、布达拉宫雄伟壮观……那个时代，内地人对西藏的印象大概也仅限于此。

因此，从某种意义上讲，内地对西藏的发现竟要晚于西方。直到 20 世纪 70 年代末，一批批大学生从内地远赴西藏，在他们中间，后来出了一批作家、诗人、画家和摄影家。与此同时，内地的艺术家也纷纷奔赴西藏，体验生活，寻求艺术突破之道。中国"迷惘的一代"把西藏当成了最后的精神家园。后知后觉的内地人，开始走上了自己的"发现西藏"之旅。

但是，毕竟地理大发现的时代早已终结。虽然内地的科学工作者在西藏进行过很多次规模不同的科学考察，遗憾的是已不再有地理大发现时代的惊喜和辉煌。相比之下，人文工作者在"发现西藏"的过程中扮起了主角儿。凭借天时地利，他们努力掀开了蒙在西藏之上的面纱一角。

庄严肃穆的大昭寺金顶。现在大昭寺里供奉的释迦牟尼 12 岁等身像又被称为"觉卧佛"，传说此像凡有叩求，无不如愿应验，于是被尊称为"觉卧仁波切"，是整个藏区最受崇敬的佛像。不妨去许个愿。在西藏的寺院里，只有地位重要的佛殿，上面才盖有金顶。

西藏：归来的"流放者"们

艺术的最后故乡，即使不在西藏高原，也是在
上刚果的某个地方。

——罗素《婚姻革命》

　　陈丹青。他的《西藏组画》，大概是在新时
期最早使西藏题材受到内地广泛关注的作品。如
陈丹青所言："我想让人看看在遥远高原上有着
如此强悍粗犷的生命，如果你看见过康巴一带的
牧人，你一定会感到那才叫真正的汉子。"关注
人而不是物，顺应了内地人文主义思潮的兴起。

　　马丽华。以西藏题材的"大散文"名世的马
丽华，创造了一个"马丽华的西藏"，而"马丽
华的西藏"，又成就了"西藏的马丽华"。《走过
西藏》的她无限感慨："我来了，我看见了，我
被征服了。"从年轻的理想主义者，到中年的现
实主义者，马丽华似乎很快地将西藏传统宗教和
现代文明二者对立起来，对一般文人无病呻吟式
地赞颂藏族人对宗教的虔诚，她却感到忧心如焚，
"如果没有来世，今生可不就亏了？"来自儒家
文化之乡的作家，一个坚定的唯物主义者，纵然
有着 27 年的西藏生活经历，她与佛教的西藏，
却注定隔着虽薄却永远无法洞穿的一层不可见的
膜。"我的良心不允许自己津津乐道于基本生存
线上下的自然状态的生活，我不能心安理得地欣
赏把玩那种愚钝和迷茫的目光"，无论如何，持
这种态度的人是值得所有人尊敬的。

　　马原。写过《冈底斯的诱惑》等书的西藏先
锋派小说代表人物。因体质不适应高原气候，内
心对西藏既眷恋又敬畏。居拉萨 7 年后离开西藏，
之后不再是原先的马原。无论如何，曾是一席流

动的盛宴之主角的他，是有福的。

马容。一位才女。20世纪80年代，她曾向往着西藏，和大部分人一样，怕去了后会失望。果然，她的担心变成了现实："我在拉萨生活、工作。一旦落入现实，所有的俗套照样重演……我已经看不见那个被我臆造的拉萨，看不见被我虚构的西藏了。"当马容离开西藏回到内地，却很快成了一名一心向佛的居士。写下诗句"逃跑的孩子去西藏／我学习／失踪的方式"的马容，是我所知的少有的进入西藏而别无目的的纯粹者。

海子。本名查海生，当代著名诗人。他在20世纪80年代末曾去过两次西藏，先后写了《西藏》《远方》两首与西藏有关的诗。海子还省吃俭用几个月，买过一本定价150元，当时看来价格过分昂贵的唐卡画册。他从西藏千里迢迢背回去的两块玛尼石，如今镶嵌在他的墓碑上。他向往的西藏，矗立在遥远的远方，和他一样孤独——

遥远的青稞地／除了青稞　一无所有／更远的地方　更加孤独／远方啊　除了遥远　一无所有

巴荒。本名蔡蓉，藏名才让拉姆。因西藏而成就的画家，因《阳光与荒原的诱惑》而闻名的作家。"我并不想把西藏美化成一个纤尘不染的地方，但是它确实能成为精神上、意义上的符号和象征。"巴荒在1987至1988年三次独行西藏阿里，寻找创作灵感。她的作品，对内地的"西藏热"起了推波助澜的作用。

温普林。风马旗丛书的作者。一个渴望入赘做拉萨女婿的东北汉子，人称"江湖老大""尊贵盲流"。他似乎是唯一一个"融入"藏地生活的内地艺术家。只是他的"融入"，不知是否与其满族身份有关。"我深深地怀念有酒有狼有姑娘笑声的夜晚，那一切是我们人生中的珍藏。"

余纯顺。这是一个你不能忽略的人。一个在大地上执着行走了8年的上海男人，在走了42000千米后，死在了穿越罗布泊的路上。余纯顺曾徒步川藏、青藏、新藏、滇藏、中尼公路全程，这样的成绩对西藏某些地区的山民可能算不了什么，但对西藏之外的人，却是惊世骇俗的壮举。

朱哲琴。在1995年的《阿姐鼓》和1997年的《央金玛》里，朱哲琴创造了西藏未曾有过、却非常西藏的声音。她若断若续、若有若无的吟唱，不像凡间的人声，而更接近某种天籁。与她合作的音乐家何训田亦功不可没，甚至他作的词《信徒》，竟被许多人误以为是六世达赖仓央嘉措最杰出的情歌。

祝勇。与前面的人相比，他是一位姗姗来迟的观光客。在青藏铁路开通，新的一轮西藏热到来之际，他的《西藏，远方的上方》一书登上了畅销书榜。但与那些先行者的作品相比，此书颇有形式大于内容之嫌。书中的许多记述诸如"一位同行者只因在珠峰脚下的绒布寺门口说了几句不敬神灵的话，他的汽车水箱就被发动机的叶片割破"一类，尚未摆脱走马观花式的猎奇趣味和夸张风格。书中末尾的那句话，更近乎呓语："西藏是我们身体以外的一个世界，是不可复制、也永难抵达的彼岸。白天，它在我们的远方；夜里，它在我们的上方。"

实际上，在"发现西藏"的路上一直涌动着一条暗流。一位曾在西藏工作过的作家高叶梅，在 10 年前已然叹息："西藏已今非昔比。随着西藏旅游热潮而来的人们，我确信他们的目光看到的一切会使他们唏嘘不已。但他们触摸到布达拉宫墙砖的手是不会触摸到西藏的灵魂的。"青藏铁路尚未开通之时，马原就在抱怨："在我们这些作家艺术家眼里，拉萨正在失去特色，失去它独有的光彩。"温普林也不甘落后地痛惜："那曾经是一座信仰之城，而这一切在（20 世纪）80 年代似乎都有保持和延续下去的可能。今天想起却仿佛恍若隔世了。"

当温普林看穿了西方对西藏人施以的廉价政治同情之时，另一个叫杨早的人也在提醒着内地人："外人见到和同情的不过是半饥不饱，破衣烂裳；对于西藏人那种极度的宗教虔诚，他们一致赞叹莫名，全没想到要多么空虚的心灵，多么无告的灵魂，才会需要这样的虔诚去填补……所以，请不要再虚伪地赞叹和同情。在地球这个小小的村落里，我们正在同受煎熬。"

西藏也许是这个世界上最后一个需要去解构和祛魅的地方。马丽华曾忧心忡忡地说："要是终有一天，他们确凿无疑地知道，千百年来拼命抓住的维系过祖祖辈辈生命和希望的绳子的终端空无一物呢？"如此说来，谁的绳子终端又不是空无一物呢？以唯物的立场去否定宗教，进而质疑藏族人的人生，恐怕不是认识西藏的一条恰当途径。

磕长头的一家老小，小家伙竟一马当先，异常虔诚。

用身躯丈量着大地，他们正幸福地走在朝圣的路上。

禁地的传说

这是个禁区，因此难以抗拒它的引诱。在天空的永恒之地，活在不同世界的人，除这祈祷的法轮之外，他们不需要任何轮子……这就是一般人对西藏的概念。它能为人们治疗、改变和指点迷津。只要你能到西藏过灵性的生活。

—— 美国国家地理《西藏禁地》

乘愿再来的圣者活佛

活佛的称谓

内地对藏传佛教的僧侣不分地位高低，一概称为"喇嘛"，进而把藏传佛教叫作"喇嘛教"。与此类似，在内地，人们把藏传佛教中按照转世制度转世的僧侣或修行人一律呼之"活佛"，把这种转世制度称为"活佛转世制度"。"活佛"一词虽简洁形象，但却失之准确，容易使人顾名思义，产生误解。按照藏传佛教的说法，汉语俗称的"活佛"是指降生为人而生活在人间的佛或菩萨，实际上应当译为"转世尊者"。在藏地对"转世尊者"有多种不同的尊称，最为常用的有"朱古""喇嘛""阿勒赫""仁波切"等。

"朱古"就是化身的意思。这个称谓系根据大乘佛教法身、报身、化身三身之说命名。藏传佛教认为：法身不显，报身时隐时现，而化身则随机显现。所以，一个有成就的正觉者在他活着的时候在各地利济众生，当他圆寂后，可以有若干个化身。由此看来，"朱古"是多种称谓中表达活佛所蕴含的深奥义理和精神境界的唯一准确、全面的称谓，是活佛的正统称谓。"喇嘛"本意为上师，还含有至高无上者或至尊导师的意义。随着活佛制度的形成，"喇嘛"这一尊称又逐渐成为活佛的另一重要称谓。"阿勒赫"，从字面上看只是一种表达恭敬的语气词，没有实际意义。安多藏区以"阿勒赫"一词来尊称活佛，从而完全代替了"朱古"和"喇嘛"。"仁波切"，意指珍宝或宝贝。这是广大信徒对活佛敬赠的最亲切、最为推崇的一种尊称。信徒们在拜见或谈论某活佛时，一般称"仁波切"，而不呼活佛系统称号，更不直接叫其名字。在活佛的多种称谓中，"仁波切"是唯一普遍使用的一种称呼。

准备开法会的喇嘛。开法会时众僧诵经的声音很具威力。据说诵经也要经过专门训练，藏传佛教密宗修炼的很重要一项就是修炼声音。学习者的饮食极讲究，不能吃陈旧的酥油和肉食，不喝浓茶和酒，把蜂蜜和新鲜酥油搅拌在一起，加热煮沸后定量服用。诵经者要在山谷、山崖及流水击石的地方进行练习。

活佛转世制度的起源

活佛转世是为解决教派和寺院首领传承问题而创立的一种方式。在转世制度创建以前，西藏各大教派的传承主要有两种方式：一种是父子或家族传承，一种是师徒传承。

父子传承的代表是宁玛派。由于这个教派可以娶妻生子，所以施行子承父业的制度。宁玛派的重要代表人物"三素尔"，就是祖孙三代。宁玛派祖庭为雅鲁藏布江南北两岸的敏珠林寺和多吉扎寺，16世纪末至17世纪中叶，这两座寺院分别以父子世袭和翁婿相传为惯例，甚至敏珠林寺至今还是父子世袭制。家族传承的代表是萨迦派。萨迦派第一位祖师是衮噶宁波，他死后将寺主传给次子索南孜摩，为第二位祖师，索南孜摩卒后又将其位传给弟弟扎巴坚赞，称第三位祖师。扎巴坚赞死后又将法统传给其侄衮噶坚赞，衮噶坚赞再传给侄子八思巴，为萨迦第五位祖师。师徒传承的代表是噶当派，其祖师仲敦巴，收有很多弟子。他在世时修建了热振寺，卒后将热振寺传给弟子贡巴哇继承。之后的几百年间，其教法传承都是师徒相传。

无论是父子或家族传承，还是师徒传承，其弊端是显而易见的。尤其是独立的寺庙经济出现之后，家庭内部或弟子之间为继承寺主的明争暗斗越来越激烈，直接影响到一个寺院或整个教派的兴衰存亡。在这种情况下，活佛转世制度应运而生。

据《青史》记载，公元1283年，拉萨西北群山中的楚布寺，法号呜咽，佛幡低垂，寺主噶玛拔希已处于弥留状态。突然噶玛拔希睁张双眼，盘腿坐了起来。他把弟子邬坚巴叫到跟前，语句清晰地说："我要暂时离开这里，我死后，在远方的拉堆，一定会出现一名继承黑帽派密法的传人，在他未来之前，你就暂时作为佛的代理。"说完，他摘下头上的金边佛帽，戴在邬坚巴的头上，旋即圆寂。

噶玛拔希在遗嘱里，立誓要再来人间，继续调伏众魔、化度有情。嘎玛拔希圆寂后，弟子邬坚巴按照他生前的预示和遗愿，在后藏贡塘找到了他的转世灵童让迥多吉。噶玛派追认都松钦巴为第一世噶玛巴，噶玛拔希为第二世噶玛巴，尊让迥多吉为第三世噶玛巴。让迥多吉的弟子扎巴僧格成为噶玛噶举派红帽系的创始人，扎巴僧格圆寂后，也用转世方式寻访到了贝耶歇为第二世活佛。此后两大活佛系统分别称噶玛巴黑帽系和噶玛巴红帽系，其中红帽系活佛转世至第十世时，由于十世却珠嘉措唆使廓尔喀部入寇，后被中央政府禁止转世；黑帽系活佛一直沿袭下来，明朝时，黑帽系活佛噶玛巴被明永乐皇帝封为明三大法王之首的"大宝法王"。黑帽系活佛至今已转世至第十七世噶玛巴，驻锡楚布寺。噶玛巴既是活佛转世制度的开创者，其本身也是转世次数最多的一个活佛转世系统。

　　活佛转世制度有着明显的优越性：一是能够保证选中健康、聪明的灵童；二是灵童坐床后以活佛面目出现，从而继承了历代活佛积累的威望和前世活佛的社会关系；三是比起兄弟、子侄和弟子来，对灵童更容易采取严格的教育，将其培养成宗教领袖。

　　活佛转世制度创立后，藏传佛教其他各教派甚至包括苯教都纷纷效仿，相继建立起大大小小数以千计的活佛转世系统。虽然同称活佛，但不同系统的活佛有大小之分，地位有高有低。地位最低的活佛，一般不担任重要职务。这类活佛的称号，有的是考取格西学位获得的，有的是出钱捐到的。这类活佛随时可以产生，也随时可以停止转世。地位稍高一些的是担任大寺院扎仓（经院）和中等寺院的堪布的活佛。在经学上

生死轮回图，藏语称"斯巴霍"。"斯巴"意为"生死轮回"，"霍"是汉语"画"的假借字。画面上一个棕色的凶恶阎摩抱着巨大的轮，巨牙獠齿衔着轮的上部，象征着轮回中的六道众生都不能逃脱死亡的控制，整个构图呈圆轮图式，内外共分四道圆层。生死轮回图作为佛教教理示意图，常画在佛教寺院的墙壁上或唐卡上。大部分密宗寺院的入口处都有一幅生死轮回图的大壁画。画在唐卡上的生死轮回图往往用作静修时观想的工具。☞

有很高造诣的人，经本寺最高活佛指定，就可担任扎仓的堪布，成为扎仓活佛。比扎仓活佛地位高的，是担任宗派领袖、大寺院寺主和某些特殊职务的活佛，他们被视为大活佛。

地位在大活佛之上的是摄政活佛。摄政活佛，藏语称作"杰旺古曹"，意思是达赖喇嘛的代理人，是指达赖喇嘛成年以前代理达赖职务的转世活佛。摄政活佛的地位仅次于地位最高的活佛达赖和班禅。地位较高的活佛，一般都要经过中央或西藏地方的册封。据有关资料记载，藏传佛教的大活佛，仅由清朝中央政府在蒙藏地区册封为呼图克图，在理藩院注册、由中央直接管理的就有160名之多。创建于15世纪的格鲁派，不仅广泛采用了活佛转世制度，同时对活佛转世制度进行了完善，形成了一整套传统仪轨、历史惯例和完备的活佛转世理论。其中尤以达赖、班禅两个最大的活佛转世系统的影响最为深远。

班禅新宫。布达拉宫，是达赖喇嘛的冬宫；罗布林卡，是达赖喇嘛的夏宫；扎什伦布寺，是班禅的冬宫；贡觉林卡，是班禅的夏宫。这类事，你只有走一次西藏才能真正领悟。

达赖班禅转世系统

五世达赖喇嘛觐见顺治皇帝（布达拉宫壁画）。

　　达赖喇嘛的称号始于 1578 年。当时哲蚌寺的法座索南嘉措应土默特蒙古首领顺义王俺答汗之请到蒙古地区弘扬佛法。俺答汗赠索南嘉措尊号"圣识一切瓦齐尔达喇达赖喇嘛"。其中，圣，表示超出世间；识一切，是藏传佛教对在显宗方面取得最高成就的人的称号；瓦齐尔达喇，梵文意为执金刚；达赖，蒙古语意为大海；喇嘛，藏语意为上师。明神宗于1587 年颁发敕命"番僧答赖准升'朵儿只唱'名号，仍给敕命、图书"，这是明朝中央政府对达赖（答赖）的正式赐封。索南嘉措为三世达赖喇嘛，追认根敦朱巴为一世达赖喇嘛，根敦嘉措为二世达赖喇嘛，从此开始了达赖喇嘛转世系统的传承。1652 年，清朝建立不久，五世达赖动身到北京朝见。次年清朝中央政府正式封他为"西天大善自在佛所领天下释教普通瓦赤喇怛喇达赖喇嘛"，并赐金印金册，从此树立了达赖喇嘛在西藏最为崇高的宗教地位。

　　班禅的称号始于 1645 年。公元 1642 年，蒙古和硕特部固始汗率兵进藏，消灭了格鲁派的敌对势力藏巴汗政权，将西藏的政权献给五世达赖喇嘛。1645 年，固始汗向扎什伦布寺的罗桑确吉坚赞赠以"班禅博克多"尊号，并将后藏部分地方划归他管辖。尊号中的"班"字是梵文班智达的缩写，意为通晓五明学的学者；"禅"字是藏语禅波的缩写，意为大或大师；

"博克多"是蒙古语,意为睿智英武的人物。罗桑确吉坚赞为四世班禅,追认宗喀巴的大弟子克朱杰为一世班禅,索南确朗为二世班禅,罗桑丹珠为三世班禅。正式形成了班禅活佛转世系统。

1713年,清朝中央政府派钦差到扎什伦布寺,照封达赖喇嘛之例,封五世班禅为"班禅额尔德尼","额尔德尼"是满语,意为珍宝。同时,赐予金册金印,标志着班禅活佛转世系统在宗教上和政治上取得了与达赖喇嘛转世系统相同的地位。

十一世班禅。

寻访和认定灵童的仪轨

由于活佛转世降生到了凡人家中,需要通过寺院派人去寻访才能找到。寻访到的儿童经认定后,称为"转世灵童",举行坐床仪式后,始称为"活佛"。在如何寻访和认定灵童方面,藏传佛教逐渐演变出了一套颇为神秘的程序和仪轨。

转世活佛的等级不同,寻访和认定灵童的程序和仪轨也有繁简之别。全套的程序和仪轨,主要包括预示、占卜、降神、观湖、推断、寻访、宿通、认定等步骤。特殊情况下,也可以不通过这些程序和仪轨,由世俗统治者单独或与宗教统治者共同直接指定大活佛的转世灵童。

预示:转世程序首先要研究活佛的遗嘱或暗示。有的活佛圆寂前,明确预示自己将在何方再次降生。三世班禅罗桑丹珠圆寂前,曾向大弟子克珠桑结益希提示,他将很快在拜哇地方降生。也有的活佛以暗示的方式给予预示。六世达赖写过一首诗:"请求白色仙鹤,借我凌空双翼;并不高飞远走,理塘一转就回。"人们认为,这是暗示他将在理塘转世。

占卜、降神、观湖:对那些没有留下遗嘱或其他预示的活佛,就有必要进行占卜、降神和观湖。格鲁派采用活佛转世制度后,普遍将占卜作为仪轨的一环。1941年，摄政热振活佛由占卜确定九世班禅已转世在东方。十三世达赖圆寂时，其弟子在他住所的屋顶上点燃烟火，观察烟飘的方向，用烟卜方式确定灵童将在东北方降生。从五世达赖开始，出现了专门从事降神的护法喇嘛，称为"垂仲"。清代正式确定了西藏的四大护法寺：一是乃穷寺，二是拉穆寺，三是噶东寺，四是桑耶寺。每个寺里的专职护法称为"古甸巴"，意为"神师"，即垂仲。凡大活佛转世，都要请护法降神。十二世达赖圆寂后，噶厦政府请桑耶寺的垂仲降神，指示灵童在东南方向转世。加查的拉姆拉错被认为是观相之圣湖，据说此湖能够显现出灵童及其家乡的影像。十三世达赖圆寂后，热振活佛前往圣湖观相，从显影中看到一家农户，在路的尽头，门前有一株柳树，门旁拴着一匹白马，树下站着一个怀抱小孩的女人。热振活佛命人将自己所见详细画出，然后按图寻访到了转世灵童。

观相湖拉姆拉错。寻找达赖、班禅的转世灵童时，均要前往该湖观相。据说若心虔诚就能在此看到自己的前世来生。

推断：根据预示、占卜、降神、观湖等环节所获得的信息，一般能推断出灵童家乡所在的方位、地貌、特殊标志和家庭情况；还能推算出灵童的属相、年龄、生辰、生理特征等。由此决定何时开始寻访，去哪寻访。

寻访：藏传佛教认为，活佛转世距活佛圆寂大约一年时间，也有两三年的，但最长不超过七年。做出寻访决定后，寺院就派人朝推断的方向分几路去秘密寻访灵童。凡达赖喇嘛、班禅大师等大活佛转世，在寻访前，先要举行仪式、诵经祈祷。参与寻访的，除了主持寻访的高僧活佛外，还有平时随侍前世活佛的人，少则几十人，多则数百人。

宿通：宿通指能够回忆前生之事、认出前生熟悉的人与物的能力。测试宿通能力是认定灵童的一个重要步骤。藏传佛教认为，真灵童能够认出自己前世用过的物品，记得自己前世诵过的经典，认识自己前世接触过的人。四世达赖云丹嘉措为灵童时，自称是前世达赖，辨物时准确地挑出了三世达赖的乘马、念珠和经书。七世达赖1714年经德格去青海，一些认识六世达赖的人来拜访他，他对待他们像以前就认识一样。

以上这些步骤，其实都与古老的巫术有关。寻访和认定灵童的程序和仪轨，充满苯教和民间宗教的观念和形式，容易为雪域信众所接受。印度佛教、汉传佛教和南传佛教都没有转世制度，唯独藏传佛教产生了活佛转世制度，无疑是与古老的苯教和民间宗教在西藏盛行有关。

虽然有了一套完整且比较规范的寻访和认定灵童的程序和仪轨，但这并不能杜绝一些人为了自己的利益，操纵灵童的寻访和认定，以使灵童出于自己的家族。元明两朝，大活佛的转世灵童多出自王公贵族、宗教上层的族属姻亲。

清朝政府为了革除弊端，加强对活佛转世过程的控制，于1793年颁布《钦定藏内善后章程》二十九条，创建了金

十世班禅坐床典礼（左）。十世班禅在讲经（右）。

布达拉宫的"德阳厦",是历代达赖观赏歌舞的场所。布达拉宫是历世达赖喇嘛的冬宫，也是过去西藏地方统治者政教合一的统治中心。从五世达赖喇嘛起，重大的宗教、政治仪式均在此举行，同时又是供奉历世达赖喇嘛灵塔的地方。整体建筑主要由东部的白宫（达赖喇嘛居住的部分）、中部的红宫（佛殿及历代达赖喇嘛灵塔殿）及西部白色的僧房（为达赖喇嘛服务的亲信喇嘛居住）组成。

瓶掣签制度。

金瓶掣签制度规定，大皇帝为求黄教兴隆，特赐一金瓶，今后遇到寻找活佛灵童时，邀集四大护法，将灵童名字及出生年月，用满、汉、藏三种文字写于牙签牌上，放进瓶内，选派有学问的活佛，祈祷七日，然后由众呼图克图会同驻藏大臣在大昭寺释迦牟尼佛像前正式抽签认定。

金瓶掣签制度，完善了藏传佛教的活佛转世制度。此后，驻藏大臣、寻访灵童负责人要将掣签所得灵童的情况报告中央政府，经中央政府批准后才能举行坐床典礼。为此，清朝特制了两个掣签金瓶，一个用于达赖、班禅转世灵童的认定，存放于大昭寺（后移至布达拉宫）；另一个用于确认蒙藏大活佛、呼图克图的转世灵童，存放于北京雍和宫。如果仅有一名灵童候选人时，也可经中央政府同意，免予掣签，直接认定。金瓶掣签制度正式设立后，有一条规则在西藏得到默认，即达赖喇嘛必须来自卑微阶层，不得具有强大的贵族家庭背景。自清王朝至民国的 200 多年间，仅西藏一地，就有格鲁、噶举、宁玛三派的 39 个活佛转世系统的 70 余名大活佛通过金瓶掣签认定。中华人民共和国成立后，第一个用金瓶掣签认定的是十世班禅的转世灵童。

神王诗人风流情种

你手中的每一粒念珠/也都变成了花/它们很幸运/开了就不会再谢。

——才旺瑙乳《仓央嘉措》

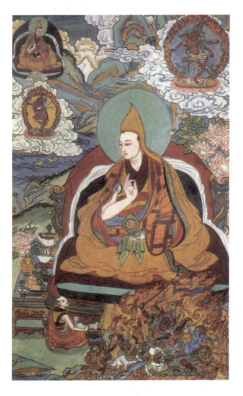

唐卡中的仓央嘉措。六世达赖出生在喜马拉雅南麓的门隅地区，其情诗据说脱胎于门巴族民歌。

这是一个众所周知的人，这是一个反复被讲述着的故事——神王诗人，风流情种。关于六世达赖，关于他留下的那些优美动人的诗行，关于他的前世今生。

六世达赖仓央嘉措的身世生平，《七世达赖传》《噶伦传》《青海史》《西藏喇嘛事例》等藏汉典籍都有所涉及，但均语焉不详。在西藏、青海、蒙古，民间流传着关于他的许多说法不一的传说故事。唯有一本名为《仓央嘉措秘史》（以下简称《秘史》）的小册子，虽与别的典籍及传说不尽一致，却颇为详细地记载了仓央嘉措的生平事迹。

《秘史》的著者是一个叫阿旺伦珠达吉的蒙古喇嘛，他自称是仓央嘉措的"卑末弟子，边荒鄙夫，释迦信徒"。《秘史》记述，著者儿时与仓央嘉措结成了施主关系，长大后跟随仓央嘉措出家，《秘史》系由他在仓央嘉措身边的见闻并结合仓央嘉措生前的一些手稿撰写而成。

从六世达赖出生，到被秘密选为五世达赖的转世灵童，再到坐床成为一代神王，后因第司桑结嘉措与拉藏汗不和，六世达赖被"迎请"进京至青海湖畔这一段，《秘史》与官方各种版本的记载倒是大致相仿。据《秘史》里记载，密宗大师仁增·旦达林巴在《霹雳岩无上甚深精义》一书中，对六世达赖的诞生之地做过这样的预言：

秉此殊业者
将于香巴拉雪山西南隅
降生成为众生主
执掌圣教护苍生

这里的香巴拉雪山西南隅，指的是喜马拉雅南麓的门隅地区。门隅的居民以门巴人为主。达旺是门隅地区的首府。门巴人的传说中，太阳名叫"达登旺波"，意谓七匹马拉的车，达旺就是达登旺波的简称。门巴人多信奉藏传佛教中最为古老的一支，即红教宁玛派。红教重个人修行，但不限制僧人娶妻生子，所以僧侣多为在家修行。仓央嘉措出身宁玛派咒师世家，生于1683年。仓央嘉措出生时，据说出现了天空齐现7个太阳、彩虹笼罩屋子等奇异瑞兆。

布达拉宫的春意。仓央嘉措1岁时，被秘密选为五世达赖的转世灵童。15岁以前，他一直生活在风光秀丽、四季如春的家乡，过着自由逍遥的生活，甚至已经开始体验到了爱情的甜蜜。1697年，仓央嘉措被迎至布达拉宫，举行了坐床典礼。初尝爱情甜蜜的仓央嘉措，虽身在布达拉宫，他的心却飞向了故乡门隅，飞向了心爱的女子身边。●

🔔 黄房子玛吉阿米因为仓央喜措而声名远播。几乎是所有背包客落脚拉萨后的必去之处。

在仓央嘉措出生的前一年，五世达赖喇嘛圆寂。当时西藏上层统治者和蒙古部落上层之间权力之争非常激烈，五世达赖为了不使大权旁落，在圆寂前叮嘱"须得守密十二年"，《秘史》记述秘不发丧的原因是第司桑结嘉措当时正忙于新修布达拉宫及金身大浮屠（即五世达赖灵塔）。于是，第司桑结嘉措"伪言达赖入定，居高阁不见人，凡事传达赖之命以行"（《西藏通览》），秘不发丧15年。仓央嘉措1岁时，被摄政王第司桑结嘉措秘密选为五世达赖的转世灵童。15岁以前，他一直在家乡过着自由逍遥的生活，甚至已经开始体验到了爱情的甜蜜。然而，他生来就注定要做神王兼人王，凡夫俗子的平凡人生，对他来说只不过是一场短暂无痕的春梦而已。1696年，康熙帝在蒙古亲征准噶尔叛乱时，从俘房口中得知五世达赖早已往西，即降旨问罪桑结嘉措，桑结嘉措惶恐万状才将实情禀告朝廷。1697年，桑结嘉措前往门隅迎请仓央嘉措。是年9月，仓央嘉措在浪卡子拜五世班禅罗桑益西为师，剃发受戒，取法名为罗桑仁钦·仓央嘉措。10月，仓央嘉措被迎至布达拉宫，举行了坐床典礼。

从此，仓央嘉措在第司桑结嘉措的严格监督下，开始了学经生活。他的经师除了五世班禅大师外，还有几位高僧大德。仓央嘉措按五世达赖所著《恒河水流》中的规定，3年之内不分寒暑，勤奋攻习，孜孜不倦。他先后精通大小五明，悉数掌握格鲁、萨迦、宁玛等各派经典、密咒、教规，在医药、历算乃至金刚舞、射箭诸方面，皆极有成就，且写有《无生缬利法》《黄金穗故事》《答南方人问马头观音法》等佛学论著。

说到此处，似乎已涵盖了六世达赖24岁前的主要事迹，但与我们心目中的神王诗人、风流情种却未免相差太远。因此，我们很快就要撇开《秘史》谈点别的了。对这位西藏历史上最伟大的诗人，《秘史》里却仅以这样一句话带过他的诗人身份："尊者（六世达赖）的诗学造诣也为人们所推崇，但如何学习的情况则不得而知。"

前面说过，习惯了自由生活、初尝爱情甜蜜的仓央嘉措，如今虽身在布达拉宫，他的心却飞向了故乡门隅，飞向了心爱的女子身边。仓央嘉措在成长为一个伟大的法王的过程中，他"天生情种"的另一面，很快就显露无遗了。《仓央嘉措情歌》的一位译者曾缄在其所著的《布达拉宫辞并序》里这样写道："黄教之制，达赖住持正法，不得亲近女人。而仓央嘉措，情之所钟，雅好佳丽；粉白黛绿者，往往混迹后宫，侍其左右；意犹未足，自于后宫辟一篱门，夜中易服，挟一亲信侍者，从此门出，更名荡桑旺波，微行拉萨街衢；偶入一酒家，觑当垆女郎，殊色也，悦之；女郎亦震其仪表而委心焉；自是昏而往，晓而归，俾夜作昼，周旋酒家者累月。其事甚秘，外人无知之者。一夕值大雪，归时遗履迹雪上，为人发觉，事以败露。"里面所述的那段情事，其实六世达赖自己早已写在诗里头了：

常想活佛面孔 / 从不显现眼前 / 没想情人容颜 / 时时映在心中
黄昏去会情人 / 黎明大雪飞扬 / 莫说瞒与不瞒 / 脚印已留雪上
人家说我闲话 / 自以为说得不差 / 少年我轻盈脚步 / 曾走过女店主家

风流神王的所作所为，被拉藏汗及蒙古部落其他首领看在眼里，记在心上。1705 年，第司桑结嘉措集结卫藏兵民准备武装驱逐拉藏汗，因谋事仓促反被拉藏汗俘获并处死。拉藏汗等人决定以仓央嘉措耽于酒色、不守教规为名，宣布他不是真达赖。未料仓央嘉措并不贪恋至高无上的法王宝座，径自去了扎什伦布寺，跪在恩师五世班禅前，求其收回以前所授出家戒及沙弥戒，否则将面向扎什伦布寺而自杀。拉藏汗邀集三大寺的高僧商议处置办法，那些高僧却以六世达赖暂时"迷失菩提"为由，反对议罪。拉藏汗于是上疏清廷，历数仓央嘉措的种种罪状，请予废黜。康熙皇帝看了后，降旨将仓央嘉措执献京师。1706 年，在前往京城的路上，我们不知道到底发生了什么事，但从此六世达赖就不见于史书记载了。据清朝官方资料记载，仓央嘉措在押解途中病故，藏文典籍则称仓央嘉措系拉藏汗派人害死，无论二者哪一个为真，都证实仓央嘉措逝于青海湖畔，终年 25 岁。在藏蒙民间，300 年来，关于那一

在西藏，你常常会在民居或寺庙的窗口看见盛开着的鲜花，几乎家家如是。藏族是一个爱花的民族，也是一个骨子里浪漫的民族，这一点在六世达赖的身上表现得极为明显。在众多花卉中，藏族人尤其喜欢一种叫"卓玛梅朵"的白、红、黄三色紫罗兰。"卓玛梅朵"字面意思是度母花，藏族人认为这种花是"一身三任的保护神"：白色的代表观世音，紫红色的代表雷神爷，黄色的代表文殊菩萨。

年发生的事，却流传着各种不同版本。有的说仓央嘉措在途中用神力挣脱枷锁，不知所终；有的说仓央嘉措被康熙皇帝软禁五台山，终老于斯。最普遍的一种说法，是《秘史》所载，仓央嘉措自弃名位，决然遁去，周游印度、尼泊尔、康、藏、甘、青、蒙古、五台山、京城等地，为利益众生而苦行修持。最后到达蒙古的阿拉夏寺，隐居不出，直到离开人世，年寿64岁。既然六世达赖的人生结局成了一个无法确知的谜，布达拉宫里唯独缺了他的灵塔，也就在情理之中了。

仓央嘉措被押走后，拉藏汗与新任第司隆索商议，于1707年另立益西嘉措为六世达赖。益西嘉措虽住布达拉宫达11年之久，但藏族人从未认可他是真达赖。后在理塘地方寻得格桑嘉措，因有仓央嘉措预言诗为证，格桑嘉措被拥戴为真达赖。9岁时格桑嘉措被青海蒙古僧众迎至塔尔寺供养，12岁时受康熙降旨，正式册封为六世达赖，并随清军入藏，在布达拉宫坐床。后人一直以仓央嘉措为六世达赖，视格桑嘉措为七世达赖。善良的人们宁愿相信他们的六世达赖，一生未遭不幸，得以修成正果，安享天年。

六世达赖仓央嘉措无疑是西藏历史上最具人格魅力的一人。曾箴言其"盖佛教之罪人，词坛之功臣；卫道者之所疾首，而言情者之所归命也"，令人不由想起南唐后主李煜，两人的命运颇有相似之处。人谓后主"国家不幸诗家幸"，六世达赖又何尝不是"佛家不幸诗家幸"呢？

雨天，扎什伦布寺的喇嘛们在走廊里做功课。

乐空双运欢喜佛

 当一个男子和心爱的女子拥抱，不知哪里是里，哪里是外？那么，当他和玄妙的智慧拥抱，也不知哪里是里，哪里是外？

—— 印度《奥义书》

拥抱的欢喜佛身上散发着一种难言的温柔气息。有人称之为"被击中，会流眼泪"。

　　欢喜佛是双身佛的俗称，梵语称为"俄那钵底"，汉语译为欢喜。藏语称双身佛为"雅布、尤母"，意为佛公、佛母。欢喜佛是藏传佛教密宗双修的本尊神像。欢喜佛以明王拥抱一位赤身裸体的女子明妃接吻交媾为基本形象，构成对佛教禁欲主义说教的尖锐冲突，从而引来了众多非议。

　　欢喜佛仅见于藏传佛教，人们对其来源，有着不同的看法。有人认为源自西藏的本土宗教苯教；有人认为源自印度佛教；有人认为源自印度教的性力派。其中，后一种意见为大多数学者认同。

　　不少人在论证欢喜佛出自印度佛教时，提出的主要依据之一是《四部毗那夜迦法》里的一段经文："观世音菩萨大悲熏心，以慈善根力化为毗那夜迦身，往欢喜王所。彼那王见此妇女，欲心炽盛，欲触毗那夜迦女，而抱其身。于是，障女形不肯受之，彼那王即忧所敬。于是彼女言，我虽似障女，自昔以来，能忧佛教，得袈裟，汝若实欲触我身者，可随我教，而如我至尽未来世，能为护法不？可从我护诸行人，莫作障碍不？又依我以后，莫作毒心不？汝受如如敬者，为我亲友。时毗那夜王（即欢喜王）言，我依缘今值汝等，从今以后，随汝等语，守护法。于是毗那夜迦女含笑，而相抱时彼作欢喜言：善哉，善哉，我等今者依汝敕语，至于未来护持佛法，不作障碍而已。乃可知女，观自在菩萨也，是则如经所说，应依妇女得度者，即现妇女身而为说法。"然而，此《四部毗那夜迦法》本身，被人怀疑可能系后世的伪托之作。其中以观世音菩萨为女相，更是后世佛教所独有之现象。

　　印度佛教在衰落时期，其本身就受到过印度教性力派的影响，从而也间接影响了藏传佛教。佛教源自印度教（也称婆罗门教），在笈多王朝以后，佛教在印度本土日益衰微。在南印度，印度教将佛教势力彻底排除在外。只有在古印度孟加拉地区，在帕拉王朝庇护下，佛教又保存了较长的一段时期。这时的佛教为了延续自己的发展，不得不吸收大量印度教的内容，遂衍变为密宗。密宗引入了许多印度教的护法神，出现了多头多臂的菩萨像、忿怒姿态的神像，以及其他强调神秘性和官能性的神像。尤其值得一提的是出现了许多男女双修的形象。这些男女双修形象无疑是印度教性力派影响下的产物。

　　印度教以梵天、毗湿奴、湿婆为三大主神。其中梵天是创造之神，毗湿奴是守护之神，湿婆是毁灭之神。三大主神各有其信徒，于是分出了不同的教派。性力派就是从湿婆派中分离出来的崇拜女神的教派。湿

印度教主神湿婆的舞王化身。他一手持创世之鼓，一手持毁灭之焰，宇宙就在湿婆的舞蹈中周而复始地走向毁灭和新生。☙

51

灌顶。灌顶是学修密法必需的第一道程序。"灌顶"一词的梵、藏文含义是"授权""传道""培育"等意思。分下密灌顶和上密灌顶两种。前一种有水灌顶、佛冠灌顶、铃杵灌顶、名号灌顶等五类和十一类灌顶；后一种有瓶灌、密灌、慧灌、语灌、殊胜灌顶等等。灌顶内容分入坛、宣戒、传法加持三个部分。

换句话说：灌顶就是传密戒、传授密法的义理和全部修炼程序，对密弟子的身、言、意进行与本尊三密相应的特殊加持。

婆不仅是毁灭之神，还是生殖之神，他的代表物"林伽"就是男根。性力派和湿婆派均赋予性以重要意义。《一应俱全印度人》一书里介绍了性力派"双修"的特殊仪式："该派修持特殊的瑜伽，采用秘密仪式，对卡利等女神供奉酒、肉、鱼、谷物，甚至人身。深夜，男女实行'轮座'，即按宗教规定男女杂交。现在已很少实行了。"

7世纪左右，佛教传入西藏，吸收了当地苯教的一些成分，成为西藏的主流宗教。藏传佛教虽显密兼修，但相比之下，更注重密宗。因此，许多人直接把藏传佛教称为藏密。密宗的经典《大日经》和《金刚顶经》出现后，密教仪轨变得更趋复杂，所有设坛、供养、诵咒、灌顶等，均有严格规定，需经上师秘密传授，外人不得而知。其中，无上瑜伽密是密法的最高阶段，也是最难修持的阶段。无上瑜伽密为藏密所独有，也是藏密的最大特色。修行无上瑜伽密的步骤分两个阶段，分别称为"升起次第""圆满次第"。圆满次第是藏密最后、最高的修行次第，"乐空双运"的男女双修法即属于圆满次第。

密宗和显宗都以成佛作为修行的最终目标，但在如何成佛上，却有不同的看法。显宗认为成佛是个累世修行的过程，今世很难达到。密宗却认为可以通过秘密修法，即身成佛。正是因为包括印度密宗、藏密、汉密及东密在内的密宗引入了非传统佛教的内容，所以一直被显宗斥为外道。他们认为密宗的双修不过是拿佛法做淫乱的媒介，无异于道家的房中术。但密宗的修行者认为，密法是由法身佛大日如来秘密传授的"真实之言"，是最上殊胜的佛法，绝非外道邪说。对从印度性力派处引入的双修，藏密也给予了符合佛教教义的重新诠释。

不过，藏密本身对欢喜佛和双修给出的解释，并不一致。具有代表性的有两种看法：

一、认为密宗不重视文字说法，注重以形象比喻来示法，双修只是一种象征性的修持方式，并非真实的男女结合。双修以女性代表智慧，以男性代表方便，以女阴的变形莲花和男根的变形金刚杵为象征，通过想象的阴阳交媾，证悟智慧和方便二法门融为一体的极乐涅槃境界。"欢喜"二字非指男女交欢的喜乐，而是指以大无畏大忿怒的气概、凶猛的力量结合摧破的手段战胜魔障时，从内心发出的喜悦。在修持过程中，供奉的欢喜佛，只是一种修炼的"调心工具"和培植佛性的"机缘"。修行者终日面对欢喜佛，观其男女之欲的形态，渐渐习以为常，心中的欲念自然消除。欢喜佛像中那些面目凶恶的明王，除了用来吓退外界的妖魔，更主要的是可以用来对付自身内在的孽障。与明王合为一体的妩媚多姿的明妃，她在修行中的作用，以佛经上的话来说就是"先以欲勾之，后令入佛智"。她以爱欲供奉那些残暴的神魔，使之受到感化，然后再把他们引到佛的境界中来，从而达到"以欲制欲"的目的。

二、也有不少人认为，欢喜佛代表的双修，是一种真实的男女交欢的瑜伽方式。只是这种修行并非任何人可以为之。双修的男女两人都必须有很高的成就。如索达吉堪布在《密宗断惑论》里所辩解的："他们的双运因以智慧摄持，故不成障碍，酒饮得再多，也不会对神智有丝毫影响，但凡夫不能简单地效仿，如孔雀吃毒物越多羽毛反而更加鲜艳，但乌鸦食毒无疑只会丧失性命。"

尽管藏密对其独特的理念和行为，根据自己的教义给出了一套解释，但毕竟作为佛教的一支，其普遍允许僧侣饮酒、食肉，部分教派僧侣不禁男女之事及男女双修，终究与传统佛教的理念有着相当的距离。甚至在被尊为"第二佛陀"的宗喀巴大师的经典《密宗道次第广论》里，有一些说法，今天读来不免令人瞠目。

甘丹寺。藏传佛教学习密宗，通往的最高台阶是甘丹赤巴，甘丹寺的法王，也就是格鲁派的创始人宗喀巴的化身。西藏有句俗话说：甘丹赤巴的位置没人管，不管是穷人还是富人，只要有学问就能爬上去。

大乘、小乘／显宗、密宗 佛教创始人释迦牟尼圆寂后，佛教内部由于对释迦牟尼所说的教义有不同的理解和阐发，先后形成了许多不同的派别。按教理及形成时期的先后，可归纳为大乘和小乘两大基本派别。

"乘"指运载工具，比喻佛法济度众生，如船或车这种能载人由此达彼的工具。大乘佛教认为，三世十方有无数佛同时存在，释迦牟尼是众佛中的一个。大乘着重的是佛教的大众教化作用，主张不但要自利，还要利他，利众生，把成佛救世、建立佛国净土定为目标；而小乘佛教奉释迦牟尼为教主，认为世界只能有释迦牟尼一个佛，不能同时有两个佛。主张佛教对修持者本人的作用，小乘佛教要求即生断除自己的烦恼，以追求个人的自我解脱为主。故宗喀巴大师说："大小乘的分别主要在发心。"

在佛教的发展过程中，大乘的教义更具吸引力，佛教宏大的神话体系，大规模建寺和僧侣制度的兴起等主要源于大乘。我国的佛教发展以大乘为主。蒙古国、日本也是大乘佛教主要流行地区，小乘流行于泰国、缅甸、老挝、柬埔寨等地。在教义上，藏传佛教以大、小乘兼容而大乘为主；大乘中显密共修，先显后密，并以无上瑜伽密为最高修行次第，形成藏密。咒术性、对喇嘛异常的尊崇、活佛转世思想和宗教与政治的结合，是藏传佛教的四大特色。

显宗和密宗是修道成佛的两种途径，显是释迦牟尼（应身佛）公开讲述的各种经典，密是毗卢遮那（大日如来）佛（法身佛）直接传授的奥秘大法。两者达到的目标和境界是一致的。显主张公开宣道弘法，密重视传承、真言、密咒。显宗教人悟道，密宗教人修持。密教在国际上统称恒特罗佛教，也称真言乘、金刚乘，西藏密宗由莲花生大师于7世纪传入西藏并吸收了苯教的部分内容形成。密宗要有上师指导，灌顶传授，遵守严格的仪轨，循序渐进，修得身、语、意，三密相印，才可以即身成佛。由于只有被认为是有慧根的人，才能得到秘密传授，因此长期以来，密宗一直被蒙上了一层神秘的面纱，外人难以探究。

光荣随鹰背苍茫远去

你要全神贯注地聆听，不只是你会离开人世，众生都会死亡。不要害怕死亡，不要眷恋这个世界。如果有这种眷恋，你就无法离开。

—— 莲花生大师《西藏度亡经》

　　藏族是个几乎全民信仰佛教的民族。在这里，已经本土化的藏传佛教主宰着人们从生到死的整个过程。在佛教轮回观念和青藏高原独特自然环境的共同作用下，"光荣随鹰背苍茫远去"的天葬产生了。

　　"天葬"是汉语的说法。藏族人把这种丧葬习俗称为"杜垂杰哇"，意思是"把尸体送到葬场"，又称"恰多"，意为"喂鹰"，"恰"是一种专门食尸肉的秃鹫。密宗教义认为秃鹫是十方空行母的化身。所以，有些汉文著作称其为"鸟葬"，实是更为贴切。

天葬场主神尸陀林主。对藏族人而言，无论生者、死者，直贡梯寺天葬台都是他们渴望已久的神圣之地。因此，许多死者的亲属，不远千里也要把死者送到直贡梯寺天葬台去天葬。

死亡是任何人都无法避免的事。对人死后留下的尸体，在不同的地域、不同的时期和不同的文化环境里，有着截然不同的处理方式。人类文明初期，不分地域、文化、民族，普遍实行的是野葬方式，其实也就是把尸体一扔了事，让其暴露在光天化日之下，任由禽兽蝼蚁吞食或自行腐败回归大地。当文明发展到一定程度，人们开始重视尸体的处理方式，一方面是灵魂观念的产生起了作用，另一方面，人们认为太过简单的处理方式既对死者不够尊重，而且可能会带来疾病瘟疫。于是，较为文明的丧葬方式逐渐出现了。

当佛教和印度教在印度兴起后，基于"灵魂不灭"的理念，火葬开始盛行印度。从东汉到唐朝，佛教东渐，中原地区也开始出现了"火焚之仪"，但受到当时和后来历朝历代的严厉禁止。然而，在藏族人居住的青藏高原，自吐蕃时期佛教传入后，在丧葬方式上，却受到了完全不同的影响。

在吐蕃早期，雅隆部落实行过一段时期的土葬，但可能是因为高原大多酷寒少土，未能形成普遍的土葬方式。佛教从印度传入雪域，可能限于大部分地域缺少木材，在西藏，火葬方式除了一些高僧圆寂后或死者患有传染病时进行外，未能广泛实行。至于印度传入的塔葬，则只用于极少数大活佛。此外，在藏东南地带，因河流众多，又少见食尸的秃鹫，水葬在一定范围内流行。

🌡 天葬台上聚集的秃鹫。密宗教义认为秃鹫是十方空行母的化身。尸陀林（葬尸场）被视为特别的修道场，空行母会聚的地方，可以得到加持。同时密宗还认为尸陀林的特殊氛围中，可克制自身的恐惧感，考验修道者毅力，消除杂念幻觉。莲花生大师就曾在尸陀林中修习。由于藏传佛教尤重密法修行，对天葬在西藏的推广发展起了推波助澜的作用。

佛教认为，人的身体只是人暂时寄居的"臭皮囊"，人死之后，还会进入新的轮回。敦煌莫高窟发掘出的《要行舍身经》里，即有劝人死后分割血肉，布施尸陀林的说法。汉地隋以前也曾有此风俗，后被禁止。在西藏，这种"舍身布施"的观念，却在藏族人的心里深深地扎下了根。天葬风俗最早出现在印度，可能在佛教产生以前已经存在，因为佛教产生后印度普遍实行的是火葬。不过，佛教提倡的"形灭神离""慈爱布施"等学说，在一定程度上，对天葬的合理性提供了理论依据。天葬传入藏区后，与佛教密宗发生了关联，因而逐渐为大多数人所接受。

藏区最早的天葬台，就是密宗大师所创。据说，12世纪，直贡噶举派的直贡巴·仁钦贝在直贡梯寺附近修建了西藏第一座天葬台。

藏族人去世后，有一套十分复杂的丧葬仪轨。一个人死后，按惯例，不再保留死者的遗物，也不再提起死者的名字。天葬时首先把尸体清洗干净。洗涤用的水不是一般的清水，而是泡有香料、藏红花、冰片等的水。经过一系列烦琐复杂的超度仪式后，在一个由活佛或高僧推算的日子里，天刚蒙蒙亮就开始出殡。天葬时死者的直系亲属按惯例是不能去的，往往只派一两个远亲或朋友随行。天葬台一般是一个大石块或石堆，尸体放上去后，天葬师就在旁边燃起松柏之类的香草，即"煨桑"。附近群山中栖息的鹰见到烟火，就纷纷飞来聚集在天葬场周围。最后，天葬师用哨声呼鹰下来，按照骨和肉顺序喂食，直到吞食净尽。如果吃得一点不剩，就被认为死者生前无大的罪孽，否则死者的家属还需请僧人为他念经超度。

天葬习俗，是藏文化的一个缩影，反映了藏族似乎矛盾的民族个性，即英雄主义和宿命主义兼而有之，相行不悖。天葬是大部分藏族人人生的一个组成部分。如同任何事物都处在发展变化中一样，藏地的丧葬习俗也并不是一成不变的。在藏区的边缘地带，如康巴、安多部分区域，原来就有实行土葬的习俗。目前，这些地区已出现火葬替代天葬的趋势，比如，甘南拉卜楞寺的天葬台就已弃置不用。

暮色里的贵族世家

高贵的终归衰微，聚集的终于离分，积攒的终会枯竭。今日果然！

—— 阿旺伦珠达吉《仓央嘉措秘史》

自欧洲文艺复兴始，"人生而平等"的理念深入人心。在现代社会民主政体下普遍推行的选举制，逐渐淡化乃至最后终结了曾在世界大部分地方都存在过的贵族统治。作为一个主宰国家的社会阶层，贵族在现代社会已寿终正寝。作为一个曾经辉煌的词汇，贵族已然黯淡无光。

四大文明古国之一的印度，大约在 3000 多年前，建立了独具特色的种姓制度，把人明确分为贵贱有别的四个等级。2500 年前，释迦牟尼创立了佛教，倡导众生平等，反对种姓制度。然而，任何人都无法超越他所置身的历史环境。在佛教里，佛、菩萨本身即有等级之分，六道轮回里的众生亦有高下之别。后来，佛教传入西藏，也丝毫没有给雪域大地带来所谓的众生平等。

与世界上的许多民族一样，自产生了阶级分化后，西藏形成了少数人统治多数人的局面。提倡众生平等的佛教，却给西藏后来的政教合一制度和贵族统治提供了理论上的依据，这不能不说是一个悖论。西藏的地方统治者，以佛教的"轮回说"和"业力（羯磨）说"解释贵族何以

康松思轮（也叫威镇三界阁）是游人进入罗布林卡正门后首先看到的一座二层亭台建筑，坐西向东，是达赖喇嘛看藏戏的地方。二层为看台，楼前为戏台。每年雪顿节这里都要演藏戏。

西藏贵族亚谿•朗顿•贡噶
旺秋夫妻和女儿摄于20世纪
40年代的旧照片。

成为贵族，奴隶何以成为奴隶。佛教宣扬的宿命主义观点，在全民信教
的雪域可谓深入人心。笃信佛教的奴隶阶层，曾心悦诚服地接受这样的
解释，而把解脱苦难的希望完全寄托在来世。于是，在贵族和奴隶这两
个对立的阶层之间，形成了一种微妙的关系。在森严的等级下，两个阶
层竟能数百年"和睦"共处，相安无事。

　　意大利藏学家毕达克在《西藏的贵族和政府》一书里，对西藏贵族群
体的来源做了以下描述："与其他所有的贵族一样，西藏贵族亦历经沧桑
巨变。吐蕃王国时代的显贵家族在王国分崩离析、佛法遍弘蕃地之后销声
匿迹，一些新的显贵家族取而代之。近代贵族只有寥寥数家可将祖先追溯
到王国时代……追溯十三世达赖喇嘛时代西藏贵族阶层的产生，似乎除了
一些继续延续吐蕃、萨迦、帕竹时期的家庭之外，大部分显贵家庭产生于
18世纪上半叶，可以说是颇罗鼐统治长久的产物。"西藏最早的贵族，大
致可追溯到藏王聂赤赞普年代，那时吐蕃第一次有了君臣之分，出现了阶
级分化。藏王聂赤赞普的后裔也成为神圣的家族、最早的贵族。到了松赞
干布时期，吐蕃出现了诸如"香伦""公伦""齐伦"等享有特权的阶层，
西藏的贵族阶层已初步形成。但随着吐蕃王朝的全面崩溃，西藏陷入了长
期的诸侯割据局面。直到17世纪，藏传佛教格鲁派在中央政府扶植下，
统一了西藏地区，并建立了政教合一的"甘丹颇章"地方政权。从此，一
个以高贵的血统自居，拥有世袭祖传的庄园和奴隶，享有政治特权的贵族
阶层正式出现，并左右了西藏此后300多年的命运。

具体而言，300年来统治西藏的贵族世家，主要由西藏地方政府所属贵族、班禅拉章所属贵族、萨迦法王所属贵族以及地方性小贵族等组成。这些贵族中，以财产和权势的差别，分为"亚谿""第本""米扎"和一般小贵族等几个高低不同的系列。值得一提的是，与欧洲和别的地方以血统为核心的贵族身份传统不同，西藏贵族世家延续的最根本的因素是土地庄园，而非血统。西藏贵族的家族血统观，主要针对外部，在家庭内部并不严格。如果家族内无男性子嗣，贵族们为了家族之延续，允许以离婚、再婚、入赘、养子等方式，引入男性继承人。

　　居于西藏贵族体系最高层的是"亚谿"家族。"亚谿"意思是父亲的庄园，是对达赖喇嘛家族的尊称。达赖喇嘛家族作为贵族，始于七世达赖时期。七世达赖的父亲索朗多杰被清朝皇帝加封为公爵，从此凡达赖喇嘛家族都被封为公爵，并赐给大量的庄园和奴隶，成为西藏特殊的大贵族家庭。随着达赖喇嘛转世灵童的认定，亚谿家庭不断出现。300多年以来，先后共出现过6个亚谿家庭，即七世达赖喇嘛家庭"桑珠颇章"、十世达赖喇嘛家庭"宇妥"、十一世达赖喇嘛家庭"彭康"、八世和十二世达赖喇嘛家庭"拉鲁"、十三世达赖喇嘛家庭"朗顿"和现在的十四世达赖喇嘛家庭。

　　"第本"是尊荣显贵仅次于金字塔尖"亚谿"的大贵族阶层。这些家族的祖先，或曾立过大功，或是名门望族。属于第本家族的贵族只有5家，其中高贵血统可以追溯到吐蕃王朝时期或更早年代的有3家，在清朝发迹的有两家。这5家分别是：1.拉嘉日家族，自称吐蕃赞普后裔，居住在山南拉嘉日地区。2.吞巴家族，据说该家族是吐蕃时期四个著名的"公伦"（大臣）之一吞米·桑布扎即藏文创始人的后人。吞巴是该家族在拉萨宅第的名称。家族自称"拉让宁巴"，"拉让"是活佛居住地，"宁巴"为古老。3.热咯夏家族，也叫"多卡哇"。据说多卡哇是达隆酋长的后裔，与拉嘉日家族一样是王室的后裔。热咯夏是家族在拉萨宅第的名称。4.多仁家族，噶锡哇是家族名称，多仁是该家族位于拉萨宅第的名称。家族创始人康济鼐·索朗杰波是1720年驱逐准噶尔势力的功臣，皇帝赐封贝子，委任为平息准噶尔事件后的第一任总理西藏地方事务的首席噶伦。5.帕拉家族，又称"仲孜哇"，全名为"帕觉拉康"。帕拉是该家族最大的庄园之一。帕拉家族是从不丹移居西藏的一名僧人的后代，家族在延续过程中先后出过五个噶伦。

　　在大贵族阶层中居于第三层的是被称为"米扎"的家庭。米扎家庭

帕拉家族是西藏著名的贵族世家，属西藏五大"第本"贵族世家之一，这些贵族世家地位仅次于历代达赖家庭构成的亚豁家族。距江孜镇不远的班觉伦布村的帕拉庄园，以规模和实力，曾名列西藏十二大贵族庄园之列。历经了特殊的年代，它仍完好保存至今，不能不说是一个奇迹。

的突出特点是该家庭内至少有一人现在或者曾经担任噶伦一职。米扎家庭约有30多家，这些米扎家庭基本上掌握着各时期的西藏财政大权。主要的米扎家庭有"擦绒""厦扎""索康""霍康""阿沛"等家庭。

以上的大贵族系列和普通的贵族家庭、僧侣贵族家庭一起，形成了西藏的贵族统治阶层。这些贵族家庭，逐渐形成了一套特殊的社交礼仪，以此彰显着他们与众不同的高贵存在。在普通人只有名字没有姓氏的西藏，仅占人口5%的贵族，却以庄园名称或活佛封号等为姓氏。此外，为了提高、巩固自己的政治地位和社会地位，贵族家庭之间常常互结婚姻，攀连门第，从而形成了一荣俱荣、一损俱损的局面。

直到20世纪中叶，西藏的贵族统治气数才尽，这段历史终于降下了帷幕。阿旺伦珠达吉撰写的《秘史》里，六世达赖仓央嘉措曾感慨道："高贵的终归衰微，聚集的终于离分，积攒的终会枯竭。今日果然！"这话用在西藏贵族阶层身上，实是再贴切不过。

令人遗憾的是，由于西藏贵族统治的消亡才半个世纪，时至今日，在普通藏族人的心中，那段特殊的记忆犹未完全抹去。在西藏，等级观念一定程度上依然存在。古时内地曾有"王侯将相，宁有种乎"的振臂高呼，藏族亦有"只要男儿有本事，甘丹法座没有主"的民谚。时代潮流浩浩荡荡，佛陀"众生平等"的理想，最终必将与现代文明的理念在雪域大地上殊途同归，开花结果。

雪域奇葩藏医藏药

藏医药学的发展，大约有 2000 多年的历史。最早的"苯医"，主要靠放血疗法、火疗法、涂抹疗法治病。此外，还有用热酥油止血、用青稞酒洗外伤消毒、用柏枝艾蒿熏烟预防瘟疫等土法。

关于藏医药的起源，有 3 种不同的说法，它们是佛祖赐予说、来源印度说和苯教创造说。现在通常采用的是最后一种说法。

相传公元前 200 多年，藏王聂赤赞布曾提出 6 个难题，一位叫孜拉嘎玛跃德的人回答了其中之一，阐释了毒可成药、以毒攻毒的医理。公元 4 世纪的拉妥妥日年赞时期，开始采用寒病热治、热病寒治的治疗医理，出现了著名藏医师通格妥觉坚。据史料记载，通格妥觉坚已能够在人的眼睛上开刀动手术。

吐蕃时期，在中原、印度、波斯医学的影响下，藏医有了很大发展。公元 641 年文成公主入藏，带来了"治四百零四种病的医方百种，诊断法五种，医疗器械六种，医学论著四种"等，这批医书被译成藏文，取名《医学大全》。赤松德赞时期，西藏出现了"四方名医""远方九太医"等名家，其中，玉妥·云丹贡布成就最大，被后世尊为藏医始祖。

藏医三因说挂图。"三因学说"为藏医学理论的核心。"三因学说"认为，人体内存在三大因素，即"隆""赤巴"和"培根"。三大因素支配着七大物质基础及三种排泄物的运动变化。当三者中的任何一个因素或几个因素由于某种原因出现过于兴盛或衰微的情况时，则会出现隆病、赤巴病和培根病，治疗需对三者进行调整，使其恢复到协调状态。☞

玉妥·云丹贡布是吐蕃王朝时期最杰出的医学家，曾担任过赞普的御医，是藏医学理论体系的奠基人。他编著有 30 多部医学论著，由此形成了藏医的一整套体系。玉妥·云丹贡布总结编写的《四部医典》《实践明灯》等医学著作，至今仍是藏医学的理论基础。

《四部医典》系统地论述了藏医药学的理论基础、人体构造、生理功能、病因病理、诊断治疗、药物种类、服用方法及饮食起居、卫生保健、行医道德。其中，提出的"三因学说"为藏医学理论的核心。"三因学说"认为，人体内存在三大因素"隆""赤巴"和"培根"。人的身体有七大物质基础，即饮食精微、血、肉、脂肪、骨、骨髓、精。人有三种排泄物，即小便、大便、汗。三大因素支配着七大物质基础及三种排泄物的运动变化。在正常生理条件下，上述三者互相依存、互相制约，保持着相互协调和平衡。玉妥·云丹贡布在《四部医典》中总结出的血液循环理论，比英国人哈维提出的血液循环理论要早 800 多年。《四部医典》后来又经过许多医学家的注释和整理，愈趋详明。

17 世纪，五世达赖喇嘛时的第司桑结嘉措，为藏医事业做出了重要贡献。他于 1689 年和 1703 年完成了《四部医典释论·蓝琉璃》和《医学概论·仙人喜筵》，还组织完成了医学唐卡挂图 79 幅，这些唐卡挂图成了藏医药学的形象化教材。其中的《人体胚胎发育图》，描述了人体受孕、妊娠反应、胎儿发育过程中出现的"鱼期、龟期、猪期"的顺序，与脊椎动物、鱼纲、爬行纲、哺乳纲和人类的进化顺序惊人的一致。

十三世达赖喇嘛时期，藏医学也有一定的发展。曾出现许多著名的藏医学家，诸如噶玛吉美吉森格、喇嘛吉美赤列、太医乌坚丹增嘉措、多吉坚赞、扎康基巧堪布强巴土旺、恰布巴当曲班丹、钦饶罗布大师等。

我们不难发现，许多藏医药大师同时也是修养极高的佛学大师。藏传佛教与藏医药，从诞生到发展，都有着千丝万缕的联系。事实上，藏传佛教五明学中的医方明即为藏医学。也就是说，藏医为僧侣的必修课，许多寺院里都曾建有名为"门巴扎仓"（医学院）的机构。僧侣行医可以为众生解除痛苦，相应地也为佛教的广泛传播起了巨大作用。

藏医药学在当今时代仍倍受人们青睐，其重要原因之一缘于它独特的药物来源和制作方法。藏药主要取材于海拔 3800 米以上的高寒地带，共有 2000 多种植物、100 种动物和 80 多种矿物可以入药，其中许多药物属于青藏高原的特产，更有许多名贵药物如天麻、冬虫夏草、麝香、熊胆、贝母、三七、羚羊角、雪莲等。在药物应用方面，藏医具有自采、

藏医唐卡。藏医药古来有"有毒就有药"的说法，其理论体系不同于中医和西医。藏医的诊断，主要采用"望、问、摸"的方法，同时以"寸、关、尺"配属五脏六腑，而且十分重视"尿诊"。治疗时除使用植物、动物、矿物等药物外，还配以穿刺、放血等疗法。●

自种、自配、自用药物的优良传统。藏医学生必须随师学习采药、辨认药材、炮制药材及制药。传统藏医对采药亦有极严格的要求，如寒性草药必须采生长在寒凉之地者、燥性草药必须采长在阳光充沛之地者，甚至还要守候至适合的节令及时辰才采摘，以确保其药性精华凝聚至浓。藏药成药的类型可分为汤剂、散剂、丸剂、药露、酥油药丸、煅制药、药膏、药酒等等，剂型繁多，目前常用于临床治疗疾病的成药达300多种。藏医既有内服药，又有外治法，常用的配方用药少则二三味，如止鼻血的二味三棵针是由三棵针内皮和藏茵陈配制；多则上百味，如七十味珍珠丸由70味药物所制，又如常觉漆木解毒丸由130味药物所配成。一些著名藏药对部分疑难病症具有独特的疗效，如七十味珍珠丸对半身不遂、中风、脑溢血，芒觉丸对萎缩性胃炎，红珊瑚丸对高血压等，使这些药物倍受进藏旅游者的追捧。

　　作为雪域高原的一朵奇葩，藏医尤其是藏药有其独特的不可替代的价值，无疑是值得我们珍视的。但传统上巫医和僧医的身份重合，使做法事、占卜、禳灾及开光、加持等仪式成为藏医药学的组成部分，妨碍了藏医的良性发展。此外，藏药重金属含量普遍超标，亦为人所诟病。

高原精灵藏羚羊

藏羚羊，藏族人称为"卒"，《山海经》称之为西地瑞兽"林羊"。藏羚羊是青藏高原的特有动物，属于国家一级保护动物，也是被列入《濒危野生动植物种国际贸易公约》（CITES 公约）中严禁进行贸易活动的濒危动物。

藏羚羊分布于青藏高原海拔 4300 米到 5100 米的高原荒漠、冰原冻土地带及湖泊沼泽周围，食针茅草、苔藓和地衣等低等植物为生。以羌塘草原为中心，藏羚羊的分布区域南至拉萨以北，北至昆仑山，东至西藏昌都地区北部和青海西南部，西至中印边界，偶尔有少数由此流入印控克什米尔境内的拉达克。越是被视为"生命禁区"的无人区，如藏北羌塘草原、可可西里及新疆阿尔金山一带，越是藏羚羊栖息繁衍的乐园。

藏羚羊一般体长 135 厘米，肩高 80 厘米，体重达 45 千克至 60 千克。形体健壮，头形宽长，吻部粗壮。雄性角长而直，乌黑发亮，雌性无角。鼻部宽阔略隆起，尾短，四肢强健而匀称。全身除脸颊、四肢下部以及尾外，其余各处绒毛丰厚细密，通体淡褐色。藏羚羊奔跑时速可达 60 千米，为高原其他动物所难及。藏羚羊的发情期为冬末春初，雄性间有激烈的争雌现象，一只雄羊可带领几只雌羊组成一个家庭，6 月至 8 月产仔，每胎一仔。由于生存环境过于恶劣，藏羚羊的个体寿命极短，在正常情况下，雄性寿命仅有 7 岁至 8 岁，雌性寿命最长不超过 12 岁。鉴于藏羚羊栖息环境和生活习性的特殊性，目前世界上尚没有一个动物园饲养藏羚羊。藏羚羊入选 2008 年北京奥运会吉祥物，成为福娃的一员"迎迎"。

1903 年，英国探险家罗林在藏北草原，曾经看到过这样一幅景象："从我面前到视线所及的东北方，有几千只母藏羚羊和它们的孩子……它们正朝着西南缓缓地前进……要确定数量是相当困难的，因为在最大视野范围中，不断有新的群体出现，平均每个视野至少有 1.5 万至 2 万只藏羚羊。"那时候，青藏高原上生活着总数超过 100 万只的藏羚羊，100 年后，藏羚羊的总数已不足 10 万只。

20 世纪 90 年代，可可西里无人区的藏羚羊因遭大肆盗猎，幸免者十不及一，几近灭绝。后来，反盗猎英雄索南达杰，即电影《可可西里》主角的原型，不幸死于盗猎分子枪口之下的事件，震惊全国。由此，被誉为"高原精灵"的藏羚羊残酷的生存状态，引起了整个社会的关注。

生活在高山草原、草甸和高寒荒漠上的藏羚羊，为了抵御严寒，身上长了一层保暖性极好的绒毛。就是这些绒毛给藏羚羊带来了空前的厄运。以往青藏高原上生活着总数超过100万只的藏羚羊，但1999年据有关权威人士估计，种群总数已不到7.5万只。20世纪80年代末期以前，人们经常可以看到每群数以千计的藏羚羊在旷野中奔跑，铺天盖地，气势惊人。但这样的情景自沙图什贸易兴起后不复再现。藏羚羊遇到了它最可怕的"天敌"——盗猎者。

🖋 被残杀的藏羚羊尸体。

可可西里多年的保护工作终于开始见成效，那里的藏羚羊数量逐年回升。但是，贪婪的藏羚羊盗猎分子将目光由可可西里转向了藏北羌塘国家级自然保护区。

藏羚羊体形优美、动作敏捷，它腾越的矫健身姿，宛如精灵偶现人间，为万里荒原增添了无限生机。那么，究竟是什么缘故，如此可怕的命运竟降临到了它们的头上？古语道："象有齿而焚其身，虎豹之纹致祸。"在极其恶劣的环境下，藏羚羊为了抵御严寒，身上生长了一层保暖性极好的绒毛。这些原本自我保护的绒毛，却成了藏羚羊惨遭猎杀的致命之因。

历史上，高原的猎人也曾猎杀藏羚羊。他们的主要目的是取羊肉、羊皮和角。藏医认为，羚角具有下泻、催产、治疗溃疡和妇科病等功效。此外，羚角还常被用于制作藏刀的刀柄。不知从何时起，克什米尔人开始利用藏羚羊的羊绒制作一种叫作"沙图什"的披肩。"沙图什"来自波斯语，意思是"羊绒之王"，有"软黄金"之称。沙图什薄如蝉翼，轻如蛛丝，一条长 2 米、宽 1.5 米的沙图什仅重 100 克左右，可轻易穿过一枚戒指，因而也被称为"指环披肩"。在印度和巴基斯坦，沙图什一向被视为传家之宝和贵重的结婚礼物，由母亲赠予女儿，世代相传。

自 20 世纪 80 年代始，沙图什在欧美、中东及香港地区极其流行，成为价格高昂的奢侈品，被视为贵妇、小姐及"绅士"们高贵身份的象征。经营沙图什贸易的商人四处散布着他们精心编织的美丽谎言——"在海拔超过5000米的藏北高原，生活着一种名叫藏羚羊的野生动物。每年的换毛季节，一缕缕轻柔细软的羚羊绒从藏羚羊身上脱落下来，当地人历尽艰辛把它们收集起来，制造成华贵而美丽的披肩。"然而，事实却完全是另一幅凄惨的景象——"数百头藏羚羊全部被屠杀，血流成河，尸横遍野。常有这样的场面：倒在血泊中的藏羚羊妈妈，身怀未产出的胎儿，旁边还有一个正在吮乳的'孩子'，藏羚羊羊羔仍在沾满鲜血的、已经剥下皮的红色乳头上吸取乳汁，羚羊妈妈的鲜血染红了藏羚羊羔的嘴巴、鼻子和它那憔悴的面颊。失去母亲关爱的藏羚羊羔过不了多久即被老鹰、狼吃掉。"起初，也许那些购买者真的不知道，每一条沙图什都浸润着三四只藏羚羊的鲜血。但真相已大白于天下的今天，沙图什贸易却丝毫没有退减的迹象，这是值得人们深思的。

　　盗猎者着实可憎，这一点毋庸置疑。但是事情的另一面，我们也不应该忽略。当举世滔滔、众口一词谴责那些盗猎者时，可曾有人真正关注过他们到底是怎样的一群人？这些来自青海、甘肃，以当地少数民族为主体的人，是全中国最贫瘠的土地所孕育的最贫穷的一群人。淘金、盗猎、挖虫草，这些人铤而走险，在青藏高原处处可见他们的身影。不过，相对于沙图什产业链中那些盗猎者的背后组织者、沙图什的贸易商人和消费者，这些被人雇佣以命博钱的盗猎者，也只不过是一群替罪的羔羊。

反盗猎英雄索南达杰纪念碑。

喜马拉雅雪人之谜

20 世纪中后期，喜马拉雅雪人与尼斯湖水怪、百慕大魔鬼三角、UFO（飞碟）并列为四大世界之谜，曾引起世界范围内的广泛关注。

几十年过去了，四大世界之谜的说法几乎已被人们遗忘，为什么喜马拉雅雪人至今仍然被视为一个未解的世界之谜呢？原因或许有很多，但其中很重要的一点是它的西藏背景。

与世界其他地方的野人不同，喜马拉雅雪人的发现史，从一开始就成了"发现西藏"链条中的一环。大约 1000 年前，西藏伟大的修行者米拉日巴，曾在一首道歌里提到，他有三个游戏伙伴，其中一只是长尾猴，一只是猴子，还有一只是一种似猿又像熊的野人"mi-dre（d）"。这可能是西藏关于野人的最早文字记录。在雪山下生活的夏尔巴人中间，流传着这样的说法：雪人力大无穷，它若想杀死一头公牦牛，就抓其角、扭其头，宛若卸螺丝般轻而易举。在人们的印象里，雪人时而仁慈、温柔，时而凶猛、剽悍。

18 世纪，美国和英国的探险家，在喜马拉雅山区最早"发现"了雪人。19 世纪 50 年代，沙皇俄国已出版了相关的研究专著《雪人》。20 世纪 50 年代，随着尼泊尔对外国人的开放，以美国艾拔尼斯登山队 1951 年在喜马拉雅山区发现雪人奇特脚印的事件为发端，西方世界一度掀起了寻找喜马拉雅雪人的热潮。曾有考察队在尼泊尔的寺庙里，发现过保存了 300 多年，据说是雪人的两张头皮，头皮上的毛发为红色和黑褐色（后经鉴定，为喜马拉雅山的一种毛皮微红的野羊皮所仿制）。在 20 世纪七八十

雪人脚印。作为一个尚未被科学认定的物种，野人在世界各地有着不同的称谓。在美国叫"大脚怪"，在俄罗斯和蒙古叫"阿尔其玛"，在澳大利亚叫"约威尔"，在非洲叫"×人"，在印度、尼泊尔和中国西藏地区叫"夜帝"（Yeti，夏尔巴语，意为居住在岩石上的动物）。由于"夜帝"的主要生活区域在喜马拉雅雪山一带，因此人们习惯称之为"雪人"或"喜马拉雅雪人"。

🌡 神秘的喜马拉雅雪山。这里正是雪人传说的"藏身"之处，同时为其背景和原因。没有了雪山，雪人的神秘将无从附着。

年代，同样是慢了半拍，中国内地继西方之后，开始走上了自己的发现喜马拉雅雪人的道路。

中国科学考察队在喜马拉雅山区，发现了大量雪人存在的"证据"。当然，这些"证据"，与西方的到访者的收获一样，不外乎是一些雪地上"前脚有个像大拇指似的结构"的似人脚印，以及许多关于雪人的民间传说和层出不穷的当地人和登山者的目击报告。尤其是位于雅鲁藏布大峡谷深处的墨脱，给了人们最大的希望。据说，墨脱猎人在森林深处，多次看到一种似猴似熊的野人出没。当地的门巴人称野人中的雄性为"折波"，雌性为"折姆"，系"公熊""母熊"之意。

经过两个多世纪的努力，人们似乎已能够大致"准确"地勾勒出雪人的形象了，"高约 1.5 米到 4.6 米不等，头颅尖耸，红发披顶，常四肢爬行，步履快捷，能直立行走。没有尾巴，除面部、手心和脚掌外，遍体多毛。轮廓与人相似，只能发出呼叫和咆哮以表达喜、怒、哀、乐。不会生火，也不会使用工具，但偶尔能够运用石头、木棒等物。"

尽管雪人的形象已如此"清晰"，但质疑雪人存在的声音，却从来都没有停止过。质疑者普遍认为，与"雪人是一个人猿之间的新物种"

71

的假设相比，说它是某种已知的动物可能更接近事实真相。事实上，一些较为冷静的研究将雪人指向了喜马拉雅棕熊——雪人频繁出没的区域和棕熊的生活区域相重合；棕熊后足的趾垫和掌垫非常像人的脚掌，能够在雪地上留下像人的脚印；棕熊与其他种类的熊不同，它的两只后脚掌正好踏着两只前脚掌留下的脚印，因此它的足迹容易被人误认为是直立行走的动物所留。此外，棕熊本身也能够短时间直立行走；棕熊毛色变异较大，部分棕熊毛色呈灰白，容易被误认为白色雪人；在某寺庙附近发现的所谓"雪人皮"和"雪人头骨"，经鉴定是棕熊的皮和头骨；棕熊有时还会手执木棒而行。墨脱门巴人称雪人为"公熊""母熊"，或可算是此种观点的一个极好注脚。

　　令人感到遗憾的是，大部分热衷于研究雪人问题的人，往往并不是传统意义上的动物学家或人类学家，而是一些被冠以"神秘动物学家"或"野人爱好者"头衔的人。雪人的存在对他们似乎是不证自明的。他们也许从开始加入研究行列的第一天起，就已将"成果"锁定在了肯定的答案上。他们需要做的，不过是寻找证据证明雪人的存在，因而在搜集证据的过程中，对否定的证据总是视而不见。许多关于雪人的耸人听闻的消息，大多出自他们的生花妙笔。因此，在探讨雪人问题时，我们有必要把这些"野人爱好者"与严肃的科学工作者区别开来。

无论如何，"野人爱好者"的执着和热情也值得人们嘉许一二。还有什么比雪人传说更能激发我们对西藏对雪山无止境的想象呢？🖋

藏獒的前世今生

如果说在几年前,大多数国人还不知獒为何物的话,一本小说《藏獒》的问世,竟一夕之间造成了"天下谁人不识獒"的局面。

据研究,藏獒是由1300多万年前的喜马拉雅巨型古鬣犬演变而来的高原犬种,是犬类世界唯一没有被时间和环境改变的活化石。它曾是青藏高原横行四方的野兽,直到6000多年前被驯化,才开始了和人类相依为命的生活。据古老的文献记载,中亚两河文明时期,在东起青藏高原到帕米尔高原,西至土耳其安那托利高原的区域里,栖息着一种极为强壮、头部硕大的猛犬,这种猛犬就是今天的藏獒。公元前3000年的亚述时期,中亚地区王国的贵族们普遍饲养这种大猛犬,训练它们帮助人猎杀狮子、野马或用于作战。公元前19世纪,巴比伦王国建立,饲养这种猛犬的风气更是盛极一时。公元前3世纪,古老的獒被驯化利用,参加了亚历山大的远征军,由此扩散到亚历山大所征服的各个地方。虽然古希腊哲学家亚里士多德早就说过"巨大、强壮、凶恶的印度犬是来自西藏高原的狗,这些犬从西藏高原运到波斯和亚洲",但是人们还是逐渐忘

郎世宁《苍猊》图。乾隆时,陪同班禅大师东进的清政府驻藏都统傅清将一只藏獒带到北京,立即引起朝野轰动。朝野上下都为该藏獒神犬的英姿、气势而赞叹。意大利画家郎世宁受旨意,根据乾隆十条爱犬的形态绘制《十犬图》,其中最后一幅《苍猊》表现的就是这条藏獒。猊是狮子的别称。

记了这种獒源自中亚高原。在西方，许多人认为它是产自欧洲的古老犬种，并称它为"罗马莫洛塞斯"，现在大部分世界名犬都有这种獒的血统。1240 年成吉思汗横扫欧洲，蒙古大军中的猛犬军团，拥有 3 万多只凶猛的藏獒。据记载，最早组建猛犬军团南征北战的是生活在藏区北部的党项人，成吉思汗统率军队席卷世界时，党项部落受其征调，作为北路先锋军直逼欧洲。这支部队中的猛犬军团是清一色的藏獒，它们以敌方的尸体作为食物，铺天盖地，一路横扫，建立了让成吉思汗惊叹不已的"武功首"。大汗曾经慨叹："经百战，雄当万夫，巨獒之助我，乃天之战神助我也。"这些藏獒后来有一部分被蒙古人接管，留守在了欧洲。这些纯种的喜马拉雅藏獒在广阔的地域杂交繁育出了许多世界名犬。现代西方人称藏獒为"西藏马士提夫犬"，其名与"莫洛塞斯"一词有一定的渊源。

藏獒的生活环境是海拔 3000 米到 5000 米的高寒地带。历史上的青藏高原地广人稀，藏族人信奉藏传佛教，没有打猎传统，野兽得以大量繁衍，狼、狐狸、雪猪、雪豹等野生动物四处可见，生活在这种环境下的藏獒，时时要与野兽生死搏杀，充满野性和活力，并具有极强的生存能力，在零下三四十摄氏度的冰雪中仍能安然入睡。相传，藏獒是经过莲花生大师授记灌顶的神犬。

生活在不同地区的藏獒外形也不同。品相最好的藏獒，出自青藏高原的河曲地区。这种藏獒有典型的喜马拉雅山地犬的原始特征：茂密的鬃毛像非洲雄狮一样，前胸宽阔，目光炯炯有神，含蓄而深邃。喜马拉雅山脉的严酷环境赋予了藏獒粗犷、剽悍和刚毅的性格，同时也赋予藏獒王者的气质，高贵、典雅、沉稳、勇敢。还有一种藏獒出于青海地区。这种藏獒几乎没有鬃毛，身上的毛也比较短，体型却更大，但是它没有带鬃毛的藏獒凶猛、沉稳。

不知从何时起，在草原牧场履行守护和牧羊之责的藏獒，忽然成为受到狂热追捧的都市宠物。一只藏獒卖价几千几万元不足为奇，几十万乃至上百万元也比比皆是。藏獒，从与普通的牧民相依为命，变成了"贵族"们的宠物或看门狗。而在半个世纪前的西藏，藏獒并不是随便什么人都可以豢养的。只有那些贵族、头人和寺庙上层才有资格饲养藏獒。放牧的牧民虽然也饲养着藏獒，但那只是替贵族、头人看护牛羊。特别是那种毛色呈红棕色的藏獒，因其皮毛与喇嘛穿的袈裟颜色相近，所以唯有活佛和寺庙上层才有资格喂养和拥有。

几十年来，由于草原牧民的生活发生了巨大变化，藏獒一直处于退化之中。据估算，目前世界各地约有 30 万头藏獒，但纯种藏獒已不足 100 头。尤其那些被卖到外地的藏獒，离开了生养它们的青藏高原，它们身上的许多"美德"也很快消失了踪影。传说，离开草原的喜马拉雅纯种獒死的时候会流血。那是灵魂消失的征兆，因为它们拒绝来世。

　　藏獒的故事已经讲完，但另一个关于藏獒的"神话"似乎才刚刚开了个头。当宣扬"狼性"的《狼图腾》风靡全国之时，宣扬"獒性"的《藏獒》又一次占据了我们的视野。甚至有人认为："藏獒已经不仅是动物，不仅是家兽，而且是一种高素质、高品质的存在，是游牧民族借以张扬游牧精神的一种形式。"

　　藏獒终究不过是一种被人类驯服的兽类，且在被驯服后成了一种攻击同类、保护异类的动物，有人却在津津乐道它的高贵与忠诚。对于藏獒，像世界上的其他许多民族对待犬类一样，藏族人也常用它来讽刺、鞭挞、羞辱某些小人，藏区有这样的谚语："无辨别是非能力者，既是男人亦宛如狗""如果獒犬走在马路上，实为投掷石头的目标"。由此可见，"藏獒精神"不过是人为制造的又一神话而已。

雪獒，藏獒中的极品。小说《藏獒》里西结古草原的原獒王就是一只威风八面的虎头雪獒。藏獒是世界上唯一不怕野兽的犬种，有"九犬成一獒""一獒抵三狼"的说法。在罗马帝国的斗兽场中，这种獒曾被放出与狮、虎、熊等"角斗"。

唐卡店内画唐卡的情景。与一般的艺术创作不同，绘制一幅唐卡，在西藏被认为是一次积累善业功德和对佛法崇拜的行为。画师通常都不在唐卡作品上署名，因为画师画唐卡时，认为自己只是在表达对佛的顶礼膜拜。

聆听唐卡的秘密

惊艳唐卡

　　西藏最吸引人的，除了它独有的高原风光外，还有它的宗教。没有了藏传佛教，没有了遍布藏区的寺庙，没有了摇着转经轮的千万信徒，西藏的魅力必定要大打折扣。西藏的宗教凝聚了西藏文化和艺术的最重要部分，被称为"可以随身携带的寺庙"的唐卡正是西藏艺术中一朵最动人心魄的奇葩。

　　唐卡又名孤唐，是兴起于公元8世纪的一种为藏传佛教所独有的艺术形式。不了解唐卡的人，开始听到唐卡的名称，总不免会联想到唐朝。事实上，唐卡的"唐"并非唐朝之"唐"。"唐"，藏语为"平坦、清晰"之意，"孤"，藏语为"身体"之意，引申为"佛像"，有尊敬之意。简单地说，唐卡即一种卷轴画，一般用纸、布、羊皮或丝绸作底，经刺绣、版印或绘制，用彩缎装裱而成。以丝绢绸缎为材料，用刺绣、编织、拼贴或套版印刷等方式制成的叫作"国唐"，用颜料在画布上绘制的则叫作"止唐"。止唐又可以根据画背景时所用的不同颜料划分为金唐、赤唐、黑唐、彩唐等。内容以各类佛像为主，因容易随身携带和收藏，流行于西藏各地。在西藏，唐卡用途广泛。除了寺庙或家庭悬挂唐卡用于膜拜瞻仰外，在藏族传统婚嫁迎娶仪式中迎亲队伍前面，要悬挂唐卡以求吉祥，望果节庆丰收转地边时前面也要由唐卡引路，野外演出藏戏时常会悬挂唐东杰布唐卡，甚至很多地方祭山神、观风水、修房造屋时也要悬挂唐卡进行祈祷。

　　唐卡最常见的尺幅是条幅形，一般长一百厘米左右，宽六七十厘米。巨大的和袖珍的唐卡则比较少见。西藏各大寺庙一年一度的"晒佛"或"展

关于唐卡的起源，可追溯到释迦牟尼时代。佛像艺术传入西藏后，与印度一样，起初主要体现在寺庙里的无数壁画上。但由于西藏的居民普遍过着流动不居的游牧生活，逐渐产生了适于游牧生活中随身携带和悬挂的唐卡。

佛"活动，所晒所展的即巨幅唐卡。布达拉宫珍藏的两幅巨幅唐卡，为巨幅唐卡的佼佼者。这两幅唐卡是五世达赖喇嘛圆寂后，摄政王桑结嘉措为了缅怀五世达赖政教方面的功绩而主持制作的。其中大的一幅为55.80 米 ×46.81 米，小的一幅为 32 米 ×23 米。

唐卡的绘制从一开始，即以师徒传承的形式延续。在发展过程中受各种因素影响，形成了风格不同的流派。以山南勉唐地方勉拉顿珠嘉措为首的勉拉顿珠画派，以朱古南喀扎西为代表的噶玛噶画派（噶尔画派）；后藏群英嘉措自行创立的新勉唐画派，以庆则钦姆为首的庆鲁画派，朱古歧乌的歧乌画派；以康区德格地区祖拉却吉朗娃为首的德格画派等，都是藏区绘画史上著名的画派。按地理区域划分则可分为藏东、藏中和藏西三大流派。

唐卡画师在西藏被称为"拉日巴"，意思是画佛或神的人。他们绘制唐卡时必须遵循《佛说造像量度经》《圣像绘塑法知识源泉》等所规定的姿态、尺度、比例，不可逾越。在广大僧侣和信徒的心目中，各种佛、菩萨是恒常不变的。因此，唐卡"因循守旧"的传统反而使唐卡这种艺术形式保持了生命力。另有少量唐卡由活佛、仁波切来绘制，因为这些唐卡的形象是不为平常人所知的，是"大伏藏师"在"禅定"中挖掘出来的宝藏。

唐卡还有一大特色，即极为贵重和讲究的绘制颜料。过去，绘制唐卡的颜料均为天然矿物或植物，其中包括绿松石、孔雀石、松耳石、藏红花、玛瑙石、滑石粉、雄黄、贝壳、圆石、泥金粉、金属粉末、朱砂等物及纯金纯银。颜料的配制依赖手工，过程复杂。据说，不同颜色颜料的配制与操作人的力气大小直接有关。如白色和黄色多由年轻男人来打磨，但蓝色和绿色则需要体弱无力的老人慢慢研磨。用这些颜料绘制的唐卡，虽历经数百年，画面仍金碧辉煌，闪亮夺目。

画师通常都不在唐卡作品上署名。他们的心里根本没有成为大艺术家的想法。一代一代的画师，默默无闻，为了来世和信仰作画。每一幅唐卡作品的价值都无法用金钱来衡量。

唐卡店内场景。在西藏，唐卡画师的地位很高。旧西藏时大昭寺顶层有达赖喇嘛的行宫，对面就是画师上班的地方。旧西藏没有油画和山水画，画的都是唐卡，唐卡画师非常受尊重。

唐卡知识

　　如果家里需要供奉一幅唐卡，首先要请活佛占卦，活佛根据你的生辰八字推算出你应供奉的佛、菩萨或本尊。画师绘制唐卡时，要严格遵守一定的仪轨要求。绘画前要进行各种宗教仪式，诵念经文、奉献供品或发放布施。通过观修祈请智慧之神文殊菩萨进入画师的躯体之后，才能进行绘制。如果画的是密宗本尊或护法神，还要根据所画的本尊或护法神进行入密仪式、观修等。画师在绘制唐卡期间，要沐浴洁身，严禁食肉、饮酒、吃葱蒜、近女色。

　　具体绘制唐卡的过程如下：根据画面大小，将白布用绳子绷在特制的木框上，涂上一层胶水，干后用胶水和黏土混合成糊状涂在布的两面。待干后，一边用布头沾水涂在布面，一边用光滑的卵石进行打磨，经反复打磨后，布面平整光滑，干后才起稿。起稿时必须严格依据画佛像的尺度。任何佛像或坐或立都有相应的造像尺度，如果不按尺度，就不能成为佛像，也不能开光。起稿一般用烧制的柳木炭条，完成后用淡墨线勾画定稿，然后上色，用松石、珊瑚捣碎的颜料按深浅不同点上去、晕染开，上乘的唐卡作品还必须使用纯金碾磨的金粉勾勒神佛、莲座乃至法器的轮廓。唐卡画师只有具备了丰富的宗教知识和历史知识，在细节的处理上才能符合佛法的精神。唐卡绘好后，用纸或绢作衬，四周用彩缎做出画框，两端装上木轴，面上还要加一道黄绸遮幔。最后一道程序

马头明王唐卡。

是请高僧活佛进行装藏，即在佛像的额、下巴、颈等背面写上"翁""啊""吽"藏文或梵文明咒，然后送寺庙内，请众僧诵经进行开光仪式，使佛、菩萨或本尊附于画上，唐卡才会有灵气，一幅唐卡至此才算完成。

唐卡有西藏"百科全书"之誉，因为唐卡题材除了宗教内容外，还包括了大量的历史和民俗，是了解西藏的一种比较直观的途径。

唐卡内容主要有以下类别：一、佛与菩萨类；二、佛传或佛本生故事；三、密宗本尊各神；四、观音度母类；五、护法神与明王类；六、上师高僧与有大成就者类；七、藏族历史及历史人物类；八、坛城佛塔类；还有其他如宇宙日月天体运行图、香巴拉图、须弥山图、生死轮回图等。唐卡画面上的各类佛、菩萨、明王护法、佛母上师等形象，可谓千奇百怪，复杂多变。对于一个没有一定佛学功底和西藏各方面知识的外来旅行者，别说理解一幅幅唐卡所表现的思想观念了，就是仅让他去识别不同的佛、菩萨和本尊的形象，已是勉为其难。

欣赏唐卡，首先要知道唐卡画面的结构特点。一般来讲，每幅唐卡画面分作上中下三部分。中央部位一般绘本尊造像，即信徒供养膜拜的对象，诸如释迦牟尼、莲花生大师、观音菩萨、五部金刚大法、诸祖师等；上部即为空界，亦称圣界，绘有诸佛菩萨；中部即为人间，也称凡界，绘有护法神及僧侣；下部即为阴间，也称地狱，绘有罗刹鬼等。但圣凡之界并不如此严格区分，常常也有不依此绘制的唐卡。居于空界最中间的一尊佛像，称之为"顶严"。绘于唐卡之上的各种图案，如诸佛菩萨的姿态及所佩带的项冠、璎珞、念珠等饰物，所持的法器，各异的造型，均有其不同的宗教含义。

开光。开光是藏传佛教的一种仪式，就是为神佛等的住处和佛像、佛塔、经典等举行的灌顶仪式。经过开光仪式迎得神灵安住，使其具有"佛性的力量"。

开光仪式一般是主法者先拿起新毛巾在佛像前做一个擦佛像的动作，说一首偈语，赞颂佛菩萨的功德；其次，再用镜子向佛像正面对照，说几句寺院、佛像完成的因缘；然后主法者拿起朱砂笔，再说一首偈语，将朱砂笔向佛眼的方向做一个"点"的动作，大喊一声"开"，整个仪式就完成了。

晒佛时用的巨幅唐卡。由于唐卡受纸张、丝绸、布匹等材料保存年代的限制，传说中吐蕃时期的唐卡现已无法见到。现存的唐卡，除有少量宋元时期的作品外，大多是五世达赖罗桑嘉措时期的作品。

现在所能见到的最早的唐卡作品，是公元11世纪高僧阿底峡临终前，其弟子格西·那措译师托尼泊尔画师绘制的阿底峡肖像。该唐卡过去作为热振寺的镇寺之宝一直保存在寺内。

雪域怙主观世音

观世音菩萨被奉为雪域怙主，藏族人认为传说中与罗刹结合的猕猴及松赞干布、达赖喇嘛皆为观世音菩萨的化身，而拉萨的红山是观世音菩萨的道场。与汉地不同，西藏和印度的观世音菩萨皆为男相。在藏传佛教中，观世音菩萨多以四臂观音的形象出现，常见的四臂观音有两种相状：寂静相和忿怒相。四臂观音的心咒是六字真言。

白度母和绿度母

度母是观世音菩萨的女性化身之一，呈21相，藏语称为"卓玛"。在21位度母中，最受人们喜爱和尊敬、也最为常见的是白度母和绿度母。传说尺尊公主和文成公主分别是白度母、绿度母的化身。

白度母又被称为"救度母"，藏语称为"卓嘎"，是赐成就度母。她身为白色，呈16岁少女相，共有七只眼睛，故有"七眼神女"之称。

藏密始祖莲花生

莲花生大师生于印度西方邬仗那国（今巴基斯坦），因其自湖中莲花化生，故名为"莲花生"。莲花生大师是藏密的始祖，也是宁玛派的传承祖师。公元755年，赞普赤松德赞派专使前往印度，迎请莲花生入藏。莲花生在西藏期间，翻译经论，宣扬佛法，建成西藏第一座寺庙桑耶寺，并创建密乘道场，为西藏密乘奠定了基础。

苦行者米拉日巴

米拉日巴（1040—1123）为噶举派创始人玛尔巴的高足，是西藏最著名的苦行者，被誉为"西藏密宗成就第一人"。他还是受人喜爱的吟唱诗人，他的《米拉日巴道歌集》被翻译成多国文字。唐卡里的米拉日巴披着长发、上身袒露，正用道歌讲经说法。周围是他说法度众及感化信徒主动来供养的情况，背景是怪石嶙峋的山洞，表明他正在苦行。

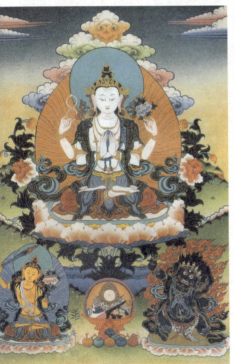

3	4	5
1		2

1.四臂观音 2.21 度母 3.白度母 4.莲花生
5.米拉日巴

当雪域众生把绿度母的化身白玛岗（墨脱）视为人间天堂的时候，一个关于香巴拉的传说诞生了。人们纷纷走上寻访香巴拉的朝圣之途。据说，凡前往香巴拉的人，沿途要经历无数艰难险阻，前后要经历九九八十一难。

香巴拉演义

巴帝斯旦之后是莫斯唐，莫斯唐之后是中甸，中甸之后是稻城，稻城之后是丹巴，那么，下一个香巴拉的"转世灵童"将会是谁？墨脱吗？

藏传佛教中的香巴拉

关于香巴拉的神话，早在公元 3 世纪成文的《大藏经》第一卷里就有记载。12 世纪的《时轮经》，对香巴拉做了更为详细的描绘，称香巴拉是时轮金刚的净土，只有受过《时轮经》灌顶的人才能到达那里。历代班禅大师大多是解说时轮教义的大师，又是无量光佛的化身，而无量光佛是香巴拉王国的座主，因此人们传说班禅到过香巴拉。

香巴拉的概念，来自佛教的净土信仰。所谓净土，即大乘佛教认为的彼岸世界。佛教认为藏语称作"德瓦坚"的西方极乐世界是最理想的净土，净土中的净土。那么在西藏，人们为何更热衷于香巴拉而不是德瓦坚呢？这是因为在藏传佛教里，德瓦坚只有成佛后才能去，而香巴拉却是人间的净土，是凡人也能去的地方。

香巴拉到底是一个什么样的地方呢？典籍中

有关香巴拉的唐卡。"香巴拉"藏语的含义是"神仙住的地方"，引申为"令人向往的美好地方"。

有这样的描述："香巴拉是人类向往的圣地，地形浑圆，雪山环绕，状如八瓣莲花，每瓣有河流贯穿其间，中央有大雪山如莲花之蕊，中央的顶端有国都迦拉波城，中心是柔丹王宫，整个国土恰如一个美轮美奂的曼陀罗。这里的人们不执、不迷、无欲，没有贫穷困苦，没有疾病死亡，没有嫉恨仇杀，也没有尔虞我诈。这里鲜花常开，湖水常绿，甜蜜的果实总挂在枝头。这里遍地是黄金，满山是宝石，人们想活多少年，就可以活多少年。无论国王还是人民，人人都是道行极高的时轮密法修行人，都依照佛法的方法培养慈悲心，开发自性，因而具足智慧。"

香巴拉作为藏传佛教信仰的人间净土，原本只是一个理想世界的隐喻。许多虔诚的信徒却相信香巴拉真实存在于雪域高原的某处，有缘的人能够找到它的入口。

根据经典所提供的仅有的一些线索，一般认为，香巴拉在西藏的西南方，印度北方邦的北部某处，可能是雪山环绕的一处神秘世界，如冈底斯山主峰冈仁波齐附近的某个地方。

各种香巴拉的"入境指南"指出：前往香巴拉要穿越荒漠与高山，除了要克服崇山、峻岭、大河、险滩等障碍，还得以神通求得诸护法神的协助，以慑服沿途的恶魔。纵然路途如此险恶，但香巴拉的传说仍诱惑着无数人走上了寻找香巴拉的旅程。除了那些修行圆满的成就者，其中不乏普通的信徒。藏传佛教格鲁派认为，宗喀巴大师没有死，他只是暂时去香巴拉王国居住，总有一天会重返人间。因此在他圆寂的时候，未指示按照选定灵童的方式转世。

在一个关于寻找香巴拉的故事里，记述了一个年轻人和老修行人之间意味深长的对话。那个年轻人历尽千难万险仍未找到香巴拉王国。一天，他来到一位老人修行的山洞前，老人问他欲往何方？他回答道："寻找香巴拉。"老人对他说："你不用去远方，香巴拉就在你的心中。"

希尔顿笔下的香格里拉

　　1933年，希尔顿不是发现，而是发明了"香格里拉"。

　　"香格里拉"如今已是无人不知的热门词汇，但它出现的历史并不算很长。1933年，希尔顿出版了纪实小说《消失的地平线》。在此小说中，希尔顿用优美的文笔向世人描绘了一个隐藏在喜马拉雅山深处，神奇而美丽的世外桃源——香格里拉。

　　小说《消失的地平线》讲述了这样一个故事：20世纪30年代初，南亚次大陆某国巴斯库市发生暴乱。英国领事馆领事康韦、副领事马里森、美国人巴纳德和传教士布琳克洛小姐乘坐一架小型飞机撤离，欲飞往巴基斯坦的白沙瓦。不料飞机被假冒的飞行员劫持，离开原航线沿喜马拉雅山脉由西向东偏北方向飞行。入夜，飞机降落在荒无人烟的高原，飞行员受了重伤，4名乘客安然无恙。第二天清晨，飞行员在临死前断断续续地说，这里是西藏，附近有一座叫香格里拉的喇嘛寺，他们只有到那儿去才能找到食宿。在一个狭长的山谷里，4人遇到一位由十几个藏族人簇拥着的能讲一口纯正英语的张姓汉族老人。这位老人告诉他们，这里叫蓝月山谷，是进出香格里拉的唯一通道。山谷前端的那座形如金字塔高耸入云的雪山叫卡拉卡尔。张带着他们爬山攀岩，几乎走了一天，最后穿过一片云雾缭绕的林海，终于来到香格里拉的中心——一座汉藏合璧兼有天主教印记的喇嘛寺。该寺领导着整个山谷，香格里拉居住着以藏民族为主的数千居民，信仰和习俗各有不同，有儒、道、佛等教派，但彼此团结友爱，幸福安康。在香格里拉的所有领域，处理各教教派、各民族、人与人、人与自然的关系时都遵从"适度"原则。适度原则认为，人的行为有过度、不及和适度三种状态，过度和不及是罪恶的根源，只有适度是完美的。这里的居民都十分长寿，许多人超过了100岁还显得非常年轻。长期修炼藏密瑜伽的最高喇嘛已有250多岁。经过一段时间的体验和观察，4人对香格里拉产生了不同的看法。康韦迷恋香格里拉的优美恬静，巴纳德舍不下金矿，布琳克洛小姐准备在香格里拉传教，所以他们都不愿离开香格里拉。只有马里森充满抱怨总想回到英国。最高喇嘛在去世前将香格里拉的领导权托付给了康韦。马里森抓住最高喇嘛去世的机会，对香格里拉的真实本质提出了

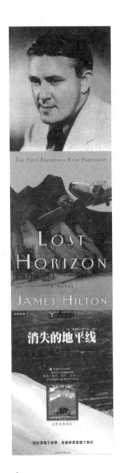

《消失的地平线》作者希尔顿（上）。电影碟片封面（中）。中文版封面（下）。

质疑。康韦也开始产生怀疑，并最终与马里森一同离开了香格里拉。二人一路翻山越岭，穿过无人区。在到达外地之前，马里森身染重疾不治身亡，康韦也突然失去了记忆。在坐船回英国的途中，康韦在听肖邦的钢琴演奏曲时恢复了记忆。在纷乱的世界辗转流离一段时间后，康韦决心重返香格里拉。但是，香格里拉在任何地图上都没有标记，也不为人所知。康韦如何才能在茫茫雪域高原找到前往香格里拉的秘密通道？小说在悬念中结束。

《消失的地平线》一书描绘的香格里拉神秘的峡谷、巍峨的雪峰、美丽的湖泊、茂密的森林、散落在山间的木屋、房前屋后盛开的桃花李花、与自然和谐相处与世无争的居民，深深吸引了大萧条时期生活艰难精神空虚的西方人。所以，小说出版后，立即登上畅销书榜首，并荣获英国"霍桑登文学奖"。《纽约时报》的一篇书评称其为"绝对的经典"，《不列颠文学家辞典》宣称："小说的功绩之一是创造出英语新词'Shangri-la'。"1937年，美国好莱坞以当时美国电影投资的最高纪录250万美元将小说搬上银幕。该影片连续三年打破票房纪录，并轰动全球。几年后，影片传入中国，译名为《桃花源艳迹》，以"桃花源"对"香格里拉"可说恰如其分，但"艳迹"一词明显沾染上了弥漫上海滩的风尘气息。当时正值日本侵华，这部电影给战乱中的上海人带来了短暂的心灵慰藉。电影主题曲《这美丽的香格里拉》由当时的红歌星欧阳菲莺演唱，曾风行一时：

这美丽的香格里拉，这可爱的香格里拉，我深深地爱上了它。你看这山隈水涯，你看这红砖绿瓦，仿佛是装点着神话；你看这柳丝参差，你看这花枝低芽，分明是一幅彩色的画……

我们欢畅，我们欢笑，这可爱的香格里拉，这美丽的香格里拉，是我理想的家。

　　1971年，原籍中国福建的马来西亚华人巨富郭鹤年在新加坡创办了一家五星级酒店。郭氏本人酷爱《消失的地平线》一书，于是把他的酒店命名为"香格里拉"。同时，郭鹤年以高价买下了《消失的地平线》一书的中文繁体字版权，在他的每一个香格里拉酒店里，都能买到不同文字版本的这本书。香格里拉又一次吸引了整个世界的注意。

　　希尔顿的香格里拉之所以那么吸引人，除了这个概念本身所包含的文化、宗教、人民和生活外，主要还是有赖于它的西藏背景。两者所不同的是，西藏虽也是一个"思想造物"，但它同时还是一种地理事实；香格里拉却仅仅是一个"思想造物"。在现实世界里，寻找一个"思想造物"，无异于缘木求鱼、水中捞月，自然不会有什么结果。

　　稍加对比，不难发现陶渊明的《桃花源记》和希尔顿的《消失的地平线》的结尾部分有着惊人的相似之处。《桃花源记》的末尾讲："太守即遣人随其往，寻向所志，遂迷不复得路。南阳刘子骥，高尚士也，闻之，欣然规往，未果。寻病终。后遂无问津者。"《消失的地平线》一书的最后一句话是："我最后问道，您认为康韦最终能找到香格里拉吗？"显然，就算有人机缘巧合，偶入桃花源或香格里拉，但没有人，包括武陵渔人，也包括康韦，能够重返桃花源和香格里拉。

现实世界里的香巴拉或香格里拉

藏传佛教的香巴拉是千余年来信徒们憧憬的人间净土，希尔顿笔下的香格里拉却是西方现代文化的产物，是对现代工业文明的背叛。二者除发音相似，本质上并无关联。但取其理想世界的一面，二者却是可以等而论之的。二者也均系人们想象的产物，在现实世界中无对应之物。

但是，人之本性使然，寻找香巴拉或香格里拉的行动从来就没有停止过。藏族人千百年来对香巴拉的苦苦追寻，西方人对香格里拉数十年来的痴心向往，两股潮流最终汇在了一起，一场轰轰烈烈的寻找香巴拉或香格里拉的戏剧，在雪域高原上拉开了序幕。

二战后的几十年内，一些地方陆续宣称在本地找到了"香格里拉"，或者被外界游客认为是"香格里拉"或"最后的香格里拉"，这些地方包括印控克什米尔境内的"雪山水晶国"拉达克、印度的巴帝斯旦，尼泊尔的莫斯唐、不丹，滇西北的中甸、德钦、丙中洛，川西的稻城，藏东南的墨脱、察隅，巴基斯坦的罕萨山谷，甚至中亚的某些偏僻角落。其中尤以印度的巴帝斯旦、尼泊尔的莫斯唐、滇西北的中甸、川西的稻城影响最大。

2001年，云南率先将迪庆藏族自治州的中甸县改名为香格里拉县。

2002 年，四川也将甘孜藏族自治州稻城县的日瓦乡改名为香格里拉乡。他们像精明的商人，以为给某个地方注册了"香格里拉"的商标，有了合法的依据，从此财源滚滚，大可安枕无忧了。但是，似乎尘埃并没有落定，质疑和反对的声音从来就没有停止过。

有人认为所谓考证论证，不过是附会、曲解甚至编造而已。比如，中甸之为香格里拉的重要依据之一是 20 世纪 30 年代，"东方奇女"刘曼卿在《康藏辎征续记》中的记述："讵三日后，忽见广坎无垠，风清月朗，连天芳草，满缀黄花，牛羊成群，帷幕四撑，再行则城市俨然，炊烟如缕，恍惚武陵渔父误入桃花源仙境，此何地软！乃滇康交界之中甸县城也……民性勤俭朴实，不尚虚华，更无非分之想。日出而作，日入而息，浑浑噩噩，不知世事。"然而这只不过是断章取义的把戏。《康藏辎征续记》里还有这样的叙述："全城街道共只两条，牛马杂沓，泥泞不堪，积臭令人掩鼻……将谓中甸人民果真长年居于桃源仙境软？是又不然。"此外当年中甸盗匪横行，仅归化寺（今松赞林寺）内，有枪八九百支，"本自卫之本能，中甸遂亦家家购置枪械"。更不消说什么"卡拉卡尔"即"卡瓦格博""香巴拉"的当地方言是"香格里拉"等说法。中甸是谓香格里拉软？是又不然。稻城、德钦等地，与此大致类同。

此外，大多数"香格里拉"们有意无意把至关重要的一点给忽略了。无论是佛教典籍记载或民间传说中的香巴拉，还是希尔顿笔下在"the wilds of Tibet（西藏蛮荒之地）"的香格里拉，都明白无误地表明，香巴拉或香格里拉与荒寒的高原紧密相接。其实也正是因为如此，香巴拉才会被饱受高原严酷寒冷气候折磨的雪域居民视为人间乐土。

想象一下，当从小生长在冬季长达半年以上的酷寒高原，整日面对漫无边际的荒漠和空茫苍凉的冰天雪地的雪域居民，一旦他翻越过喜马拉雅山的一个丫口，只需向前行走二三十千米，就来到了一个四季如春、遍地花开、野果满山、森林密布的热带地区，眼前的景象对他而言，显然已完全超出了理智所能到达的范围。时间在惊慌过度的心灵里留下了一段空白，当渐渐恢复了一部分意识，他的口中喃喃着的，唯有那一个梦幻般的词语：香巴拉！香巴拉！

这样的地方，西藏乃至整个藏区只有一处，它正是位于喜马拉雅山南麓、雅鲁藏布大峡谷深处，传说是观世音菩萨的一滴眼泪绿度母幻化成的一朵白色莲花——墨脱。

令人遗憾或者该庆幸的是，在市声喧哗人心浮躁的时代里，这一朵美丽的莲花，仍沉静如独在深闺的女子，含羞开放在雪域秘境之中。在西藏人眼里，墨脱是远在南方的神秘净土香巴拉。虔诚的佛教徒把去墨脱朝圣一次视为终生之幸，而一般人则畏于险途，"今生只能向往了"！

关于香巴拉或香格里拉花落谁家的争论将一直持续下去，但心怀"桃花源情结"的人不会理睬别人的判断。他们还将继续寻找下去，直到找到自己的香巴拉或香格里拉，无论是在现实世界中，还是在内心的深处。

去往墨脱路上之嘎隆拉山山顶天池。凶险中藏有最美丽的秘境。

有关墨脱的香巴拉传说

据说，当观世音菩萨为雪域众生沉沦轮回之苦而感到忧伤时，两滴泪珠从眼睛里掉了下来。在诸佛加持之下，两滴眼泪在落地之前化成了两尊度母。一尊度母现白色，幻化为神山冈仁波齐；一尊度母现绿色，幻化为净土白玛岗（今墨脱县）。前者冈仁波齐是冈底斯山脉主峰，意为"雪山之宝"，乃白度母端坐此处化身而成。后者白玛岗，意为"莲花圣地"，乃是绿度母仰卧此处，化身而成的一朵莲花。此莲花绽开16枚花瓣，16枚花瓣即为16座晶莹的雪峰。

当雪域众生把绿度母的化身白玛岗视为人间天堂的时候，一个关于香巴拉的传说诞生了。人们纷纷走上寻访香巴拉的朝圣之途。据说，凡前往香巴拉的人，沿途要经历无数艰难险阻，穿越人迹罕至的雪山、原始森林、急流险滩、沟壑峡谷，遭受风霜雷电和瘴疠魔境的侵袭，前后要经历九九八十一难。

清代史料中留下了信徒前往墨脱朝圣之盛的记录。当时，噶厦政府向全藏发出了阻止信徒前往南方秘境白玛岗朝圣的布告："近闻民间盛传，南方宗教圣地白玛岗有吃不完的糌粑山，喝不完

绿度母，是21度母之主尊奋迅度母。绿度母身绿，只有两眼，左手拿一朵莲花，左腿单盘，右腿向下舒展，脚踏在一朵莲花上。据说供奉她可以解脱八种苦难，所以也被称为"八难度母"。绿度母的心咒是21度母之根本咒，因此在西藏修持绿度母本尊法者很多。

🌡 去往墨脱的路上凶险无数。湍急的河流、陡峭的山路层出不穷，仿佛有意在考验你的毅力。

的牛奶湖。川西藏东一带百姓因之变卖家产、抛家舍业，举家前往朝圣。许多人死在了路上，许多人一去不回。"

　　这个多少年来，让千千万万虔诚的信徒魂牵梦萦甚至不惜性命，千里迢迢前来朝圣的莲花净土，究竟是怎样一个地方呢？

　　如果你有幸亲临，目睹此地之群山堆砌雪峰皑皑，恰如白色莲花层层绽放，就会相信传言不虚。墨脱，藏语意为"花"，境内最高峰南迦巴瓦峰海拔7782米，其下是世界第一大峡谷雅鲁藏布大峡谷。独特的地理条件造就了独特的气候环境，在短短的40千米范围内，极地、寒带、温带、亚热带、热带各带气候兼备，为世界所罕见。由于雪山阻隔，墨脱每年有八九个月时间与外界完全隔绝，更兼路途艰险，因此很少有外人进入。墨脱既是一方未遭污染的净土，也是一个难以涉足的秘境。

　　前往墨脱的路是艰难的。首先要翻越海拔4000多米的雪山，然后穿过古木参天、阴森恐怖、毒蛇藏身、猛兽出没的原始森林。途中要攀断崖、过危桥、涉急流，遭受蚂蟥噬血、蚊虫叮咬之苦，历经雪崩、滑坡、泥石流之险。4天之内，要徒步跋涉120千米崎岖陡峭的山路。以压缩干粮果腹，路边山洞石窟栖身，一路之上风餐露宿，艰辛异常。

　　然而，如此一个风格独具令人神往的地方，难道真的完全躲开了人类好奇的目光和某些人贪婪的天性而安然无恙地遗世独立着吗？不然！

大约300多年前，本来世居门隅的几个门巴族部落，因无法忍受当时藏族统治者的欺凌压迫，为寻找传说中的香巴拉，举族东迁。由于沿途受到堵截追杀，又遭疾病饥饿侵袭，死伤大半。最后，剩下的人逃进了这个道路艰险异常、山高谷深却又四季花香、物产丰富，虽有猛兽毒蛇但无苛政赋税的佛之净土白玛岗。门巴族人进入白玛岗后，受到当地土著珞巴族人的排斥，导致双方刀兵相见，史称"门珞之战"。文明程度较高的门巴族最终打败了尚处在原始阶段的珞巴族人，成为白玛岗的新主人。

100年后，西方的探险家、传教士和间谍怀着不同的目的，"以死为侣"开始闯入神秘雪域。这些人大部分病死在了途中或神秘地失踪了。在少数完成指派使命的人当中，以一个叫基塔普的锡金人成果最为丰硕。基塔普本是英国所派遣情报人员的仆人，主人失踪之后，他独自流浪于西藏各地，花了4年时间最终完成了由其主人承担的任务。他的最大成果之一，就是1878年在墨脱县境内的雅鲁藏布大峡谷中发现了一处高约45.7米的江中瀑布（大跌水），其规模可与尼亚加拉瀑布相提并论。

1962年，中印边境爆发战争。人民解放军为反击印度侵略军，首次开进墨脱县，墨脱县成为大陆地区解放军最晚进入的一个县。

1973年，中科院青藏高原综合考察队大峡谷水利资源考察分队首次进入墨脱，展开科学考察活动。

1998年，中科院雅鲁藏布江科学探险考察队首次徒步穿越雅鲁藏布大峡谷。

20世纪90年代以来，昔日的白玛岗，今日的墨脱县，开始倍受国内外探险家和旅行者的青睐。几乎每年都有他们中的一些勇敢者翻越喜马拉雅山口，来到此地寻找他们自己的香巴拉。

在朝圣者的心目中，墨脱是他们梦寐以求的人间天堂；在探险家的心目中，墨脱是他们魂牵梦萦的雪域圣地。

（有关墨脱更详细的文字见本书 P290 页《不败的莲花——墨脱》）

传说由白度母幻化成的神山冈仁波齐,浑身充满着庄严之气(右页上)。在墨脱, 🌡
连山谷里的雾也看起来如此清澈, 仿佛沾染了神性(右页下)。

第三篇
通向西藏的道路

〖西藏，改变一生的旅行〗

藏地三域

右眼幸福地涌流长江
左眼痛苦地倾泻黄河
一半注入裸赤的土地
一半浇灌耸动的肌峰

——多杰群增《藏民》

　　根据地形特征和自然条件不同，藏地有"上阿里三围、中卫藏四茹、下朵康六岗"三部之分。而以方言区的不同，藏地又被划分为"卫藏、康巴、安多"三域，此三域有"法域卫藏、人域康巴、马域安多"之谓，通俗地说就是"卫藏的宗教、康巴的人、安多的马"。

　　在公元 7 世纪吐蕃王朝兴起之前，青藏高原上生活着不同的民族，尚未形成统一的文化和民族。在其后 200 年的征战扩张中，吐蕃吞并融合了苏毗、羊同、白兰、党项、吐谷浑以及部分汉族，此后历数百年，在雪域高原逐渐形成了一个以藏语为共同语言、以藏传佛教为共同信仰的统一民族。由于这些被蕃化的部落本身种属有别，且蕃化的先后和程度有所不同，在这些地方，以卫藏方言为源头，形成了大致以巴颜喀拉山和大渡河上游诸支流为分界，有别于卫藏方言的"康"和"安多"两大方言区域。同时，也最终形成了以卫藏人（包括阿里的"兑巴"、后藏的"藏巴"和前藏的"卫巴"）即古代吐蕃人为核心，康巴人和安多娃为其重要组成部分的藏族内部构成格局。

　　除上述三域代表的典型藏族文化外，在青藏高原还有一些地域色彩明显、文化差异较大的区域文化，生活在那些区域的人一般被视为藏族的分支。包括以工布江达为中心的"工布藏族"，康区木雅一带的"木雅藏族"，九寨沟、马尔康、黑水、丹巴等地汉化明显的"嘉绒藏族"，及几乎没有多少藏族特征的阿坝东北部的"白马藏族"。

卫藏地区寺庙遍布，
宗教兴盛，无愧于
法域之称号。

卫藏：雪域境中的唯一庄严

　　拉萨以西包括拉萨的高原大部叫作"卫藏"，分为卫（前藏）、藏（后藏）、阿里，即今日的拉萨、山南，日喀则和阿里。卫藏地区是藏地政治、经济、宗教文化的中心。拉萨的布达拉宫、大小昭寺、三大寺闻名全藏，是举行盛大法会、高僧辈出的地方。另有后藏日喀则的扎什伦布寺、前藏山南的桑耶寺等诸多重要寺庙，宗教兴盛。是以被称为"法域"。

　　一般认为"卫藏"是吐蕃民族的本土，"卫藏四茹"是吐蕃民族最基本的成分。卫藏地区以雅鲁藏布江流域为中心，以冈底斯山和念青唐古拉山南麓大断裂带作为划分藏北、藏南的界限。河谷与盆地相间，平均海拔约 4000 米，土地肥沃，雨量充沛，是孕育藏文明的摇篮。

　　生活在卫藏地区的人，对所居之地是颇引以为豪的："江曲水、羌塘、热玛岗、达布地区我不生，朝藏地仙界叩个头。"之所以称卫藏为"仙界"，正是因为其为藏地之"法域"。《卫藏道场胜迹志》的开篇有这样一段文字："号称为藏土三区之一的卫藏圣法地区，乃持莲花手圣观世音菩萨广行净化之土，为吉祥雪山环绕之区，是雪域境中的唯一庄严。"

康巴：孕育狮子的横断山区

　　横断山区的甘孜、阿坝、昌都和迪庆地区叫作"康巴"。康巴汉子，勇武豪迈，浪迹四方，属人中之龙；康巴女人，妩媚多情，敢爱敢恨，更是人中之凤。是以被称为"人域"。

　　"理塘糌粑吃不得，巴塘丫头坐不得，江卡门口站不得，察雅蛮子惹不得，河口闲话听不得"，这句民间流传的谚语，戏谑式地道出了康巴地区色彩各异的风土人情。它讲的是理塘的糌粑太粗糙，巴塘的丫头泼辣野性，江卡一带风势猛烈，察雅汉子凶悍野蛮，河口的人爱说闲话。外来的人听了，对康巴之地自然有了一个初步的印象。

　　藏族著名学者更敦群培在其遗著《白史》中，曾考证过"康"的含义："所言康者，系指其边地。""康"作为一个地域概念，亦称康区或康巴。康区的范围大致与横断山区重合，即今四川的甘孜藏族自治州、凉山州木里藏族自治县，西藏的昌都地区，青海的玉树藏族自治州和云南的迪庆藏族自治州。在康区生活的藏族人被称为"康巴"，康巴又称"霍尔"，

喔我心中的康巴汉子哟／额头上写满祖先的故事／云彩托起欢笑／托起欢笑／胸膛是野心和爱的草原／任随女人恨我／自由飞翔／血管里响着马蹄的声音／眼里是圣洁的太阳／当青稞酒在心里给歌唱的时候／世界就在手上，就在手上

—— 流行歌曲《康巴汉子》歌词

藏北昌都地区的"霍尔39族"和四川甘孜地区的"霍尔"部落，构成康巴方言区的居民主体。学界普遍认为康巴是西羌的后裔。康巴地区处在汉藏过渡地带，清朝的大部分时期，由驻藏大臣直接管辖39族，因此康区的人历来有亲内地中央的心理。在茶马古道川藏线所横贯的康区，时至今日，康定情歌、丹巴美人谷、稻城香巴拉、德格印经院、色达五明佛学院、巴塘弦子之乡、迪庆香格里拉、德钦梅里雪山等名胜风光，闻名中外，成为"大香格里拉"概念的核心区域。

康巴自古以"人域"著称，那些长相英武、脸膛黝黑、脸颊棱角分明、前额平坦宽阔、头盘红丝穗"英雄结"的康巴汉子，是康巴之地最吸引眼球的风景。"我骑在马上无忧无虑，宝座上的头人可曾享受？我漂泊无定浪迹天涯，蓝天下大地就是我家。"这些与卫藏、安多地区安分敦厚的农牧民截然不同的狮子一样的康巴汉子，难道他们的血液里，流动着不为人知的奇异分子？

关于康巴的族源，有着一个离奇的传说。据说公元前336年，亚历山大率马其顿军队东征，在短短4年时间里就征服了叙利亚、埃及和波斯。公元前326年，他又挥师南下，曾抵达印度最富庶的恒河流域。马其顿班师回朝时，据说在印度北部山区留下了一支纯种的雅利安人，后来他们中的一些人留在了恒河平原，一部分北上在克什米尔地区定居，另有一部分翻越喜马拉雅山脉，来到横断山区定居，最后演变成了现在的康巴人。这个故事，似乎也在西方广泛流传。据说二战时期的纳粹狂人希特勒，就曾认为远在亚洲腹地西藏的康巴人，也是与日耳曼一样高贵的人种，甚至曾派遣党卫军专程到喜马拉雅山区寻找这些纯种的雅利安人后裔。当然，这些只是无法考证的现代传说。

康巴汉子，这雪域圣地居民中的另类，为雪域高原带来一抹奇光异彩。因勇武善战，多侠客和"夹巴"（强盗），康巴汉子被誉为"西藏的哥萨克人"；因善于经商，多名商大贾，康巴汉子被誉为"西藏的犹太人"；因自由不羁，漂泊四方，康巴汉子被誉为"西藏的吉普赛人"。康巴的身世，也许将永远是个无法解开的谜题。但康巴汉子身上，混杂着不同类型的优秀因子，却是无可置疑的。

值得一提的是，"康巴"亦为"喇嘛之邦"。千里风雪朝圣路上，以身体丈量大地的人，以康巴人为多。

漂亮服饰穿戴一身的康区美少女。

安多：党项和鲜卑族的故地

"安多"一词系取阿尼玛卿雪山和多拉让摩山（积石山）山名的头一个字组成。安多的中心在阿尼玛卿山至青海湖一带，它的传统地域为阿尼玛卿山西北、甘肃河西走廊一带的小积石山以西的广阔地域，包括今青海省大部、四川的阿坝藏族羌族自治州及甘肃的藏族地区。安多一带是辽阔无垠的草原，牛羊成群，是藏地最大的牧区，多出良马。是以被称为"马域"。

安多虽地处藏区边缘，但亦有着发达的宗教文化。安多是藏传佛教后宏期"下路宏法"的策源地，也是"第二佛陀"宗喀巴大师的诞生地，青海塔尔寺和甘肃拉卜楞寺均在藏区六大黄教寺庙之列，历世达赖和班禅也多出于此。

安多藏族系唐代吐谷浑、党项等羌系部落"蕃化"而来。吐谷浑是自辽东徙至西北的慕容鲜卑部。吐谷浑于公元329年建立政权，鼎盛时期的疆域东起今甘肃南部，四川西北，南抵今青海南部，西到今新疆若羌、且末，北隔祁连山与河西走廊相接，一度称雄于中国西北。7世纪初叶，吐谷浑遭到了隋朝的重创。当唐、蕃崛起于其东、西两侧时，吐谷浑的势力已呈衰落之势。据《旧唐书·西戎传》记载："吐谷浑自晋永嘉之末，始西渡洮水，建国于群羌之故地，至龙朔三年（公元663年）为吐蕃所灭，凡三百五十年。"安多藏族的另一族源是"党项羌"，党项羌生活在巴颜喀拉山与阿尼玛卿山之间水草丰美的草原上。公元670年，吐蕃在大非川大败唐军后，向东彻底兼并了吐谷浑及党项、白兰诸羌，氐羌文明与吐蕃文明开始融合，大片"羌区"变成了"藏地"。

藏族曾是个尚武的民族，他们在马上的雄姿说明了这一切。

➤ 安多娃普遍高大
魁梧，体形丰满，
着装富丽。

　　由于安多地处青藏高原东部边缘地区，气候土壤条件较吐蕃本土优越，又接近汉地，农业较为发达，遂成为吐蕃重要的粮食基地和税收来源，史籍有"（吐蕃）军粮马匹，半出其中"的记载。安多人居于唐蕃边境，普遍亦军亦民。公元763年，吐蕃、吐谷浑、党项联军趁安史之乱，攻陷长安，致使大唐帝国从此一蹶不振。虽然吐蕃王朝旋即崩溃，但除了部分党项部落摆脱吐蕃控制建立了"西夏王朝"外，在数百年间，一个蕃化了的"安多藏族"最终正式形成。

　　藏语的"人"亦作"娃"，因此，安多地区的藏族多被称为"安多娃"。"草原门户"日月山、"中国最美的湖泊"青海湖、"童话世界"九寨沟、"人间瑶池"黄龙、"蜀山之后"四姑娘山、"大熊猫的故乡"卧龙、辽阔的若尔盖草原、藏区四大神山之一的墨尔多神山以及阿来笔下的马尔康卓克基土司官寨——数不胜数的安多胜境，呼唤着远方的人们。去安多吧，骑骏马，背猎枪，一只藏獒跟随左右，让我们试着做几日安多牧人，在广袤的草原上策马飞驰，暂时忘却尘世间的一切烦恼。

沿着古道去圣城

为雪山和草地所欢乐的道路
为虔诚和信仰所忠实的道路
为神话和历史所容纳的道路
为今天和明天所拥有的道路

—— 列美平措《圣地之旅·第十九首》

汉张骞开通丝绸之路，史书用了极有力度的"凿空"一词，可见古时不同地域之间相互往来之困难。雪域高原是人类所居住的地区中最为封闭之地，但由于它地处亚洲腹地，其东为华夏文明，其南为古印度文明，其西为古波斯文明，因此，它先天地承担起了三大古文明交流的桥梁。交流的渴望突破了大自然设置的重重障碍，在雪域的崇山峻岭、大江危渡间，次第出现了条条小径，在岁月的磨合中逐渐汇成了通向四方的大道。

以圣地拉萨为中心，吐蕃以降，有通长安道，通四川道，通南诏道，通泥婆罗（今尼泊尔）道，通波斯道。这些古道，或以终始点命名，如唐蕃古道、泥婆罗道（或蕃尼古道）、滇藏古道；或以主要运送货物命名，如茶马古道、麝香之路。无论其命名出自古人还是今人，皆如醇酒佳酿般纯正隽永，被反复吟咏，使人有齿颊生香之感。

遥想千载以还，通往圣城拉萨的条条古道，雪山、峡谷、急流遍布，千里之途杳无人烟，野兽出没，盗匪横行。行人商旅皆如最虔诚的信徒，每一条古道都成了历练人心的朝圣之路，而路的终点，是那座如雪域心脏般跳动的圣城拉萨。

唐蕃古道

公元 7 世纪上半叶，正当汉地的大唐王朝蓬勃兴起之际，仿佛作为一种奇妙的响应，雪域藏地的吐蕃王朝也横空出世，如日中天。吐蕃第 33 代赞普松赞干布不仅武功盖世，亦有超凡的远见卓识，鉴于吐蕃文明尚处于十分落后的阶段，他南向泥婆罗请婚，东向大唐求亲，交好四方，取长补短，吐蕃进入空前强盛时期。

公元 638 年，吐蕃遣使入唐奉表求婚，李世民未许。显然，那时的唐太宗，尚未将刚刚崛起的吐蕃放在心上。松赞干布见求亲不成，亲率大军击破白兰羌、吐谷浑部落，吞其地没其人，后又攻党项，使其臣服。进而率军驻扎于松川（松潘）以西，扬言"公主不至，我且深入"。唐太宗震惊之余，派遣 5 万兵马与吐蕃对峙。此时吐蕃又派使者赴唐二次请婚。唐太宗无奈之下，只得应允。表面上是和亲，其实质无异于逼婚或抢亲。

对唐王朝而言，和亲的权宜之计所换来的和平未免太过短暂。在其后的 100 多年间，外甥屡次攻伐舅舅。"安史之乱"时，更是连都城长安都陷于外甥之手。对于年仅 16 岁的文成公

清代绘制的西藏地图（上一）。表现历史内容的彩色壁画（中二、三）。文成公主进藏图（下一）。据说唐朝使臣回到大唐后，唐太宗仅闻其所途经的地名，就已悲伤不已。

主,走向雪域终老边荒无疑是个人的悲剧。个人的不幸,在历史的长河里,不过是泛起的几朵小小浪花。历史所记住的,是另一些事情。文成公主以其非凡智慧和贤淑善良,赢得了千百年来藏族人的爱戴和尊崇。在藏族人的眼里她不再是一个凡间的女子,而是绿度母的化身,她不远万里不畏艰险,护送释迦牟尼12岁等身像来到雪域,使雪域众生从此有了心灵的皈依之所。她的无数塑像,供奉在西藏的寺庙里;她的许多故事,流传在西藏各地。她留在身后的那条进藏之路,从此有无数的人走过,人们叫它"唐蕃古道"。

古代羌人在西部河湟地区,已初步开辟了通向青藏高原的道路。到了吐蕃松赞干布时期,以文成公主进藏为契机,唐蕃古道正式形成。这条古道的起点是长安,终点是逻些(拉萨),总里程3120千米,据说文成公主一行走了两年多才到达拉萨。传统上将唐蕃古道分为东西两段。唐蕃古道开辟后,两国开始频繁交往。据史籍记载,先后200年间,唐蕃双方往来使者达200多次,其中包括和亲、会盟、报丧、朝贺、报聘等。茶叶也借助唐蕃古道大量传入吐蕃,由于茶有助于"疏滞腻",很快盛行于吐蕃。随着茶叶交易量的激增,早期的"绢马互市"逐步转为"茶马互市"。北宋时,宋朝与辽、金之间频发战争,需要大批战马,"茶马互市"迅速发展。南宋时,西夏、辽国等切断了唐蕃古道,茶马互市由西北迁至西南。元帝国将吐蕃正式纳入中国的版图,并在各重要古道上设立了驿站。驿站制度使唐蕃古道从原来的民间贸易商道,变为了由官方控制的官道,同时元朝在古道沿途还设了兵站。唐蕃古道虽因远离茶叶产地而逐渐衰落萧条,但由于其沿途地势平缓,元朝清朝用兵西藏时仍多行此道。

茶马古道

藏族有句谚语："加察热！加夏热！加梭热！"意思是"茶是血！茶是肉！茶是命！"。如果你来到高原，走进藏族人家，还未坐定的时候，一杯热腾腾的酥油茶已摆在了你面前。高原游牧民族以糌粑、奶类、酥油、牛羊肉为主食，缺少蔬菜，维生素摄入量微乎其微，茶叶是藏族人吸收维生素的主要来源。

汉地是茶的故乡，盛产名茶；藏地有广阔草原，多出良驹。你以茶易马，我以马换茶，"茶马互市"遂在双方的边境地带开始出现。唐初，茶马互市大致通过唐蕃古道进行。后唐蕃交恶，茶马互市渐渐向南发展。公元678年，吐蕃势力进入云南西洱海北部地区，首次开辟了吐蕃通南诏道，即滇藏古道。到了宋代，因关陇尽失，无法交易，茶马互市的主要市场转至西南。宋与西夏、辽国连年开战，急需大量藏地良马，因此专门设立了茶马司，进行官方的茶马互市。元朝沿茶马互市商贾来往汉藏两地的小径，开辟驿路、设置驿站。明朝继续加强驿道建设，实行官办茶马交易，严禁私茶。贩私茶者为了躲避官府检查，绕开主干道，于是高山深谷间，出现了无数条毛细血管一样的小径。清朝时，将驿站机构改称"塘"，厉行对塘站的管理，茶马互市规模迅速扩大。1688年，在康熙皇帝批准下，中甸正式立市，中甸成为滇藏贸易的主要商场和商品集散地，滇藏古道基本形成。从云南普洱茶的产地西双版纳、思茅等地出发，经下关（大理）、丽江、中甸、迪庆、德钦，到西藏的芒康、左贡、昌都，经波密、林芝、墨竹工卡进入拉萨。1701年，康熙批准在打箭炉（康

川西、滇西北和西藏雪峰高耸，峡谷深深，车辆船只在这里根本派不上用场。货物只能靠骡马、牦牛驮运和人力背负。

茶马古道上的马帮。

定）设立茶关，当时叫川藏商道。由打箭炉出发，往西经过泰宁（乾宁）、道孚、章谷（炉霍）、甘孜、德格，渡过金沙江，经过江达、察木多（昌都），在洛隆与滇藏古道会合，直奔拉萨。至此，汉藏两地在南方的两条主要通道——川藏和滇藏古道，基本定型。鉴于均系茶马互市发端，又多依赖马帮运送物资，因此今人将二者共同命名为"茶马古道"。

清末民初之际，西藏与内地的关系出现了紧张局面，汉藏两地之间的各条通道日渐人少马稀。1942年，日军入侵缅甸，切断了当时中国唯一的陆上国际通道——滇缅公路。于是，除了空中的驼峰航线外，大批内地急需的军用、民用物资的运输重任，就落在这条古老的茶马古道上了。一时之间，茶马古道沿途商号林立，马帮云集，最盛时期骡马超过一万匹。1945年抗战胜利后，内地对外的陆路、海路随即恢复，丽江、拉萨等地的众多商号纷纷倒闭。茶马古道又回归到了它原初的功能，继续向拉萨运输着茶叶，换回毛皮、药材等物资。到了川藏公路开通，茶马古道很快彻底地衰落下去。茶马古道上的传奇故事，也被岁月尘封了起来。

既然说到茶马古道，少不了要提一下行走在古道上的传奇马帮。川西、滇西北和西藏雪峰高耸，峡谷深深，车辆船只在这里根本派不上用场，货物只能靠骡马、牦牛驮运和人力背负。四川境内，马匹少，先要用人力背负至打箭炉；云南一线，则兴起了众多的马帮。至今在茶马古道的旧道上，还能见到嵌入石板足有二寸多深的马蹄印痕。

过去，来往于茶马古道之间的，有藏族、纳西族和白族的马帮。一个马帮常拥有百匹以上的骡马，有的多达200匹。茶马古道上的马帮，一路风餐露宿，在滇藏、川藏间往返一趟，往往要一年多的时间。

数年前，我曾跟随驮盐的马帮，穿越深山峡谷，是那种至今仍活跃在滇、缅、藏交界处山区的真马帮。怒江两岸，回荡着清脆的马铃铛声和赶马藏族青年的吆喝声。人和马匹一起滑过横跨怒江之上溜索的惊险画面和沿途群众艰辛穷困、处在温饱边缘的生活情状，至今仍记忆犹新。

泥婆罗道

传说，泥婆罗赤尊公主美若天仙，她的美名甚至传到了喜马拉雅山另一边的吐蕃王朝。当时的吐蕃赞普松赞干布派专使来到泥婆罗求婚。文成公主入藏，开辟了唐蕃古道，而赤尊公主入藏，则开辟了另一条被称为"蕃尼古道"或"泥婆罗道"的古道。

赤尊公主入藏，松赞干布派人至芒域迎接。"芒域"的中心位置，在今日中尼边境的吉隆一带。《释迦方志》里记载了唐朝至印度的北道、中道、东道三条古道："其东道者，从河州西北渡大河，上漫天岭，减四百里至鄯州……又西南减百里至故承风戍，是隋互市地也。又西减二百里至青海，海中有小山，海周七百余里。海西南至吐谷浑衙帐。又西南至国界，名白兰羌，北界至积鱼城，西北至多弥国。又西南至苏毗国。又西南至敢国。又南少东至吐蕃国。又西南至小羊同国。又西南度口旦仓法关。吐蕃南界也。又东少南度末上加三鼻关，东南入谷，经十三飞梯、十九栈道。又东南或西南，缘葛攀藤，野行四十余日，至北印度泥婆罗国。"东道的大唐段即唐蕃古道；东道的吐蕃段，就是被称为"蕃尼古道"或"泥婆罗道"的古道。泥婆罗道的路线，按今日的地名，系由拉萨始，经日喀则，在吉隆、聂拉木、亚东等地翻越喜马拉雅山口，抵达尼泊尔和印度。

唐蕃古道与蕃尼古道的贯通，使这条路成了唐朝至印度之间最为便捷的通道。中印与中尼之间的文化交流由此出现了一个高峰。"近而少险阻"，唐朝初年，官方使臣选择泥婆罗道出使印度。除了官方使节，前往印度取经求法的僧人也多经此道，如高僧玄照、玄太、道方、道生、玄会等人。藏传佛教的开创者之一莲花生大师，同样也是经由泥婆罗道进入吐蕃。据研究，中国的造纸术，也是由此道经吐蕃传入了泥婆罗和印度。

尼泊尔风格的装饰。

麝香之路

就汉藏两地的文化和商贸交流而言，唐蕃古道和茶马古道的终点皆为拉萨。但若将范围扩大到华夏文明与古印度文明、古波斯文明之间的相互交流，那么，拉萨就只是一个大的中转站。唐蕃古道和茶马古道越过拉萨，继续向前延伸，南至泥婆罗、天竺（今印度），西至波斯及地中海一带。因向这些地方输出的主要物品之一是西藏麝香，所以，延伸的道路往往被人称为"麝香之路"。

拉萨至泥婆罗、天竺的古道，我们单独地命名为"泥婆罗道"或"蕃尼古道"。而从拉萨出发，经日喀则、阿里，到叶城并与北方丝绸之路的南路会合，向西至中亚、西亚及地中海沿岸诸国的这条古道，我们就只称它作"麝香之路"。

麝香是高级香精原料，产自雄麝的脐部香腺囊内。青藏高原是世界上麝香的主要产地。"西藏麝香"自古以来就是波斯诸国渴望获得的珍稀之物。在麝香浓烈的奇香诱惑下，一条穿越帕米尔抵达雪域的古道逐渐形成。最初，这条古道由象雄王国开辟，吐蕃崛起后，西并象雄，麝香之路从此直通拉萨，进入了它的繁荣时期。麝香之路为波斯、大食输送了大量麝香，但通过这条道路，吐蕃亦受到波斯文化的巨大影响。如松赞干布时期吐蕃人的服饰装束即与波斯人颇为相像。

因麝香之路途经帕米尔，麝香之路的此段也常被称为"帕米尔古道"。帕米尔位于新疆西南部，古代称为葱岭。帕米尔在古波斯语中意为"平屋顶"，谓其高如世界之屋顶。唐朝玄奘大师西天取经，归途走的是北方丝绸之路的南段，也曾穿越帕米尔古道。当年玄奘大师翻越葱岭北部，《大唐西域记》中有这样的记载："冬夏积雪，风寒飘劲。畴垄潟卤，稼穑不滋。既无林树，唯有细草。时虽暑热，而多风雪。人徒才入，云雾已兴。商侣往来，苦斯艰险。闻诸耆旧曰：昔有贾客，其徒万余，橐驼数千，赍货逐利，遭风遇雪，人畜俱丧。"由此可见，麝香之路艰危险峻，非其他几条古道可比。

条条大路通拉萨

坐着火车去西藏。从牦牛到汽车，再到火车，西藏的古老时钟开始加速，不久之后将与世界同步。

随着公路和铁路的普遍兴建，在古道上利用人背畜驮的运输方式，因费时长、成本高、效率低，很快退出了历史舞台。然而在西藏，在许多因素的共同作用下，这种情况一直持续到 20 世纪 50 年代中期。

在过去，唐蕃古道和茶马古道上运货的商队，从内地到拉萨，往返一次，往往历时一年之久。据记载，明朝时，每驮茶从西宁运至拉萨，成本需 30 两白银；清朝中叶，军粮从内地运至西藏，每石运费达 30 多两白银，若在藏地直接采办，每石不过 3 两白银。运输成本如此之高，严重限制了西藏经济的发展。

清朝末年、民国时期和解放初期，内地的官员或

可可西里速写。库赛湖边的藏野驴和格兰丹东岗扎曲巴冰川。

大商人多"舍近求远"，走海路入藏。即从香港乘船，绕行印度、尼泊尔，翻越喜马拉雅山口，经日喀则到拉萨，一般需一个多月。但这已经比直接从唐蕃古道或茶马古道进藏快了许多，而且较为安全可靠。1904年英国侵藏时，在亚东驻军的英军头目荣赫鹏，曾在亚东一带驾驶一辆汽车，但因路况太差，他每次出行，都要让人赶20头牦牛跟随，以备随时拖车之用。十三世达赖的3辆汽车，两辆"奥斯汀"，一辆"道奇"，先是从印度开到边境，拆成零件，由苦力和牦牛翻山越岭驮到拉萨后，再组装起来。那时候，西藏只有拉萨的罗布林卡和布达拉宫之间，修有一段1500多米长的沙石公路。1951年，国家动用全国四分之一的骆驼，即4万多峰骆驼组成庞大驼队向西藏输送粮食和补给。驼队穿越"生命禁区"，平均每行进1千米，就要留下12具骆驼的遗体。1952年1月，中央人民政府为护送十世班禅由西宁返回西藏，投入军马4500匹，骆驼3000峰，牦牛13500头，骡子2500匹。在穿越青藏高原的过程中，大批牲畜丧生。

随着通往西藏的公路的修建，这样的情景不复再现。从20世纪50年代初期开始，修建公路成为建设西藏的主题。于是，沿唐蕃古道，修建了青康公路、青藏公路；沿川藏茶马古道，修建了川藏公路；沿麝香之路，修建了新藏公路；沿泥婆罗道，修建了中尼公路；沿滇藏茶马古道，修建了滇藏公路。千年古道一朝变新途，条条大路通向圣城拉萨。

然而真正具有划时代意义的却不是公路或空中航线，而是铁路。2006年7月1日，青藏铁路通车，整个世界为之震惊，西方舆论评价它"堪与长城媲美"。从牦牛到汽车，再到火车，西藏的古老时钟开始加速，不久之后，它将与世界同步。

青藏铁路拉萨火车站。

大雪中火车驶过青藏铁路。

青藏线

从青海入藏有两条路，一条是 109 国道西宁到拉萨段，即通常所指的青藏线。另一条是青康线，青康线大致走的是"唐蕃古道"线路，青藏线和青康线在那曲会合。

青藏公路 1954 年建成通车，习惯上把青藏公路分为前后两段，前段为西宁至格尔木段，经过日月山、青海湖、橡皮山到达茶卡，然后分南北线到格尔木，北线路程比南线长 140 千米，途经乌兰、德令哈、大柴旦、锡铁山，南线穿越柴达木盆地中部，途经旺尕秀山、脱土山、香日德，长 782 千米。南线路况好，里程短，所以进藏车辆一般舍北线走南线，但青藏铁路这一段走的是北线。后段为格尔木到拉萨段，途经纳赤台、西大滩、昆仑山、不冻泉、五道梁、风火山、二道沟、沱沱河、雁石坪、唐古拉山、安多、那曲、当雄、念青唐古拉山、羊八井，长1160 千米。

2006 年 7 月 1 日，青藏铁路开始试运行。青藏铁路西宁至拉萨，全长 1956 千米，其中西宁至格尔木段 1979 年已铺通，1984 年投入运营。青藏铁路基本与青藏公路并排行进，是世界上海拔最高、线路最长的高原铁路。最高点位于海拔 5072 米的唐古拉山口，号称"离天堂最近的铁路"。

🔥青藏线风光。蓝天接近，天地辽阔。

 ## 藏公路里程路线

西宁 ← 51km → 湟源 ← 51km → 倒淌河 ← 116km → 黑马河 ← 80km → 茶卡 ← 131km → 都兰 ← 353km → 格尔木 ← 78km → 纳赤台 ← 71km → 昆仑山口 ← 52km → 五道梁 ← 226km → 沱沱河大桥 ← 113km → 温泉兵站 ← 52km → 唐古拉山口 ← 88km → 安多 ← 135km → 那曲 ← 165km → 当雄 ← 75km → 羊八井 ← 80km → 拉萨

藏铁路里程路线

西宁 ← 177km → 哈尔盖 ← 249km → 柯柯 ← 95km → 德令哈 ← 309km → 格尔木 ← 27km → 南山口 ← 153km → 不冻泉 ← 90km → 五道梁 ← 139km → 沱沱河 ← 182km → 唐古拉 ← 103km → 安多 ← 126km → 那曲 ← 158km → 当雄 ← 73km → 羊八井 ← 84km → 拉萨

西宁—拉萨	1972 千米
兰州—拉萨	2188 千米
北京—拉萨	3757 千米
上海—拉萨	4373 千米
广州—拉萨	4980 千米
重庆—拉萨	3641 千米
成都—拉萨	3360 千米

青藏线沿途人文地理

» **西宁**：西宁位于黄河支流湟水上游，四面环山，三川汇聚，夏凉秋爽，被誉为"中国夏都"，为避暑胜地。西宁之地，扼青藏高原东部之咽喉，自古为兵家必争之地，故有"西海锁钥"之称。西汉霍去病在此建西平亭，北宋末年改鄯州为西宁州，取"西陲安宁"之意。西宁一名沿用至今。西宁市内的清真大寺、塔尔寺，均为知名胜地。

» **塔尔寺**：塔尔寺为藏传佛教格鲁派六大寺庙之一，位于西宁市西南25千米的湟中县莲花山中，古称"佛山"，藏语称为"贡本贤巴林"，意为十万佛像弥勒洲寺。塔尔寺是格鲁派创始人宗喀巴大师的诞生地。塔尔寺大金瓦殿内的大银塔，是全寺的主供神物，被誉为"世界第一庄严"，汉语塔尔寺即由此塔得名。塔尔寺依山而建，随地势起伏，绿墙金顶，富丽堂皇。整个寺院规模宏大，殿宇相连，白塔林立，僧舍房屋9300多间，殿堂52座，组成了一个完整的汉藏艺术风格的建筑群。塔尔寺尤以"壁画、堆绣、酥油花"三项艺术蜚声海内外。

» **湟源**：湟源位于日月山东麓，湟水河源头，是黄土高原与青藏高原的结合部，也是藏文化与汉文化的交汇处。湟源扼唐蕃古道险塞，故得"海藏咽喉""海藏通衢"之称。

» **日月山**：传说文成公主入藏时，曾在此地抛下日月宝镜，宝镜碎为两瓣，分别化作日、月二山，遂得"日月"之名。藏语称其"尼玛达娃"，亦为太阳和月亮之意。日月山上的土层为第三纪的红色土，所以古代称为"赤岭"。日月山是祁连山脉的一个分支，日月山海拔3520米，是中国农耕文化与游牧文化的分界线，山两边气候植被迥异，东侧

青藏铁路沿线站点海拔高度示意图。

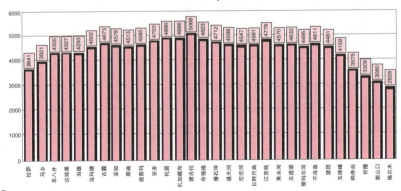

农田阡陌相连，西侧草原茫茫无际，因此历来有"草原门户""西海屏风"之称。唐时，日月山也是唐蕃的分界线，唐开元年间曾立有界碑。日月山的公路边，每年7～8月有不少卖蜂蜜的小摊，纸板上歪歪扭扭的大字写着蜂蜜品种和价格。

» **倒淌河**：倒淌河发源于日月山西麓的察汗草原，海拔约3300米。因众河皆东流，唯此河独向西淌，故名倒淌河。相传当年文成公主过日月山时，禁不住回头遥望，视线却被高高的日月山所阻隔。公主想到再也望不见家乡的一切，不禁悲痛万分，公主的泪水汇成了倒淌河，河水也随着公主向西流去。倒淌河的西北是水天一线的青海湖，西南是碧草连天的大草原。

» **青海湖**：青海湖是我国最大的内陆咸水湖，它位于青藏高原东北部的日月山下，湖面海拔3196米，碧波万顷，湖畔是"羊羔花"盛开的草原。青

青海湖被誉为"中国最美丽的湖泊"，碧波万顷，湖畔是"羊羔花"盛开的草原。电影《如果·爱》里有这么一句台词："最美丽的爱情也只有青海湖能够承载。"

123

海湖面积 4400 余平方千米，湖水平均深度 25 米，其湖水清澈碧蓝，湖面广袤如海，因得青海之名。青海湖西北隅的鸟岛上，每年 4 月至 7 月，汇集了数十万只候鸟，鸟的种类繁多，如鸥、天鹅、鹤及稀有的黑颈鹤，鸟声如雷，扬声数十里，蔚为壮观。金银滩牧场辽阔、水草丰美，帐篷点点。远远望去，如一匹巨大的花毯，无数的牛羊星星点点，或白或黑地点缀其间，是青海湖畔风景极佳之处。传唱甚广的那首《在那遥远的地方》，就是西部歌王王洛宾在此采风而得。7 月的青海湖畔，正值一望无际的油菜花灿烂盛开，那是青海湖最美丽的季节。

» **都兰**：都兰，蒙古语意为"温暖"。都兰地处柴达木盆地东南端，历史上曾是吐谷浑王国的都城。都兰境内有新石器时代晚期的"诺木洪文化"遗址、吐谷浑王国遗址和唐吐蕃古墓葬群等文化遗产。

» **德令哈**："德令哈"是蒙古语，意为"绿色肥沃的草原"，但如今那里早已化作了戈壁滩。德令哈是青海海西蒙古族藏族自治州的首府。境内地域辽阔，地形复杂，形成山、川、盆、湖兼有的地貌特征。1988 年，天才诗人海子去西藏途经此地时，曾写下了这样的诗句：

除了那些路过的和居住的 / 德令哈 今夜 / 这是唯一的 最后的 抒情 / 这是唯一的 最后的 草原

» **格尔木**：格尔木位于柴达木盆地南缘格尔木河畔，格尔木南临昆仑山脉，北临察尔汗盐湖，海拔 2800 米，是一座 20 世纪 50 年代开始兴建的戈壁新城。格尔木北达甘肃敦煌，南通西藏拉萨，西接新疆若羌，东至省会西宁，是西北重要的交通枢纽。境内的察尔汗盐湖是中国第一大盐湖，西北方向的南八仙、大风山、茫崖一带，有长近百千米、宽数十千米的雅丹地貌，地形千姿百态，亦是西部的一大奇观。

» **察尔汗盐湖**：察尔汗蒙古语意为"大盐泽"，它是柴达木盆地最低洼和最核心的地带。察尔汗盐湖是仅次于美国盐湖城盐湖的世界第二大盐湖，盐资源总储量 600 多亿吨，可供全世界的人食用 1000 年。盐湖气候炎热干燥，日照时间长，水分蒸发量远远大于降水量，形成地上无草，湖中无鱼，天空无鸟的洪荒景象。盐池中高浓度的卤水经过风吹日晒，结晶为千姿百态的"盐花"，形如珊瑚、宝塔、花朵、象牙、宝石，堪称奇观。盐湖里有一条长 32 千米的公路和铁路穿行而过，被称为"万丈盐桥"。"万丈盐桥"是由"漂浮"在盐湖上的 20 厘米至 30 厘米厚的盐盖及 10 米至 20 米深的结晶盐、晶间卤水组成的。

●错达日玛的野牦牛。

» **玉珠峰**：玉珠峰海拔6178米，是昆仑山东段最高峰，距离昆仑山口以东10千米。玉珠峰是登山爱好者初次攀登雪山的最佳山峰，其南坡路线清晰明了，非常适合登山入门者。登山最佳季节为5月至9月。

» **昆仑山口**：昆仑山西起帕米尔高原，山脉全长2500千米，平均海拔5500米到6000米。在中华民族文化史上，昆仑山有着"万山之祖"的显赫地位。昆仑山口位于昆仑山中段，海拔4767米。昆仑山口标记碑材质为汉白玉，主碑高4.767米，是昆仑山口海拔高度的千分之一，碑底座为9.6平方米，象征她屹立在祖国960万平方千米的坚实土地之上。昆仑山口东西两侧的玉虚峰、玉珠峰，海拔均超过6000米，终年银装素裹，云雾缭绕，形成了闻名遐迩的"昆仑六月雪奇观"。在昆仑山口，大片高原冻土层终年不化，但冻土层表面的草甸上却生长着青青牧草。每年7～8月间，草甸上有各色的野花盛开。

» **可可西里**：翻过昆仑山口，就进入了可可西里国家级自然保护区。可可西里，蒙古语意为"青色的山梁"，也被称为"美丽的少女"。它位于青藏高原西北部，北靠昆仑雪山，南接唐古拉山，是长江的主要源区之一。可可西里地势高峻，平均海拔在5000米以上。气候寒冷，空气稀薄，常年大风，自然条件恶劣，人类无法长期居住，是中国最大的无人区。然而，人类无法生存的地方，却成了野生动物的天堂。这里栖息着藏羚羊、野牦牛、藏野驴、藏原羚、雪豹、棕熊等高原珍稀野生动物，蓝天下飞翔着金雕、黑颈鹤、大天鹅等鸟类，湖水里游动着裸腹叶须鱼等鱼类，这些动物均为青藏高原特有物种。从昆仑山口到五道梁，是藏羚羊最大的活动区域和迁徙通道。每年12月藏羚羊在这里交配，到了5月底6月初，成群结队的临产藏羚羊从保护区东部向腹地卓乃湖、太阳湖一带大规模迁徙产仔，数万只母藏羚羊在湖畔集中分娩。到了 8 月份，藏羚羊又会通过这里分散到各处。

» **索南达杰纪念碑**：昆仑山口标记碑旁边，是经幡哈达环绕着的索南达杰纪念碑，碑文记载着这位烈士的生平。1994 年 1 月 18 日，青海玉树州治多县西部工委书记索南达杰带领 4 名队员，在可可西里抓获了 20 名盗猎分子，并缴获了 7 辆用于盗猎的汽车和 1600 张藏羚羊皮。当他在押送中行至太阳湖附近时，遭到盗猎分子的袭击，不幸壮烈牺牲。当搜寻小组找到他时，冻成冰雕的索南达杰仍保持着半跪的射击姿势。昆仑山口、太阳湖和布喀大坂都撒有索南达杰的骨灰。电影《可可西里》反映的正是这一段历史。善良的人们缅怀着他，可可西里的藏羚羊也不会忘记他。索南达杰永垂不朽！

» **五道梁**：凡走过青藏线的人，无不对五道梁留下深刻的印象。五道梁是青藏高原气候过渡分界点，海拔 4600 多米。这里地高天寒，长冬无夏，天气多变，夏季飞雪，时有冰雹落下。7 月的平均气温 5.5℃，为全国最低值。受海拔和地势影响，五道梁空气不流畅，又因土壤含汞量高，植被少，造成空气含氧量仅有平原的 40%。人们乘汽车进藏，一般首先会在五道梁一带产生强烈的高原反应。因此，五道梁被称为青藏线上的"鬼门关"，有"到了五道梁，哭爹又叫娘"的说法。比它更高的唐古拉山口，反倒不怎么令人畏惧。

» **沱沱河**：沱沱河发源于唐古拉山脉主峰格拉丹东西南侧姜根迪如雪山的冰川，冰川尾端海拔近 5500 米。这一带有庞大的雪山群，海拔 6000 米以上的雪峰共有 20 座，群峰上有 40 条现代冰川和许多冰斗。沱沱河与当曲、楚玛尔河同为长江的源流，其中沱沱河是长江的正源。沱沱河从姜根迪如冰川发源时，是一些冰川、冰斗的融水汇成的小溪流，宽仅 3 米，深 20 多厘米，沱沱河由此向东流 370 千米到当曲后，已成为一条大河，称通天河；继续向前，过青海玉树藏族自治州的直达门流入四川境内后，又改称金沙江。

» **格拉丹东峰**：格拉丹东是唐古拉山的最高峰，海拔 6621 米。据说在 300 多年前，牧民冬巴·果切带着家人，赶着牛羊，跋山涉水，从唐古拉南侧来到锦瓶似的雪山附近安了家。由此崛起一个富有、强盛的部落安多多玛部落。后来，冬巴·果切从安多买玛部落请来一位法力广大的活佛为这座雪山开光，并将此山命名为"嘎尔·格拉丹东"，意为"哈达质的矛形佛身"。

» **唐古拉山口**：唐古拉，蒙古语意为"雄鹰飞不过的高山"，有民谚云"到了昆仑山，两眼泪不干；到了唐古拉，伸手把天抓"，可见唐古拉山口生存环境之恶劣。唐古拉山西段为藏北内陆水系与外流水系的分水岭，东段则是印度洋和太平洋水系的分水岭。怒江、澜沧江和长江都发源自唐古拉山南北两麓。唐古拉山口是青海、西藏两省区的分界线，山口矗立着标记海拔5231米的石碑。在唐古拉山口不远处，坐落着世界上最高的火车站——海拔5068米的唐古拉山车站。翻过唐古拉山口，就进入了西藏境内的安多草原。

» **安多**：安多，藏语意为"末尾或下部的岔口"。安多地处唐古拉山脚下，境内有唐古拉山、长江源头格拉丹东和怒江源头错那湖。

» **错那湖**：错那湖位于安多县境内，海拔4650米，面积400多平方千米，是当地著名圣湖之一。唐古拉山脉南部河溪均汇入错那湖再流入怒江。错那湖距离青藏铁路最近处约20米，错那湖车站专门设有观景台，可一览高原湖光水色。

» **羌塘**：羌塘，藏语意为"北方旷地"。万里羌塘地处青藏高原的腹地，四周唐古拉山脉、念青唐古拉山脉及冈底斯山脉环抱，包括整个那曲地区及部分阿里地区，平均海拔4500米，面积近50万平方千米。羌塘草原是中国五大牧场之一，在一望无际的草原上，到处都是牦牛、羊群和牧民们的帐篷。一首羌塘古歌唱道："辽阔的羌塘草原啊，在你不熟悉它的时候，它是如此那般的荒凉，当你熟悉了它的时候，它就变成你可爱的家乡。"

» **那曲**：那曲恰青赛马节，是一年一度游牧人的盛会。（参见 P236）

» **念青唐古拉山**：念青唐古拉山是雅鲁藏布江和怒江两条大水系的分水岭，将西藏分为藏北、藏南、藏东南三大

地域。（参见 P234）

» **纳木错**：面积仅次于青海湖，为我国第二大咸水湖，为藏区三大圣湖之一。每逢羊年的萨嘎达瓦节期间，成千上万来自藏区各地的僧侣、信徒来此绕湖转经。（参见 P230）

» **当雄**：当雄，藏语意为"选择出来的好地方"，当雄草原是羌塘草原最肥美的牧场。当雄距拉萨 160 多千米，有拉萨北大门之称。境内的羊八井、藏北八塔以及与那曲班戈交界处的纳木错和念青唐古拉山均为值得一观的胜景。每年藏历六月举行的当雄赛马节，是藏北规模最为盛大的节日之一。

» **羊八井**：羊八井距拉萨 90 多千米，位于念青唐古拉山下的盆地内。羊八井，藏语意为"宽阔"，因该地平坦宽阔得名，与汉语的"羊"和"井"均无关。羊八井是我国目前已探明的最大的高温地热湿蒸汽田，分布有规模宏大的喷泉和间歇喷泉、温泉、热泉、沸泉、热水湖等，是旅游疗养的圣地。

» **拉萨**：千里之途，终于足下。颠倒众生的圣城拉萨展现在你的眼前。放松自己，睁大眼睛，融入进去吧。

羊八井地热田。远远望去，山谷中弥漫着白色雾气，像是沸腾了一般，不时可见缕缕白色的蒸汽从地底冒出。温泉水含有大量的硫化氢，对多种慢性病都有疗效，不妨去泡一泡。

川藏线

川藏公路最初的始点为四川省的康定，所以曾被称作"康藏公路"，其走向与川藏茶马古道基本一致。川藏公路沿途翻越二郎山、折多山、雀儿山、怒江山、色季拉、米拉山等14座大山，横跨拉萨河、易贡河、怒江、澜沧江、金沙江、雅砻江、大渡河等多条大江，穿越大片沼泽区、地震区、泥石流塌方区及原始森林地带。其路之险，居进藏公路之首。

川藏公路从成都开始，经雅安、泸定、康定至新都桥，然后分南北两线：北线经道孚、炉霍、甘孜、马尼干戈、德格、江达，进入西藏昌都，再经类乌齐、丁青、巴青、索县、那曲至拉萨；南线经雅江、理塘、巴塘，进入西藏芒康，再经邦达、八宿、波密、林芝、工布江达到拉萨。北线称317国道，全长2217千米，沿途最高点是海拔4916米的雀儿山；南线称318国道，全长2134千米，途经海拔4700多米的理塘。南北线之间连接昌都到邦达的公路称为214国道。南线因路途短且海拔低，所以由川藏线进藏多行南线。

以上是川藏南北线的习惯分法，也有人把上面说的北线称"小北线"，而把从成都出发，过马尔康直接到炉霍的317国道一段称为"大北线"。

川藏公路于1950年4月开建，1954年12月25日与青藏公路同时开通。修通这条公路，共牺牲3000多名士兵，也就是说，平均每一千米，都有一个英魂守护。

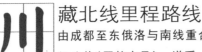

藏北线里程路线

由成都至东俄洛与南线重合，再由东俄洛与南线分开北上，经八美（原乾宁县）—道孚—炉霍—甘孜—德格—西藏江达—昌都—那曲县—拉萨，全长 2412 公里。分大北线、小北线。

南北交接线在昌都—邦达镇。

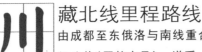

藏南线里程路线

由四川成都—雅安—泸定—康定—东俄洛—雅江—理塘—巴塘—西藏芒康—左贡—邦达—八宿—波密—林芝八一镇—工布江达—墨竹工卡—达孜—拉萨，全长 2146 公里，属 318 国道。南线是以康定为要点的川康公路和康藏公路的合称，有多个著名险段。

» 川藏北线从成都出发，经雅安直接进甘孜后，经炉霍、甘孜、德格过岗嘎金沙江大桥入藏，再经江达、昌都抵南北线交合点邦达后，经波密、八一往拉萨，全程 2413 公里。南线与北线在昌都与邦达有 214 国道连接。此线被旅游探险者称之为"小北线"。

» 另一条北线是从成都北上，在汶川与 213 国道分路，从刷经寺经马尔康、昌都市到达拉萨，是 317 国道的重要组成部分。北线沿 317 国道在那曲与青藏公路汇合，也可到达拉萨。同时也是青藏公路的组成部分。川藏北线成都至拉萨全长 2412 千米。此线被后来的旅游探险者称之为"大北线"。

瓦村草场的秋日。离然乌镇约 10 千米的地方，有一个叫瓦村的村落，村里的房屋是典型的藏东南林区建筑，大量采用木材建造。村落里弥漫着浓郁的藏家韵味。

川藏线沿途人文地理

» **成都**："天府之国"，天下谁人不识，不说也罢。

» **雅安**：居川藏、滇藏交通的咽喉之地，以"雅雨""雅女""雅鱼"著称。

» **二郎山**：因山高、路窄、坡急、雾多，为川藏路上第一天险。4000米长的二郎山隧道开通后，情况稍有改善。

贡嘎山位于甘孜藏族自治州泸定、康定、九龙三县境内，曾被评为中国最美十大名山之一。贡嘎主峰海拔7556米，被誉为"蜀山之王"。贡嘎山有现代冰川71条，高原湖泊10多个，还有贡嘎寺、塔公寺等藏传佛教寺庙。

» **四姑娘山**：四姑娘山坐落在横断山脉的东北部，由海拔6250米、5664米、5454米、5355米的4座毗连的山峰组成，属邛崃山脉的中段。四姑娘山被当地藏族人敬为神山，相传有4位美丽善良的姑娘，为了保护心爱的大熊猫，同凶猛的金钱豹进行殊死搏斗，最后变成了4座挺拔秀美的山峰。四姑娘山有"东方阿尔卑斯山"之称，因距成都仅220千米，成为背包族的热门去处。

丹巴的藏寨很具特色，其中甲居藏寨民居是其代表作。在大金川河边的山坡上，成百上千幢色彩鲜艳的碉楼错落有致地遍布在田野和山林之间，宛如童话的世界（上图）。

德格现以德格印经院闻名于世，为藏地三大印经院之首，藏有 20 余万块印经板。由于历代德格土司扶持佛教不论宗派，德格地区噶举、宁玛、萨迦和格鲁诸派并存，苯教亦得以延续（下图）。

» **丹巴**：丹巴是嘉绒藏区的圣地，自古就有"千碉之国"的美称，丹巴的藏寨又被誉为中国最美的村寨。俗语说："康定的汉子，丹巴的美女"，丹巴是汉代"东女国"的故地，盛产美女，又称"美人谷"。境内的墨尔多神山，在康区与喜马拉雅山和冈底斯山齐名，为著名神山。

» **马尔康**：马尔康，因驻地有马尔康寺而得名，藏语意为"火苗旺盛"，引申为"兴旺发达之地"。马尔康的主要居民属藏族支系嘉绒藏族。马尔康境内建于清代的卓克基土司官寨，是川西北嘉绒十八土司中保留最完整的官寨。阿来的小说《尘埃落定》，即以卓克基土司官寨为原型创作的。

» **泸定**：泸定以红军长征时飞夺泸定桥而成名。泸定桥于公元 1710 年建成，桥长 100 米，宽 2.8 米，桥身 9 根铁索，上铺木板。左右两根铁索为扶手，每根重约 2.5 吨。

» **康定**：康定旧称"打箭炉"，是从汉地进入藏地的重要门户，现为四川甘孜州首府。一曲《康定情歌》，使康定名满天下。跑马山位于康定城外东南隅，海拔 3000 米，各色花草沿缓坡向上蔓生，峰顶有一座小寺。每年四月初八，这里要举行盛大的转山会。康定境内的贡嘎山风光绝美，城西北 100 多千米外的塔公草原，水草丰美，牛羊成群。塔公藏语意思是"菩萨喜欢的地方"，这里的塔公寺始建于清嘉庆年间，寺内觉卧佛殿供奉的佛像，据说系文成公主从内地带来，所以有"小大昭寺"之称。

» **马尼干戈**：马尼干戈被誉为中国的"西部牛仔城"。境内主要景点为新路海和雀儿山。新路海藏语名字为"玉隆拉错"，意思是"倾心之湖"。传说此湖之美曾令格萨尔王的妃子一见倾心，故得此名。雀儿山在新路海西南方，山口处可见一块标志牌，上书"川藏第一高，川藏第一险"。

» **德格**：康区有句俗语"朗德格，沙德格"，意思是"天德格、地德格"，指德格土司的强大，只有天或地可以与之媲美。康巴地区的政治、经济中心分别在四川康定、西藏昌都和云南中甸，但它的文化中心一直在德格。格萨尔王的故乡在德格，德格也珍藏有史诗《格萨尔王传》的最权威版本。

» **昌都**：昌都是川、青、滇入藏的重要门户，有"藏东明珠"的美称。境内有恐龙化石发掘地、嘎玛寺等古迹。（参见 P247）

» **类乌齐**：类乌齐藏语意为"大山"。境内德青颇章神山，俗称"类乌齐"，每逢藏历六月十五日"仲确"节时，远近群众会扶老携幼前来朝拜神山。距县城 30 千米的类乌齐寺，建于公元 1276 年，是藏东北著名的噶举派寺院。寺藏以大唐卡、格萨尔王金马鞍和清朝雍正六年的金字匾额三大镇寺之宝最为有名。当地群众流传着"先去朝拜拉萨的大昭寺，再去朝拜类乌齐寺查杰玛大殿"的说法。川藏北线到了类乌齐后，与唐蕃古道的线路重合。

» **丁青**：丁青以前被称为琼布丁青，"琼布"的意思是大鹏鸟的后代。赫赫有名的苯教寺院孜珠寺，位于丁青县境内苯教神山孜珠山顶。在孜珠寺下面的半山腰，为最著名的苯教天葬台，是藏东苯教徒向往的往生之地。丁青人把附近的两座小山视作卡瓦格博和苯日神山。从而一地集三座苯教神山，来此朝圣转经，功德自然更大。

» **比如**：比如的意思是"母牦牛角"。传说很早有一个"母牦牛部落"曾定居此地。以骷髅墙闻名天下的达木寺多多卡天葬台就位于比如县的西郊。若想直面人生之无常，体悟生命之真谛，莫如去一趟藏北比如达木寺，亲眼一睹天葬台上的骷髅墙。

» **理塘：**川藏公路从新都桥处分为南北两线，往南经剪刀弯子山进入理塘大草原。它是一个四面环山的大盆地，平均海拔4000米。每年8月野花遍地时的理塘赛马盛会，是康巴地区最大的民间活动。理塘县城海拔4014米，有"世界最高城"之称。

» **稻城：**稻城古名"稻坝"，意思是"谷口开阔之地"。稻城距理塘不远，被称为四川的"香格里拉"。稻城亚丁有"最后一方净土"之誉。境内念青贡嘎日松贡布山，为三座海拔约6000米的仙乃日、央迈勇、夏诺多吉呈"品"字形排列的神山组成，佛名三怙主雪山。传说莲花生大师曾为贡嘎日松布开光，以佛教中除伏主人翁的三位一体菩萨观音、文殊、金刚手分别为三座雪峰命名加持，仙乃日为观世音菩萨，央迈勇为文殊菩萨，夏诺多吉为金刚手菩萨。《三怙主雪山志》记载："具有信佛缘分的众生敬奉朝拜三怙主雪山，能实现今生来世之事业。转三次三怙主雪山，能消除杀八条人命的罪恶。转一次相当于念一亿次嘛呢的功德。"

» **巴塘：**越海子山口，入巴塘河谷，就是盛产苹果的巴塘。巴塘是川藏南线在四川的最后一个县，与西藏芒康隔金沙江而望。巴塘古为羌地，汉系白狼国地，唐属吐蕃，明朝时一度属云南丽江木氏土司管辖，清置巴塘宣抚司。巴塘县驻地四周草地辽阔，羊群遍野。藏语"咩"即为"巴"音，以声定地名，取名"巴塘"。巴塘的藏戏、弦子闻名四方，被誉为"雪山上的牡丹""弦子之乡"。巴塘境内曾出土秦汉石板墓，鹦哥嘴绝壁有清代、民国时期的石刻。

» **芒康：**芒康藏语意思是"善妙之地"。境内地势险峻、峡谷众多、道路曲折、景色壮观。滇藏公路和川藏公路在此会合。芒康县南部的盐井地处滇藏要冲，以产盐闻名。

» **左贡：**左贡，藏语意为"犏牛背"，源于左贡寺庙所在地的名称。著名的神山梅里雪山北坡在左贡县境内。

» **八宿：**八宿，藏语意为"勇士山脚下的村庄"。从邦达到八宿中间，要翻越横断山脉最大的天险怒江山，"之"字形的公路曲折盘旋，号称"九十九道弯"。

» **然乌湖：**八宿境内沿然乌湖一带构成川藏线上最美丽的路段。人称"西藏的瑞士"，但恐瑞士风光亦远远不及。

🎋 康区理塘赛马会现场，在马上挺拔的康巴男儿。

» **察隅：**川藏公路近然乌湖时，向左有一条支路。沿支路翻越德姆拉山，即是全国知名的"西藏江南"察隅。（参见 P244）

» **波密：**波密，藏语是祖先的意思。波密位于帕隆藏布东岸，境内有我国三大冰川之一、最大的海洋型冰川卡钦冰川。另有美丽的易贡湖，湖畔一带盛产茶叶。

» **墨脱：**旧称"白玛岗"，藏语意为"莲花圣地"。墨脱是时下国内徒步旅行首屈一指的圣地。（参见 P290）

» **雅鲁藏布大峡谷：**被誉为"地球上最后的秘境"的雅鲁藏布大峡谷，位于墨脱县、米林县和林芝县的交界处。峡谷入口在米林县的派镇，出口在墨脱县的巴昔卡村，长度为504.6千米，最深处达6009米。其长度和深度远远超过了美国科罗拉多峡谷和秘鲁科尔峡谷，当仁不让名列世界第一大峡谷。

» **通麦：**波密西行至通麦镇，这里海拔仅1800米，受沿雅鲁藏布大峡谷涌来的印度洋温热气流影响，气候温暖湿润。这里地处藏东南大冰川群的腹部，地质构造运动激烈，山体土质松软，在风雨侵蚀之下，形成了川藏线上泥石流塌方最严重的区域，事故频发，被称为"通麦天险"，以"老虎嘴"地段为最。以前"通麦天险"每年要阻断川藏公路达数月之久。

林芝色季拉山下风光。

 » **鲁朗**：鲁朗，藏语意为"龙王谷"。这里是一片典型的高原山地草甸狭长地带。两侧从低往高的灌木丛和云杉、松树林组成了"鲁朗林海"。中间地带即公路两边，是大片的草甸。草甸上，溪流蜿蜒，野花遍地。成群的牛羊在草甸上安详地吃着草。木篱笆、木板屋散落其间，宛如人间仙境。

 » **色季拉**：色季拉山属念青唐古拉山脉，是尼洋河与帕隆藏布江的分水岭。翻越此山时，若天气晴朗，可远眺南迦巴瓦峰。色季拉山的杜鹃花，闻名藏东南。每年的4月中旬到6月底，杜鹃花从山脚到山顶次第开放，整个山变成了花的海洋。

 » **林芝**：林芝境内的尼洋河，是雅鲁藏布江的三大支流之一，沿岸风光，充满诗情画意。

 » **工布江达**：工布江达境内的帕嘎寺，建于五世达赖喇嘛时期。寺后的帕嘎神山，传说是女神多吉帕姆的化身。山腰处的女神肚脐洞，据传十分灵验。肚脐洞下的间歇泉，不分季节，每4小时喷发一次。据说喷水时总有一只雄鹰飞至，泉歇即回。错高乡境内的巴松错，湖光山色，美不胜收，堪称"高原明珠"。

 » **墨竹工卡**：墨竹工卡，藏语意为"墨竹色青龙王居住的中间白地"。墨竹工卡境内有大小寺庙34座，以直贡梯寺最为有名，此寺是藏传佛教四大教派之一的直贡嘎举派的主寺，直贡梯寺天葬台是藏地最大、地位最崇高的天葬台。直贡梯寺附近的德宗温泉亦颇负盛名。

滇藏线

滇藏线即214国道，南起云南下关，经剑川、丽江、中甸、德钦，在西藏芒康与川藏线南路相接，这段路程全长691千米，基本与滇藏茶马古道重合。过了芒康，214国道向北延伸，但若去拉萨方向，则沿川藏线南路西行。这条线1974年才建成通车，是国内四条入藏线海拔最低的通道。滇藏线在云南境内途经中甸盆地和横断山脉，最高海拔只有4300米。沿途高山峡谷，民族众多，风俗各异，令人有"山阴道上，应接不暇"之感。

滇 藏线里程路线

昆明 ← 397km → 下关 ← 142km → 剑川 ← 191km → 中甸（香格里拉） ← 167km → 德钦 ← 103km → 盐井 ← 111km → 芒康 ← 158km → 左贡 ← 107km → 邦达 ← 94km → 八宿 ← 90km → 然乌 ← 129km → 波密 ← 89km → 通麦 ← 127km → 林芝 ← 19km → 八一 ← 127km → 工布江达 ← 206km → 墨竹工卡 ← 68km → 拉萨

滇藏线交通旅游示意图

滇藏线沿途人文地理

» **昆明**：彩云之南的春城昆明，四季如春，胜景不计其数。

» **大理**：大理古城以"上关风，下关花，苍山雪，洱海月"的风花雪月闻名天下。昔为南诏的都城，南方丝绸之路和滇藏茶马古道上的重镇。白族民居、崇圣寺三塔是大理风情最突出的景点。严格意义上的滇藏公路，从这里才真正开始。

» **丽江**：丽江是南方丝绸之路和滇藏茶马古道的重要中转站。主要居民是纳西族，纳西族创造的东巴文化已享誉世界，其中东巴文字为世界上唯一保留完整的活着的象形文字，纳西古乐保留了中原失传已久的道教古乐。始建于南宋的丽江古城大研镇，是一座没有城墙的古城。据说是为了避讳木土司的姓氏，若外筑城墙，内有木氏，成"困"字格局，颇不吉利。古城的中央，以成排连接的铺面围成了一块长方形街面，即"四方街"。以四方街为中心，辐射出 4 条大道，每条主道都有巷弄相随，四通八达。如今，丽江古城已沦为一座开发过度的旅游城市。

» **虎跳峡**：金沙江是丽江市和香格里拉县的界河。江水被玉龙雪山和哈巴雪山所夹峙，形成了虎跳峡。虎跳峡分上虎跳、中虎跳、下虎跳三段，有 18 处险滩。虎跳峡峡口海拔 1800 米，南岸的玉龙雪山海拔 5596 米，北岸的哈巴雪山海拔 5386 米，峡谷深达 3800 米。

» **中甸**：中甸，纳西语意为"酋长居住的地方"，中甸县现已改名为香格里拉县。境内峡谷纵横深邃，景观独特。松赞林寺、碧塔海、白水台、哈巴雪山、碧让峡谷均为值得一去之处。松赞林寺又名"归化寺"，是云南最大的藏传佛教寺院，系公元 1679 年由五世达赖喇嘛亲自选址，仿布达拉宫而建。

» **德钦**：德钦，藏语意为"极乐太平"，位于滇西北"三江并流"腹地，是迪庆"香格里拉"的重要组成部分。境内的梅里雪山为康区著名神山，其主峰卡瓦格博峰，又称"太子雪山"，海拔 6740 米，为云南省第一高峰；梅里雪山有海拔超过 6000 米的 13 座雪峰，统称"太子十三峰"。明永冰川从卡瓦格博峰顶一直延伸至海拔 2660 米的森林地带，是世界上最为壮观且罕见的低纬度低海拔季风海洋性现代冰川。

» **梅里雪山**：梅里雪山的主峰卡瓦格博，藏语意为"雪山之神"，是康巴地区最大的神山。卡瓦格博峰是藏传佛教的朝觐圣地，每年秋末冬初，成千上万来自各地的信徒绕山而转，尤以梅里雪山的本命年羊年最盛。梅里雪山朝圣的路线有两条，一为内转经路线，一为外转经路线。内转经路线，从白转经堂出发，途经飞来寺下澜沧江，过铁索桥抵达雍宗朝拜神迹，并获取进山的钥匙；再上西当温泉，翻过亚那宗拉垭口直抵雨崩村朝圣雨崩神瀑；接下来按照原路返回西当，再往主峰下的明永冰川，朝圣太子庙、莲花寺。徒步全程大约需要 4 至 5 天。外转经路线，从白转经堂出发后沿澜沧江南下，渡江后翻过垭口抵达西藏察隅境内，再沿怒江北上，回到 214 国道后返回云南飞来寺。环绕梅里雪山一周，徒步全程大约需要 10 至 15 天。1991 年初，中日联合登山队一行 17 人（其中中方队员 6 人）攀登卡瓦格博峰时，未能登顶即遇难。至今尚无人登顶此峰，现当地政府已禁止攀登卡瓦格博峰。

» **茨中教堂**：茨中村在德钦县升平镇以南约 80 千米的澜沧江边。茨中村里有一座法国天主教堂。教堂原址在茨姑村，1905 年毁于维西教案。在得到清政府巨额赔款后，于 1909 年在茨中村重建，历时 12 年竣工。教堂建成后，即成为云南铎区主教礼堂，至今保存完好。教堂风格为中西合璧。教堂的果园里出产法国葡萄，且能酿制葡萄酒。

» **盐井**：盐井是滇藏公路进入西藏的第一站，故有"藏东第一镇"之称。除了以产盐闻名外，境内还有西藏唯一的一座天主教堂。

盐井梯田。

新藏线

老照片中的建
进藏公路部队
动员大会情景。

　　新藏线也叫 219 国道，是继川藏、青藏公路之后，进入西藏的第三条公路，于 1957 年建成通车。新藏线北起新疆叶城，南抵西藏阿里的噶尔（狮泉河镇），迤逦东行，在终点拉孜，与 318 国道中尼公路段会合，全长 2178 千米。途经峡南口、大红柳滩、日土宗和噶尔昆沙，跨过拉斯塘河、叶尔羌河、喀拉喀什河、狮泉河等河流，越过新疆与西藏之间6700 米的界山大坂等 10 处山隘，海拔 5000 米以上的线路有 130 千米，是世界上海拔最高的公路，无疑也是海拔最高的进藏路线。著名的世界第二高峰乔戈里峰、班公错鸟岛、札达土林、古格王国遗址、神山冈仁波齐、圣湖玛旁雍错都在新藏公路沿线。

　　阿里地区的行署驻地狮泉河镇，也叫噶尔，为藏语"帐篷、兵营"之意。从狮泉河镇到拉萨也分南北两线：南线途经巴嘎、仲巴、萨嘎、拉孜、日喀则到拉萨，北线穿过羌塘草原，经江巴、改则、尼玛、安多、那曲抵达拉萨。南线与古道"麝香之路"基本重合。

　　新藏公路冬春季节多处山口大雪封山，一般 5 月至 10 月适合前往。新藏公路主要用于西藏阿里地区的物资与人员进出。旅行者一般很少选择这条线路进藏，去阿里旅行的人，也可通过新藏线出藏。新藏线沿途海拔过高，高原反应的威胁如影随形，身体和意志在此均将受到极限挑战。平均每约 100 千米设有一座兵站，对旅行者来说，是住宿最合适的选择。

藏线里程路线

叶城 ← 69km → 普萨 ← 88km → 库地大坂 ← 83km → 麻扎
大坂 ← 339km → 甜水海 ← 110km → 界山大坂 ← 177km →
多玛 ← 143km → 日土 ← 87km → 噶尔（狮泉河镇）← 331km → 巴噶
← 334km → 仲巴 ← 145km → 萨噶 ← 293km → 拉孜 ← 157km → 日喀则
← 337km → 拉萨

新藏线交通示意图

新藏线沿途人文地理

» **叶城**：典型的南疆县城，主要居民为维吾尔族人。公元 12 世纪叶城是西辽文化较发达的地区。石尔项石刻和棋盘千佛洞表明佛教东渐经由此地。城南 219 国道不远处，有西藏阿里驻叶城办事处，入藏的车辆都要先到这里报到。

» **界山大坂**：界山大坂是西藏和新疆两区的交界处。山上一块石碑注明界山大坂海拔 6700 米，但是据说此地实际海拔不到 6000 米。路过此处时一般都会产生严重的高原反应。

» **乔戈里峰**：乔戈里峰是喀喇昆仑山的主峰，也是世界第二高峰，国外称为"K2 峰"。海拔 8611 米的乔戈里峰，平均坡度 45°以上，是世界上垂直高差最大的山峰。在视觉观感上，乔戈里峰较珠穆朗玛峰更为高大、雄伟、险峻。

» **班公错**："班公"是印度语，指"一块草甸"。班公错东西长约150 千米，平均宽度只有 2 千米至 5 千米，最狭窄处只有 5 米。湖的一半在中国日土县境内，另一半在印控克什米尔境内。虽然同属一湖，境内外的水质却大不相同。中国境内的湖水是淡水，湖中盛产斜齿裸鲤鱼，到了克什米尔境内湖水变成了咸水，味苦涩，人畜不能饮用，鱼类也无法生长。班公错里的鸟岛是鸟的天堂，数量众多的斑头雁、海鸥等候鸟栖身此地。新藏公路紧临班公错的东岸，途经此处，可饱览湖光水色。湖滨常常有野牦牛、野驴、藏羚羊出没。

» **噶尔（狮泉河镇）**：阿里地区行署驻地，海拔 4300 米，为喜马拉雅山、冈底斯山和昆仑山三大巨峰所包围。新藏公路在此分为南、北两路，如前往札达土林、古格王国遗址和神山圣湖游览，则走南路。

» **古格王国**：札达县境内的古格王国遗址如西域沙漠里的楼兰古城，千百年后，依稀能见古格王城当年的光景。（参见 P287）

» **普兰**：普兰是青藏高原的西南门户，南有喜马拉雅，北有冈底斯，被称为"雪山环绕之地"。冈仁波齐峰和玛旁雍错在普兰县境内。

» **神山圣湖**：冈底斯的主峰冈仁波齐和山下的玛旁雍错被称为神山圣湖，冈仁波齐被誉为"众山之王"，玛旁雍错被视作"众湖之后"。（参见 P280、284）

阿里人的表情。

中尼线

中尼公路又称"中尼友谊公路"，系1961年中尼两国政府签约合建的一条拉萨至加德满都的公路。中尼公路1963年6月动工，1967年5月建成通车。传统的中尼公路，北起西藏当雄县的羊八井，经日喀则、拉孜、定日、聂拉木，过樟木口岸友谊桥进入尼泊尔王国，终点是加德满都，全长850千米。其中中国路段即羊八井至友谊桥长736千米，平均海拔4000米；尼泊尔路段即友谊桥至加德满都长114千米，又名"阿尼哥公路"，平均海拔只有1500米。

中尼公路是西藏唯一的国际公路，与泥婆罗道中的其中一条重合。现在的中尼公路基本不走羊八井，而是沿318国道，从拉萨出发，西行经曲水、日喀则、拉孜、定日到樟木，再从友谊桥出境。旅行者一般会选择绕行浪卡子，经江孜至日喀则，顺路游览羊卓雍错和江孜古城。中尼线在拉孜与219国道即新藏线会合。

少数旅行者，则会先去佛教的故乡印度，徜徉于恒河岸边，一览曾见证过永恒爱情的泰姬陵；再进入尼泊尔，享受"山中天堂"里的悠闲日子；然后，从樟木入境，经日喀则抵达拉萨。这条路线，与佛教向雪域传播的路线大致相同，是一条不错的朝圣之路。

可爱的尼泊尔儿童（上、中）。樟木至尼泊尔边界（下）。

尼线里程路线

拉萨 ← 337km → 日喀则 ← 157km → 拉孜 ← 84km → 白
坝 ← 60km → 老定日 ← 152km → 聂拉木 ← 32km → 樟木
← 13km → 友谊桥 ← 114km → 加德满都

中尼公路——日喀则地区交通图

中尼线沿途人文地理

» **羊卓雍错**：从拉萨向南而行，过雅鲁藏布江曲水大桥，翻越海拔 5030 米的岗巴拉山口，是西藏三大圣湖之一的羊卓雍错。在当地百姓中间流传着这样一首民歌："天上的仙境，人间的羊卓；天上的繁星，湖畔的羊群。"（参见 P261）

» **江孜**：江孜地处后藏最东端，藏语意为"胜利顶峰，法王府顶"。县城东北宗山脚下的白居寺，藏语全称为"曲扎钦波班廓德钦"，意为"吉祥轮胜乐大寺"。该寺是一座塔寺结合的藏传佛教寺院建筑，寺中有塔、塔中有寺，瑰丽辉煌，为西藏现存唯一一座寺塔保存完整的寺院，被誉为"西藏塔王"。寺内的"吉祥多门塔"别称"十万佛塔"。宗山之巅的宗山堡抗英遗址，叙说着一段可歌可泣的历史。

» **日喀则**：据说莲花生大师在日喀则修行讲经时，曾预言雪域的第一中心在拉萨，第二中心在日喀则。自五世达赖起，班禅驻锡扎什伦布寺，日喀则从此由班禅领辖。（参见 P266）

» **珠穆朗玛峰**：藏语"珠穆朗玛"是"第三女神"的意思，海拔 8844.43 米的峰顶是地球最高点。（参见 P275）

» **绒布寺**：创建于 1899 年的红教寺庙绒布寺，位于珠峰北

羊卓雍错迤逦在群山之间，九曲十八弯，像一段美丽的珊瑚树。

🌡 海拔 8844.43 米的珠穆朗玛峰，对许多人有致命的诱惑。

坡的绒布冰川末端，海拔 5154 米，是世界上海拔最高的寺庙。整个绒布寺依山而建，共 5 层，现在仍在使用的只有两层。绒布寺距离珠穆朗玛峰顶约 20 千米，很多登山专家认为绒布寺所在地正是观看珠穆朗玛峰的最佳位置。从绒布寺到珠峰大本营 8 千米，步行需 2 小时，坐车只要 15 分钟。

» **樟木**：樟木口岸是许多进藏旅游者的向往之地，更是陆路通向尼泊尔的必经之处。与尼泊尔隔河相望，距加德满都仅 120 千米。全镇房屋鳞次栉比，错落有致，风格别具。樟木自古就是泥婆罗道上的重镇，由于其特殊的地理位置，成为中国与南亚国家之间重要的陆路通道。

» **加德满都**：意为"光明之城"，是尼泊尔的首都。加德满都地处喜马拉雅山南麓，海拔 1370 米，四季如春，温暖湿润，群山环抱，素有"山中天堂"的美称。加德满都拥有 1000 多年的历史，其精美的建筑艺术、木石雕刻为尼泊尔古代文化的象征。尼泊尔还是佛祖释迦牟尼诞生的圣地，境内有 3000 多座寺庙，加德满都"寺庙多如住宅，佛像多如居民"，难怪有人把它譬喻为"来自梵天的一朵莲花"。尼泊尔的国徽上有一句格言：祖国比天堂更宝贵！的确，加德满都是个胜过天堂的地方。

第四篇
颠倒众生的圣城拉萨
〖西藏，改变一生的旅行〗

圣城的诱惑

喝过的美酒都忘记了，
只有青稞酒忘不了，
去过的地方都忘记了，
只有拉萨忘不了。

——《拉萨谣》

布达拉宫下转经的人流。人们看起来如此精神抖擞。

拉萨位于雅鲁藏布江支流拉萨河北岸，海拔3650米，是一座有1300多年历史的高原古城。拉萨年日照时间超过3000小时，因此有"尼玛拉萨"之称，即"阳光照耀的圣地"，简称"日光城"。

公元7世纪初，吐蕃第33代赞普松赞干布完成统一大业，疆域扩展到北至吐谷浑，南至泥婆罗、天竺，东与唐朝相邻。公元633年，松赞干布率领臣民来到拉萨。那时，拉萨河不叫拉萨河，而是叫

吉曲河，意思是欢乐幸福的河水；拉萨也不叫拉萨，而是叫吉雪卧塘，意思是吉曲河下游的牛奶之地。松赞干布看到河北岸有红山、铁山、磨盘山耸立在平原之上，像雄鹰展翅，又似狮子跃空，如同3座天然堡垒。同时，这里北通青海，南靠山南，西连象雄，东接多康，地处雪域中枢。于是松赞干布决定迁都吉雪卧塘。松赞干布经过仔细勘察，带领臣民修筑堤坝，堵塞吉曲河的北河道，红山周围的沼泽逐渐显露出一大片平野。以现代的眼光来看，拉萨地处游牧文明和农耕文明的交汇处，它注定要成为雪域的心脏。在历史上，拉萨还一度成为西藏的代称。

🌡四季的布达拉宫呈现出些许不同的气质，但有一点是不变的：它永远是藏族人心目中圣城拉萨的象征。藏族人无论去到哪里都对它心存怀念，心怀祈祷。

　　传说文成公主进藏后，洞察到吉雪卧塘一带天现八幅法轮，地呈八瓣莲花，周围的山像吉祥八宝，是雪域的第一风水宝地。但整个雪域又为魔女仰卧之相，卧塘湖是魔女的心脏。松赞干布采纳了文成公主的建议，遂建大昭寺

登布达拉宫的国际游客。拉萨磁铁般的诱惑从来就没有停止过。

及另 12 寺以镇魔女。自此以后，以大昭寺为圆心，大小庙宇、贵族府第、普通民房逐渐在四周出现。基于藏传佛教的转经传统，围绕着大昭寺，或者说围绕着大昭寺内的释迦牟尼 12 岁等身像，在大昭寺围墙外出现了"八廓街"，即中转经路。最初的拉萨城，也就限制在了大小昭寺八廓街一带。后来，随着拉萨居民的增多，出现了"林廓"，即外转经路。这时的拉萨城明显扩大，将布达拉宫和药王山、磨盘山也包括了进来。赤德祖赞在红山和药王山之间修造的 3 座"巴嘎噶林"大白塔，形成了进入拉萨圣城的大门。

对老拉萨人来说，他们至今还是认为真正的拉萨城就是"林廓"所包围的那片区域。而这些老拉萨人，除了少数是贵族的后人外，大部分是来自各地的朝圣者的后代。对他们而言，神性的拉萨才是真正的拉萨，世俗的拉萨，与真正的拉萨无关。尽管今日的拉萨已形成了"左（西）世俗、右（东）宗教"的城市大格局。

1936 年到过拉萨的英国人斯潘塞·查普曼，在他的《圣城拉萨》一书里写道，"拉萨城本身很小，真令人感到惊异，建筑物前的小广场周长只有 3.2 千米……大昭寺是全藏朝圣的最圣洁之地"，在这座聚集着僧侣、信徒、贵族、乞丐的小城里，"当一缕阳光在布达拉宫金色屋顶上闪烁时，你会激动不已"。半个多世纪过去了，圣城拉萨发生了巨变，新的拉萨面积已是当年的几十倍。在这座城市里，没有了贵族，少了些乞丐和僧侣，但信徒们的虔诚，依旧如当年。而拉萨的诱惑，从来就没有停止过。随着青藏铁路的通车，众多新航线的开辟，圣城拉萨已成为对西方人和内地人最具吸引力的旅游胜地。

沿着"之"字形台阶登上布达拉宫，沐浴在它拥有千年的神圣光芒里；走进大昭寺，在觉卧佛像前许一个美好的愿望；抛起你手中的洁白哈达，在佛的护佑下，许下的愿望必会成真。

西藏自治区首府拉萨古称"逻些",位于雅鲁藏布江支流拉萨河北岸,海拔 3650 多米,是世界上海拔最高的城市之一。拉萨的水质和大气非常干净,是世界上污染最少、环境最好的城市之一。全市总面积近 3 万平方千米,市区面积 523 平方千米。全市总人口 50 多万人,有藏、汉、回等 10 多个民族,藏族人口约占 87%。拉萨市现辖城关区、堆龙德庆、林周、达孜、尼木、当雄、曲水、墨竹工卡诸区县。

拉萨交通

　　拉萨共有四个比较大的客运站：分别为西郊客运站（又称"拉萨汽车站"）、北郊客运站、东郊客运站和柳梧汽车站。另外每天早晨在大昭寺广场入口处，有发往附近寺庙的班车。

　　西郊客运站：位于金珠西路与民族路相接处，即在青藏川藏公路通车纪念碑斜对面，是拉萨规模最大的老牌客运站。咨询电话：0891-6824469。

　　北郊客运站：位于拉萨北郊赛马场对面。有发往山南、日喀则、亚东、林芝八一、那曲、昌都、阿里、云南香格里拉、格尔木、成都、西宁、兰州、重庆、南充、西安等地的班车。具体车次票价和发车时间等具体事宜请打电话咨询。咨询电话：0891-6922104。

　　东郊客运站：位于林廓东路，乘坐公交车可到达。主要运营发往拉萨市内各县乡的班车。此外，每天有发往林芝八一镇的班车，票价因车型不同而有所差别。另有不定期发往热振寺、直贡梯寺的中巴。咨询电话：0891-6340523。

　　柳梧汽车站：位于拉萨火车站旁边，为藏式建筑风格，功能齐全，

📍灯火通明的大昭寺广场，夜晚的天空看起来有一种别样的蓝。

设施一流。设计运营班线为 13 条，现开通至昌都、江达、芒康、香格里拉、亚东、樟木、阿里和尼泊尔首都加德满都等地的线路。咨询电话：0891-6947216。

大昭寺广场入口处：每天有发往甘丹寺的客车和发往桑耶寺、哲蚌寺、色拉寺的中巴，发车时间大约在早上六点至八点半之间，因乘客大多为朝佛群众，所以发车较早。票随到随买，人满即发车。

拉萨租车注意事项

拉萨周边的大部分景区都开通了班车，但仍有像珠峰大本营、纳木错、巴松错等重要景点不通班车，需游客自行租车或乘坐一些旅行社的专线车前往。在拉萨租车，需要注意以下三点：

1. 先向旅馆老板或遇到的有租车经验的"老驴"请教，请他们推荐比较可靠的司机，或打听好价格行情，本书推荐的几个旅馆的留言板上常有不少这方面的信息；

2. 拉萨跑旅游的越野车一般都严格按规定限载四人，因此租车时最好找齐 4 人合租，租金分摊；

3. 租车时要注意了解车型车况，不要坐没有买保险、无营运手续的车辆。建议选择当地藏族司机。租车时最好签订书面合同。

市内交通

拉萨出租车已实行打表，上车后要求司机打表即可避免车费争议。人力三轮车车费在 10 元至 20 元之间，中巴车票价 2 元，公交车票价 1 元。另有 98 路双层豪华观光巴士，途经拉萨繁华地带，可乘坐环游拉萨。

拉萨街头随处可见的人力三轮车。

心中圣殿布达拉

对大多数人来说，布达拉宫可以说是西藏的代名词，是拉萨的标志。

"布达拉"一词系梵语音译，汉地将该词译作"普陀"，意为"圣地"。布达拉宫宫殿主楼共13层，主体建筑分为红宫和白宫，红宫居中，白宫横贯两翼。白宫的右边部分是东宫，喇嘛们每天在这里学习经文；白宫的左边部分，则是僧舍。红宫即历代达赖喇嘛的灵塔殿。红宫中总共存放了从五世达赖到十三世达赖的8座灵塔，独缺六世达赖灵塔。

🌡松赞干布始建布达拉宫时，吐蕃王朝刚结束雪域四分五裂的局面而统一全藏，统治尚不稳定。选择在红山顶上修建布达拉宫，首先考虑的是居高临下、易守难攻的防御功能。此外，还与吐蕃始祖通过登天之梯虹化升天的传说有关。

这些塔身均以金皮包裹、宝玉镶嵌，金碧辉煌。其中尤以五世达赖的灵塔最为壮观。该塔高14.85米，塔形类似通常的佛塔，只是从上到下全部用黄金包镶，外镶无数宝石。仅此一塔就用了11万两黄金，镶嵌各类钻石珠宝约2万颗，其中最为神奇的是一颗在大象脑内生成的珍珠。据说灵塔内还有释迦牟尼的指骨舍利、宗喀巴使用过的碗等宝物。藏族人称这座灵塔是"赞木林耶夏"，意思是价值抵得上半个世界。然而，十三世达赖灵塔则比这"半个世界"还有过之而无不及，它镶嵌的珠宝达10万颗以上。在灵塔前，还有一座六层重檐珍珠坛城，以20万颗珍珠由金线串联编织而成，不仅价值连城，而且工艺绝伦。

布达拉宫没有称寺而称为宫，是因为它开始只是作为当时的政治中心，并非宗教场所。五世达赖受顺治皇帝册封，从哲蚌寺搬到布达拉宫后，它才正式成为西藏政教合一制度下的达赖喇嘛驻锡地，许多重大的宗教、政治仪式均在此举行。罗布林卡建成后，布达拉宫就成为历世达赖喇嘛的冬宫。白宫最高的第7层是两套达赖喇嘛冬季的起居宫，因终日阳光普照，故称为东、西日光殿。

　　布达拉宫整体为石木结构，东西长360米，南北宽140米，宫殿外墙厚达2米到5米，基础直接埋入岩层。墙身全部用花岗岩砌筑，高达数十米，每隔一段距离，中间灌注铁汁，进行加固。屋顶和窗檐用木质结构，飞檐外挑，屋角翘起，铜瓦鎏金。闪亮的屋顶采用歇山式和攒尖式，具有汉代建筑风格。屋檐下的墙面装饰有鎏金铜饰，形象为吉祥八宝，有着浓重的西藏色彩。其建筑风格融合藏、汉、满族的建筑工艺，也吸取了印度、尼泊尔等毗邻国度的建筑艺术精华。

　　在布达拉宫的上千个殿室里，藏族人认为最神圣的殿堂，藏语叫"帕巴拉康"，位于松赞干布修行洞"曲杰竹普"之上布达拉宫的4楼。殿门前悬挂着清朝同治皇帝御书的"福田妙果"的匾额。殿内主尊是镶嵌了无数珠玉的镀金观音菩萨立像，藏语称为"鲁格肖热"。它是布达拉宫的主供佛，也是布达拉宫的镇宫之宝。

　　布达拉宫最高处的金顶区，有灵塔殿和主供佛殿的鎏金屋顶7座，

布达拉宫下磕长头的老人（上）。布达拉宫下合影的国际游客（下）。

雄伟壮观的布达拉宫。沿阶而上，你会慢慢体会到自己的渺小。

🌡 布达拉宫背后的园林宗角禄康。传说六世达赖从墨竹工卡迎请了 8 条龙居于此潭，故被称为"龙王潭"，免费对外开放，是不错的休憩之地。

四周装饰有经幢、经幡等物。现在金顶区已不对外开放。

　　根据民间传说，松赞干布曾在红山上修建了 999 间房子，加上松赞干布修行洞"曲杰竹普"，共 1000 间。至今保存完好的"曲杰竹普"内，供奉着松赞干布和他的妃子、大臣们的塑像。

　　布达拉宫也是一座大宝库和艺术博物馆。现布达拉宫里有 2500 多平方米的壁画、近千座佛塔、上万幅的唐卡和来自印度的贝叶经，明清两代皇帝封赐达赖喇嘛的金册、金印、玉印以及大量的金银工艺品，还有用八宝七珍纯金之汁写的大藏经《甘珠尔》以及用 8 种珍宝誊写的大藏经《丹珠尔》。

　　布达拉宫正前方公路一侧的花岗岩人行道上，从清晨到夜晚，总是有许多来自各地的藏族人，虔诚地一次次磕着等身长头，朝拜着心中的圣殿。布达拉宫因他们的存在，显得无比灿烂辉煌。

　　布达拉宫前左右两侧各有一座碑亭，右侧《御制平定西藏碑》碑文记载了 1721 年平定蒙古准噶尔部侵扰西藏的历史；左侧《御制十全记碑》记载了 1792 年清兵在福康安率领下驱逐廓尔喀侵略军出境的历史。公路南侧广场边有个黄色围墙的小院，里面是著名的《达扎路恭纪功碑》，记载的是公元 8 世纪吐蕃赞普赤松德赞时期，大将达扎路恭于 763 年率兵攻掠长安的那段历史。

布达拉宫平面图

旅行指引：

　　因布达拉宫承载能力有限，布达拉宫日限接待2300人，其中旅行社及政府有关部门门票1600张（卖不完的会转为散客票），散客票700张。登录"布达拉宫票务预订系统"微信小程序预约门票。布达拉宫门票实行预售与限售相结合的方式。门票旺季全价为200元一张，淡季全价为100元一张，旅行社代购需加手续费200元或更高。旅游旺季（5月1日至10月31日）。团体门票需旅行社在参观前一天，在布达拉宫西门的售票口领取次日《购票凭证》。根据排队顺序，购票凭证上标明次日的参观时间。第二天，游客须按《购票凭证》上注明的游览时间，提前持身份证和《购票凭证》在布达拉宫正大门购买门票进入。布达拉宫参观时间限定在一小时之内。进门时会给游客一张纸条，上面注明进门的时间，出宫时要检查，不能超过一小时，否则同行导游将受罚。散客参观则不受时间限制。此外，为了减少游客在布达拉宫内滞留的时间，原则上不允许导游讲解，但实际上大多数导游仍会做适当的解说。旅游淡季则大大不同，游客可以很容易买到当天的门票，且入宫后没有游览时间的限制。布达拉宫咨询电话：0891-6822896。

药王山上千佛崖

药王山与布达拉宫咫尺相对，是取景拍摄布达拉宫的绝佳之地。以前红山和药王山是连在一起的。当年清军大将平乱后，看到此处风水太盛，唯恐将来再起祸乱，遂用大炮将布达拉宫和药王庙之间的地方炸断，破其气势。后来西藏人在此地建了一座佛塔，用铁索和铜铃将前后炸断处连接起来，名"摇铃接脉"。

药王山南侧崖壁上刻满各类佛像，俗称"千佛崖"。崖壁长约1000米，高约25米至50米，共刻有大小各种造像5000余尊，堪称西藏摩崖石刻造像之冠。因信徒们络绎不绝前往朝拜，在山下形成了一条转经路。以前，拉萨人在藏历年都要到药王山脚下去挂风马旗。千万条经幡凌空飞越宽阔的马路，如一道圆弧向下的彩虹，贯通红山和药王山。

药王山西侧不远有座小山叫"磨盘山"，有一座关帝庙。后来慢慢被拉萨人改造成了供奉格萨尔王的寺庙。磨盘山的西北角，有一片黑色石壁，人们认为用肩膀、胳膊、腿触碰石壁，能够治愈腰背或关节疼痛。

旅行指引：

药王山在布达拉宫的前右侧，但闻名于世的千佛崖却在山后，需要从林廓西路或德吉南路向南绕行才能到达。另可进入广场边的一个小门，登上药王山一角的高地（观景台），在那里拍摄布达拉宫角度极佳。

药王山千佛崖上数千尊佛像，集不同时期、不同风格、不同内容的艺术画面为一体，大者数米，小者一尺见方，造像各异，形象多样，令人叹为观止（上）。药王山下刻经人（下）。

朝觐大昭寺

松赞干布一生娶了5个妃子，有赤尊公主、文成公主、象雄妃、茹雍妃和蒙萨妃。按藏族人的说法，这五位妃子都是菩萨转世，每个妃子都曾建了一座寺庙。大昭寺是应尼泊尔赤尊公主之请修建。最初寺内供奉的也是赤尊公主所带来的释迦牟尼8岁等身像。

传说大昭寺寺址先前是一个湖，湖名"卧塘"。1300多年前，松赞干布曾在湖边向尼泊尔赤尊公主许诺，随戒指所落之处修建佛殿。未料戒指恰好落入湖内，湖面顿时遍布光网，光网之中显现出一座九级白塔。这座白塔仍矗立在大昭寺内西墙拐角处。但是，不知从何时起，关于兴建大昭寺的传说，主角变成了文成公主。

经过了吐蕃以后各代，特别是五至八世达赖期间的不断补修和扩建，大昭寺的建筑面积增加了10倍以上，壁画面积超过4000平方米。它是西藏目前唯一一座完好保留了"吐蕃"至"格桑颇章"时期壁画艺术的寺庙。

大昭寺金顶。旧拉萨是由布达拉宫、罗布林卡和八廓街为主构成的，其间散布着大大小小的园林。布达拉宫和罗布林卡是统治者的世界，八廓街是老百姓的天地，其中心就是大昭寺。大昭寺是触摸西藏的最好去处之一。

如果说拉萨是雪域高原的心脏，大昭寺是拉萨的心脏，那么，现在大昭寺里供奉的释迦牟尼12岁等身像，就是雪域高原的心中之心、宝中之宝。据史料记载，此像系前秦苻坚派吕光往印度迎至内地的。这尊佛像由文成公主带进西藏后，最初供奉在不远处的小昭寺里。后因唐蕃交恶，有了唐朝欲派兵来藏夺取佛像的谣传，于是佛像被藏于大昭寺内。至金城公主和亲进藏后，才取出此像，并正式供奉其于大昭寺内，才有了如今的这种局面。公元1409年，宗喀巴给此佛像献了五佛冠，因藏族人称头戴王冠的释迦牟尼像为"觉卧"，又传说此像凡有叩求，无不如愿应验，于是被尊称为"觉卧仁波切"，意为"释尊大宝"，是整个藏区最受崇敬的佛像。

信徒们往往把家里最值钱的东西，捐出来供养他。时至今日，每天仍有许多人花钱为等身像贴金。由于佛像脸上金粉太多，时隔不久，就会变得面部粗糙神采黯然。每年寺里的喇嘛都要几次刮去金粉结成的厚壳。

从正门进入大昭寺，沿顺时针方向进入宽阔的天井式院落，这里曾是举行"传昭大法会"的地方。传昭大法会由黄教开山鼻祖宗喀巴于公元1409年在大昭寺创立，成为藏传佛教一年一度最大的法事活动。每年正月初三至二十四日，各地僧人云集在

西藏镇魔图。据说1300多年前，文成公主根据五行八卦推算得知，整个雪域高原是一个仰卧的罗刹女，而大昭寺所在的湖泊正好是罗刹女的心脏，湖水乃其血液。因此填湖建寺，镇住魔女心脏，还在边远地区建十二座寺院以镇住魔女的四肢和各个关节。

大昭寺广场远道而来朝佛的人们。

🔔 在二楼平台上，可俯视大昭寺门前众多信徒一起一伏磕着长头的动人场面。

寺内的天井式院落，诵经祈祷，讲经辩经，公开辩论考藏传佛教僧人最高的学位格西，僧人们轮流向被考者发问，与之辩经，场面热烈壮观。

　　庭院的四周柱廊廊壁与转经回廊廊壁上，绘满了千佛佛像的壁画，称为千佛廊。沿千佛廊绕"觉康"佛殿转一圈"囊廓"（就是拉萨内、中、外三条转经道中的"内圈"），继续右绕，穿过两边的夜叉殿和龙王殿，数百盏点燃的酥油供灯的后面便是著名的"祖拉康"经堂或叫"觉康"佛殿，它既是大昭寺的主体，也是大昭寺的精华之所在。佛堂呈密闭院落式，楼高四层，中央为大经堂。目前这里是大昭寺僧人诵经修法的场所。从大经堂正可遥遥看见造型精美的千手千眼观世音塑像，两侧有两尊装饰华丽的佛像，左为莲花生，右为强巴佛塑像。大经堂的四周俱为小型佛堂，中心的释迦牟尼佛殿，所供奉的正是佛祖 12 岁等身像。

　　从售票处边上的楼梯，可以上到二楼。在平台上可远观高高矗立在红山之上的布达拉宫。在这里，也可以清晰观察大昭寺的 4 座金顶。大昭寺的 4 座金顶下面，分别是释迦牟尼佛殿、千手千眼观音殿、松赞干布殿和弥勒佛殿。

　　二楼有松赞干布的法王殿，供有松赞干布、文成公主、赤尊公主等塑像。在二楼和三楼之间，是班丹拉姆护法神殿。班丹拉姆又叫吉祥天母，被认为是西藏的主要护法女神。这间佛殿里有两尊班丹拉姆的化身

像，左边为善相，右边为忿怒相。

侧门有楼梯可以直通二楼和三楼的平台。在数十年前，大昭寺里面还保留有一个小湖，它很可能就是建寺时的卧塘湖最后的遗迹。现在连那个小湖也消失了。据说在夜深人静的时候，在大昭寺内仍可听到墙壁间的汩汩水声，凡听得见的，就是与佛有缘的人。

在去大昭寺前，大概大家对"唐蕃会盟碑"已有所耳闻。虽然已经立在寺的正门前，如果不经人指点，近在咫尺，却仍不能识。在大昭寺正门前面约10米处，有一圈石墙。著名的"唐蕃会盟碑"和"劝人种牛痘碑"就在石墙之内，这样做是保护之意。其中有顶盖的那块碑，四面中有三面刻着藏汉两种文字，背面是藏文盟誓，正是公元823年所立的唐蕃会盟碑，又被称为"甥舅和盟碑"。自松赞干布后，历代赞普对唐朝皇帝以外甥自居，"承崇甥舅之好"。"劝人种牛痘碑"，是清朝驻藏大臣为劝当时的藏族人接种牛痘所立。因高原细菌较少，人的抵抗力反而较低，藏族人到了内地，很容易感染当时流行的天花。

大昭寺的北面约500米处，是它的姊妹寺小昭寺。小昭寺初建时仿汉唐建筑风格，几经火焚后重建，逐渐以藏式风格为主，现存的建筑中只有底层神殿是早期的建筑。小昭寺主殿共3层，底层分门庭、经堂、佛殿三部分，周围是转经廊道，廊壁上遍绘无量寿佛像。赤尊公主携带的释迦牟尼8岁等身像是小昭寺的主圣。现在小昭寺是西藏僧侣修习密宗的上密院，上密院堪布兼任小昭寺住持。松赞干布建寺时，特意将大昭寺门朝西，小昭寺门朝东，以抚慰赤尊公主和文成公主的思乡之心。

天气晴朗时的大昭寺广场，阳光凛冽，人影绰绰，白云看起来近得仿佛伸手即可触摸。

大昭寺大经轮（下左）。大昭寺边晒太阳的老人（下右）。

旅行指引：

傍晚时分进大昭寺通常不用门票，跟着朝佛者一起排队进去感觉会特别好。下午三四点以后在二楼的平台上，通常能看到辩经。

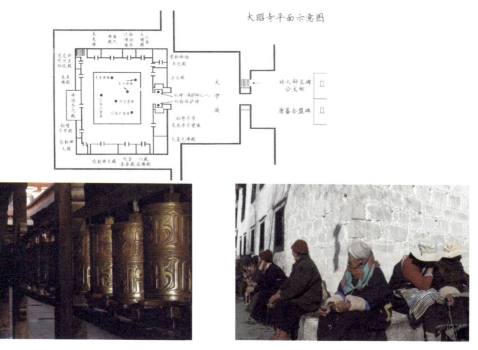

大昭寺平面示意图

八廓街传奇

我最早来拉萨的时候，八廓街还叫作"八角街"，不知道它是从何时改叫"八廓街"的。八角街这个叫法虽然形象，但恰恰因此对外来者起了很大的误导作用，使人们以为它有八个角。实际上八廓街是不大规则的环形道路，如果硬要说有角，说它有六个角倒还说得过去。

西藏的很多地名，用川音读来，颇接近藏语的发音，若用普通话来念，简直失之毫厘，谬以千里。这种现象盖因 20 世纪 50 年代最初进藏的部队 18 军里大部分是川人。后来这些人有很多留在了西藏，成为来自内地的第一批汉族干部。西藏各地的人名、寺名及山川河流的名字，自那时起开始了大规模的汉语发音命名。

作为拉萨三大转经路的中圈，叫它八廓街，与内圈的"囊廓"、外圈的"林廓"相呼应，自然更为精确了。"廓"音，藏语是"圆圈"的意思，引申为"圆形的转经路"。如果在发音上再准确一点，应该叫它"帕廓街"，"帕"音在藏语里是"中"的意思。事实上，现在许多人正是这么叫它这么写它的。

八廓街早期只是转经路，到了 18 世纪，开始发展成为一条初具规模的商业街。20 世纪初叶，八廓街繁荣一时，尼泊尔商人、印度商人和北京

商人活跃于此，与当地的回族商人和藏族商人展开了激烈竞争。在八廓北街 27 号，有一家叫"夏帽嘎布"的百年古玩老店，由尼泊尔人巴苏然纳于 20 世纪 30 年代创办。"夏帽嘎布"意思是"白帽子"，因为巴苏然纳这个名字很拗口，八廓街的人见他整日头戴尼泊尔白帽，就直接叫他"夏帽嘎布"，店名由此而来。据说西藏的第一辆汽车，就是夏帽嘎布从尼泊尔运来的。

八廓街的两旁，均是木石结构，房顶四角插五色风马旗的藏式平顶楼房。黑框的门窗上，装饰着红、黄、白、

◀ 八廓街店门上的面具。

20世纪中叶的八廓街。八廓北街24号院子里，有一幢小楼叫"曲结颇章"，它是八廓街的第一所房子，是松赞干布为自己建造的一个行宫。在离曲结颇章不远处一块小空地上有座白塔，桑烟弥漫，敬的是财神。白塔的北面，有一幢顶部有一层红墙的两层楼房，是当年清朝驻藏大臣的衙门。◖

蓝色相间的短皱幔布。窗台上都摆放着几盆色彩浓烈的鲜花。拉萨人爱养花，尤其喜欢一种叫"卓玛梅朵"的白、红、黄三色紫罗兰。"卓玛梅朵"字面意思是"度母花"，藏族人认为这种花是"一身三任的保护神"：白色的代表观世音，紫红色的代表雷神爷，黄色的代表文殊菩萨。据说只要养全了这三色花，能顶替给觉卧佛前供的酥油长明灯。

　　这条街包围着的大昭寺，是整个藏地磕长头朝圣的人们的终极目标，因此八廓街成了磕长头者的聚会之地。在这里，不用格外留意，总是能听到从身边不远处传来阵阵护手板滑过花岗岩铺就的路面时的"唰唰"声。这些人里面，有男有女，有老有少，在西藏最繁华的商业街头，展示着他们精神的充盈和意志的强韧。有些年轻的磕长头者，一个长头磕出去，凭借惯性，向前足足滑出五六米远。几千里朝圣路如果都是这样过来，未免有偷工减料之嫌，他又何苦呢？不过，好像对这样的叩头方式，也有一种宗教上的说法。人们认为在佛的护佑下，积了足够功德的磕长头者，能够短暂地离开地面飞翔一段距离。且姑妄听之吧。在西藏，许多东西原本都是不能也不必去深究的。

　　西藏流传着这样一首歌谣："拉萨八廓街上，窗户比门还多；窗户里的女郎，骨头比肉还软。"窗户里的女郎未必有缘得见，但那沿街琳琅满目的小摊和临街的店面，必可使你大饱眼福了。凑上前去，各色伪藏饰和假古董，足以令你眼花缭乱。是的，这些千奇百怪的物品，和所有

◖八廓街上的藏式民居。你注意到窗台上摆放的花了吗？

169

八廓街上熙熙攘攘的人群。

旅游胜地一样，少有货真价实的。但是，如果你擅长砍价，勇于将报价向两三成砍去，以求得货虽假价却实，必将满载而归，捧回大堆的念珠（据说是开过光的）、精美项链、挂链、手链（据说是宝石的）、戒指（据说是藏银的）、藏刀（据说是喇嘛打制的）和几尊欢喜佛像（据说是古董），甚至再加上几幅唐卡（没花大价钱就别期望买到称心如意的）。

如果你有足够的耐心和兴致，你可能会有更多有趣的经历。比如在讲价时，你也许遇到藏族摊主以发誓来强调他给出的已经是最低价了，意思是再也不能降了。藏族人历来重誓守诺，一般口头起誓时说"贡觉松"，意为凭佛、法、僧三宝起誓；或说"乔日仑布"，意为凭释迦牟尼起誓；或说"布达拉宫泽佐"，意为请布达拉宫作证。最有意思也极常见的是以毛泽东起誓，说"毛主席"，因为在藏地，毛泽东主席已被神化为文殊菩萨。

走过大昭寺广场，一不小心，就可能被发辫上缀满绿松石，浑身上下挂满饰物的康巴女子缠住。拉萨人叫她们"阿西"，多少有些歧视的意思。康巴人享誉藏区的经商才能，我们从这些执着坚韧、美丽高大的康巴女人身上已可以领略到一二了。要知道，八廓街虽然是拉萨人的八廓街，八廓街的商人却主要是回族人、康巴人和汉族人。本地的拉萨人往往将自己的房屋租给别人开店，他只是坐地收取租金。

围绕大昭寺矗立着四根挂满经幡的大旗杆。藏族人转经时，都有意从四根旗杆的外侧走。藏语称这四根旗杆为"塔青"，意思是"大经旗杆"或"大法轮柱"。每一个"塔青"都有自己的名字和独特的来历。大昭寺正门前的那根叫"觉塔青"，意思是"佛的大经旗杆"。藏族姑娘年满16岁时，就要到这根旗杆下举行一个庆贺成年的仪式。

西藏人常说，如果没来八廓街，就没来过拉萨。放下人生一切烦恼和负重，在八廓街上信马由缰地走走瞧瞧，必将是你从未有过的心灵之旅。不必拘束，加入到藏族人的转经人流中，你会感到自己也成了制造人流旋涡的一个小分子。

大昭寺周边示意图

北

旅行指引：

　　八廓街一大早就有很多早起的人围着大昭寺转经，少了大白天游客的喧嚣和商贩的叫卖声，气氛显得格外宁静而庄严，感觉会很好。一般转八廓街和进大昭寺是密不可分的，大昭寺十二点以后才让游客进入。八廓街是古老文明和现代文明和谐交融的结合体，在这条街上几乎集中了拉萨所有的特色人群，只要你有耐心，在这可以拍到无数特色人像照片。若是买东西，砍至店家喊价的二三成才算真本事。

　　八廓街沿线的街道上也有好多古老的小寺庙、尼姑庵，还有一座大清真寺，这些地方都很有意思，值得你花时间转转。

八廓街上众生相。安多女人、卖艺人和逛街的人。

园林至尊罗布林卡

罗布林卡，意为"宝贝园林"，是西藏规模最大的人造园林，是达赖的夏宫。

罗布林卡始建于 18 世纪 40 年代。当时这一带都是灌木林，当权的七世达赖因患腿疾，常来此处用泉水洗浴。清朝的驻藏大臣为此在泉水附近搭设了一些帐篷，供达赖休息和诵经之用。这就是乌尧颇章，即帐篷宫，"颇章"藏语意为"宫殿"。后来，七世达赖在乌尧颇章东侧又建了一座以自己名字命名的格桑颇章。自从修建了格桑颇章起，以后每世达赖在未成年之前，都会在这里修习藏文、佛经。执政之后，这里就成为他的夏宫，布达拉宫则是他的冬宫。1926 年，一位名叫金色坎布的富人专为十三世达赖喇嘛修建了金色颇章。1954 年扩建时，为十四世达赖喇嘛修建了新宫达旦明久颇章，意思是"永恒不变宫殿"。新宫宫墙外，有数尺厚的红色卞白，是用灌木柽柳枝经过染色而成。达旦明久颇章北殿西侧的经堂内，菩提树下释迦牟尼与八大弟子图甚为著名。南殿的壁画，从西沿北到东，是用连环画的形式表现的一部西藏历史。

达旦明久颇章对面是位于一个人工湖畔的湖心宫，这里称得上是罗布林卡最美的地方，主要建筑物包括湖心宫和龙王宫。过去达赖喇嘛常在这里会见和宴请僧俗官员。18 世纪初罗布林卡建成后，雪顿节的活动又从布达拉宫移至罗布林卡内，并开始允许百姓入园看藏戏。

旅行指引：

若逢雪顿节期间，尤其值得一往。西藏图书馆和西藏博物馆就在罗布林卡正门对面马路的两侧，可以参观一下。

罗布林卡园内古木参天，多植奇花异草，是拉萨少见的胜景。

第一大寺哲蚌寺

哲蚌寺位于拉萨西郊约 10 千米的根培乌孜山下，1416 年宗喀巴大师的弟子降央曲杰·扎西班丹在大贵族朗嘎桑的资助下始建，宗喀巴曾亲自主持开光仪式。

哲蚌寺是黄教六大寺庙中规模最大的一座，原僧人定员为 7700 人，但僧侣数目最多时达到了 10000 人。哲蚌寺也是一座高僧大德辈出之寺，一世至五世达赖喇嘛都曾在哲蚌寺居住并历任住持。

哲蚌寺主要由措钦大殿、四大扎仓和甘丹颇章几部分组成。从哲蚌寺沿西侧的台阶拾级而上，来到一处绘有佛像的山石前，其后即是著名的哲蚌晒佛台。右边窗口饰满了鲜花的三层宫殿就是甘丹颇章。甘丹颇章一度成为西藏地区政治权力中心，史称"甘丹颇章王朝"。在门前的小佛殿里，至今仍供奉着五世达赖喇嘛的衣服。

甘丹颇章的西北侧是措钦大殿。哲蚌寺的措钦大殿是西藏最大的一座佛殿，殿内共有 192 根柱子，可容纳约 10000 名僧人。

措钦大殿中间的大文殊像及白伞盖像极为精致，这里还保存有一到四世达赖喇嘛的灵塔。大殿四壁绘有许多精美壁画，有释迦牟尼的百行转图、人间形成图、生死轮回图等。措钦大殿东边一个半地下的很小的山洞，只能容一个人进入，名叫"让迥玛"。它原来是宗喀巴闭关静修的地方，也是哲蚌寺最早的建筑。楼上的强巴佛殿里供奉的强巴佛像，据说由宗喀巴大师亲自开光。信徒们认为，朝拜这尊佛像可以免除世间

🔔晒佛时闭上眼睛虔诚祈祷的老阿妈。

的一切痛苦。哲蚌寺内还有一面山墙，墙上有一个圆洞。来到这里的人们，站在大约两米开外的地方，伸出指头对准小圆洞，然后闭上眼睛走上前去。人们认为如果手指正好能伸进洞里，说明平日非常孝敬父母。

🔖"哲蚌"意为堆积的大米。寺内多白色建筑，远望去如堆积在山坳里的一堆雪白大米，故得此寺名。雪顿节晒佛时这里人山人海，蔚为壮观，定会给你带来震撼。寺东南500米处的半山腰上有一座小寺，叫乃穷寺，意思是"小圣地"。以前西藏地方政府有两位主要的护法神，分别是红护法神多吉扎丹和黑护法神班丹拉姆，乃穷寺正是多吉扎丹的驻锡地。西藏地方政府的所有重大决定，均需先询问多吉扎丹，请其降神以传达神谕。

哲蚌寺平面图

旅行指引：

若是每个扎仓都走完，耗时耗力，需早点出发。西藏佛学院乃穷寺在哲蚌寺山脚处，里面的壁画颇为精美，值得一看，门票门票为55元，藏人免费。雪顿节当天要尽早赶到寺里，最好凌晨四点到达，因为再晚一点，交通管制，车只能到山脚下，而且也能早点占到比较理想的位置拍照。七点半左右喇嘛们开始做晒佛前的准备，法号长鸣；八点当东升的太阳照在晒佛台的山尖上，盖着黄色幕布的佛像才会完全展露出来；佛像要晒到下午两点半，然后开始收佛。

177

色拉寺·辩经

　　色拉寺全名为色拉大乘寺，位于拉萨北郊色拉乌孜山南麓，是西藏的第二大寺，始建于公元 1419 年。僧人最多时有 8000 余人。

　　色拉寺依乌孜山山脚走向因地制宜而建，规模宏大，殿宇错落有致，重楼叠阁，金碧辉煌，极为壮观。措钦大殿位于色拉寺的东北部，公元 1710 年由拉藏汗赞助兴建，为全寺建筑面积最大的殿堂。措钦大殿门廊的墙上，绘有一幅生死轮回图。举行宗教仪式时，这里可容纳约 8000 人。结巴扎仓为三大扎仓中面积最大的扎仓，内有色拉寺最神圣的佛殿马头明王殿。前来朝佛的人，膜拜马头明王时，会把头伸进小神龛里，用头触佛像的基座，祈求他的保佑。色拉寺内藏有极为丰富的珍贵文物，爬到寺东北方的晒佛台，可以鸟瞰全寺。

　　在旅行者中间，色拉寺之所以成为一个热门去处，缘于它的辩经。虽然西藏的各大寺庙都有辩经活动，但以色拉寺的辩经最负盛名，也最有看头。色拉寺辩经园就在通往正门通道的北端，面积约 800 平方米，一般

有200多僧人参加辩经。辩经的时间是每周一至周五，下午三点开始，五点结束。喇嘛辩经时，可能会有这样的情况，如一人问："什么是大？"另一人回答："没有绝对大的事物，只有与小相对而言才有'大'这个概念。"喇嘛们辩经的内容你虽然听不懂，但那夸张奇特的肢体动作，必会给你留下深刻的印象。提问者提问前，都要先说一声"底"，佛教中文殊菩萨是智慧的象征，其心咒是"嗡阿热巴杂拉底"，所以这个"底"音是祈请心中的文殊菩萨，开启智慧。

旅行指引：

每周一至周五下午15:00开始，色拉寺都有辩经仪式，规模较大且很有特色。在色拉寺背后的山上，有座天葬台，为拉萨市内唯一的天葬台。

辩经是对佛教理论的辩论。即出家人学习佛经后，为了加强对佛经的真正理解，采用一问一答的方式交流所学心得和所悟佛法。它是喇嘛学习佛经的一种方式。辩经人那些看上去夸张古怪的动作，均有深奥的含义在里面。击掌，是催促对方尽快回答问题；拉动佛珠，表示借助佛的力量来战胜对方。比较复杂一些的，如常见的动作——右手向后高扬起，与左手相拍发出清脆的响声，然后将右手向下伸向对方后拉起——它的含义是：高扬的右手说明文殊智慧就在身后；二手相击，掌声代表无常，比喻一切转瞬即逝；右手向下后又拉回，是希望通过自己内心的善念和智慧，把苦难之中的众生救出来。图为哲蚌寺喇嘛辩经。

格鲁祖寺甘丹寺

宗喀巴系青海宗喀（今湟中）人，是藏传佛教格鲁派（黄教）的创宗之师，藏族人尊之为"第二佛陀"。公元1409年藏历正月，宗喀巴在大昭寺发起祈愿大法会，随后建立甘丹寺，正式创建严守戒律的格鲁派。公元1419年宗喀巴在甘丹寺圆寂，其修行的山洞在甘丹寺东边的高处，在它下面是宗喀巴的寝宫，存有宗喀巴的经书、法衣、印章等遗物。

达孜境内的甘丹寺，位于拉萨河南岸旺古尔山和贡巴山的山坳至山顶处，距拉萨市区40余千米。甘丹寺是格鲁派的祖寺，居六大寺院之首，又与哲蚌寺、色拉寺合称拉萨"三大寺"。

公元1409年藏历正月初一，宗喀巴大师在拉萨大昭寺创立传昭大法会。法会之后，宗喀巴在帕竹政权的支持下开始兴建甘丹寺。以甘丹寺为基地发展起来的喇嘛教派，起初就叫甘丹派，后来变音成了格鲁派。

甘丹寺的最高主持，人们称为"甘丹赤巴"，意为"甘丹寺法台"。格鲁派创始人宗喀巴亲自担任了第一任甘丹赤巴。该寺主要建筑为措钦大殿，有大柱108根，可容纳3000余名僧人同时诵经。殿内主供的是未来佛强巴佛，后增供宗喀巴等鎏金铜佛。大殿中央有一根柱子，底部离开地面有一掌厚的距离，堪称奇事。来朝拜的人，都要摸一摸柱底以祈祷吉祥。

甘丹寺内拥有许多珍贵的历史文物，其中以明永乐皇帝所赐锦缎绣塘和清乾隆皇帝所赐盔甲最为著名。锦缎绣塘是明朝永乐皇帝赐给大慈法王释迦益西的，共有释迦牟尼佛等精制锦缎24幅。每年正月要展示3周，称"甘丹绣塘节"。届时僧俗民众云集，场面壮观。

旅行指引：

一般每天早上七点左右，在大昭寺广场入口处会有去甘丹寺的班车，双程票价50元，车程约两个小时。下午二点至四点原车返回，中途会在桑阿寺停留参观，此处不用买门票。

热振寺·帕邦塘廓节

热振寺位于林周唐古乡境内，系藏传佛教噶当派的祖寺，比拉萨三大寺甘丹寺、哲蚌寺、色拉寺要早 300 多年，主体建筑有措钦大殿、热振拉章等。寺西侧有一奇异优美的"帕邦塘"，被僧俗尊为"圣道"。

"帕邦"意为"巨大的石头"，"塘"意为"草坝"。传说草坝里有 10 万个怪异磐石，信徒们将这块地方敬为密部胜乐金刚和十万空行母的宫殿。藏族民间传说，每逢藏历羊年七月十五日，密集空行母荼吉尼、卡珠玛、桑瓦益西等十万天女下凡，并且诸路女神在此设坛集会超度众生。由此，逐步形成了热振寺十二年一度的帕邦塘廓节。每值帕邦塘廓节，来自西藏各地的数万群众将齐集于此，盛况空前。在 7 天的时间里，热振寺要举行展佛、赛马、赛牦牛、羌姆（即喇嘛跳神）等活动。

旅行指引：

拉萨东郊客运站有去热振寺的班车，每天一班，早上八点发车，票价40元。

直贡梯寺天葬台

直贡梯寺地处墨竹工卡境内雪绒河北岸的山坡上，距拉萨 120 千米，也常被译为"直孔提寺"。这座寺庙是藏传佛教直贡噶举派的祖寺。直贡噶举的传承者，后来曾首创马年转冈底斯、猴年转杂日神山、羊年转纳木错的盛大宗教活动。直贡梯寺主要由经堂、佛殿、藏经楼、坛城、护法神殿和修禅密室组成。其中被称为"世界一庄严"的灵塔殿最为壮观，高 3 层，主供灵塔内藏有噶举派历代祖师舍利子、印度八大持明和 80 位居士的衣物、金铜聚莲塔数十座等。主殿四周散落着许多修禅密室，每个密室只有一个小木门和一扇小窗户，面积仅 6 平方米。在密室中闭关修行，时间短则 3 个月，长则 3 年 3 个月零 3 天。

直贡梯寺有世界上第二大、西藏最大的天葬台，这是使直贡梯寺声名远扬的根本原因。直贡梯寺天葬台即直贡梯坛城，藏语称"直贡曲佳"，意思是"永恒不死之地"，由直贡巴·仁钦贝于公元 1179 年创建。天葬台位于直贡梯寺背侧，距直贡梯寺约 10 分钟路程。天葬台在一片平坦的坡地上，四周围着铁丝网。离天葬台不远的 6 座佛塔是直贡活佛圆寂的灵塔，还有许多刻有经文的小石片，是人们为超度亡灵而刻。直贡梯寺天葬台的天葬师由喇嘛兼任，其他天葬台的天葬师则一般由俗人或还俗喇嘛担任。如今，政府已严令禁止中外游客参观和拍摄天葬现场。

旅行指引：

在拉萨东郊客运站有不定期发往直贡梯寺的中巴，也可租车前往。德忠沟的德忠温泉，温度适中，没有羊八井的热。分男女两大池，条件比较简陋，切记带上泳衣。墨竹工卡也有一条徒步路线到直贡梯寺，沿线的景色很漂亮，难度中等，全程要四天时间，第一天从墨竹工卡开始徒步到尼玛江热，第二天由尼玛江热到仁多岗，第三天由仁多岗到门巴，第四天到直贡梯寺。

印度飞来的楚布寺

明·如来大宝法王之印。

位于堆龙德庆西北楚布河上游的楚布寺，是藏传佛教噶玛噶举派的主寺，由噶玛噶举派创始人都松钦巴于公元 1187 年主持修建。"楚布"，意为"飞来"之意，传说楚布寺是从印度某地飞来此处的。

楚布寺内部分上下两寺。楚布寺内珍藏着大量宗教文物。镇寺之宝空住佛，为八世噶玛巴为纪念其上师而塑造的银像。传说佛像完工后竟自动悬浮空中达七天之久。十六世噶玛巴的一颗舍利子，亦为该寺所藏的珍品。此外寺内还藏有米拉日巴用过的钵、都松钦巴的僧帽等物。

但楚布寺最引人注目的地方，并不在于这些稀世珍宝，而是修建者都松钦巴曾开创了藏传佛教独有的活佛转世制度。噶玛巴活佛自然成了传承最久的一个活佛转世系统。

旅行指引：

在大昭寺广场入口处就有去寺庙的中巴车，早上七点发车，客满就开。从楚布寺到羊八井有一条很经典的、体会藏北草原美丽的牧区风光的徒步路线，全程约55千米，路线难度中等，要露营。全程一般3天可以完成，有时间的朋友真的可以好好走走。

萨嘎达瓦·转经·穷人节

"萨嘎达瓦"，藏语意为"氐宿月"，氐宿是藏历星相 28 星宿之一，在藏历四月出现。按字面意思"萨嘎达瓦节"就是四月的节日。相传，佛祖释迦牟尼降生、成道、圆寂都是在四月十五日，所以四月就被称为"佛月"。西藏各地的佛教徒，在这个月，尤其是在四月十五日，都要举行隆重的纪念活动。

萨嘎达瓦节无疑是西藏一年当中最长的节日。从藏历的三月三十日开始到藏历四月末结束，萨嘎达瓦节持续整个藏历四月的始末。在西藏，萨嘎达瓦节期间，藏族人都要以转经、吃斋饭、放生等形式纪念佛祖释迦牟尼。最大的特色是规模宏大的转经活动。从藏历三月三十日起，无数的信徒走上拉萨的"囊廓""八廓""林廓"三条转经路，首尾相接，顺时针围绕着大昭寺内的觉卧佛旋转。转经的高峰在藏历四月十五日。这一天，拉萨人倾城出动，和来自各个藏区的数万名信徒，一齐涌上拉萨三大转经路。在拉萨，萨嘎达瓦节期间还有放生的传统，因此萨嘎达瓦节又称为"放生节"。

萨嘎达瓦节的另一个名字更为人所熟悉，就是"穷人节"。穷人们（主要是指那些沿街行乞的人）在这个月，尤其是四月十五日这一天，有福了。随着转经的人流来到德吉路上，你会看到一生从未看到过的场面——在长达上千米的道路上，化缘的僧尼和衣衫褴褛的乞丐挤满了街道两侧，大约有几千人。僧尼奏响各种法器、诵念经文，使这个盛大的节日充满了宗教色彩。大小乞丐个个兴奋不已，完全不需要竖起大拇指"咕叽咕叽"地讨要，乐善好施的信徒就会一个不漏地在他们眼前的纸盒或他们的手里，放下一两张毛票。

萨嘎达瓦节时挤满街道两侧的化缘僧尼、乞丐（上）和布施的信徒（下）。

183

雪顿节·藏戏·晒佛

在古印度夏季雨期的 3 个月里，佛教禁止僧尼外出，以免伤虫损草。要求在寺内坐禅修学，接受供养。这段时期称为"夏令安居"。藏传佛教也沿袭了这种传统，称之为"亚尼"，意思是坐夏。格鲁派戒律规定，每年夏季藏历四至六月，禁止喇嘛出寺，要求他们在寺内专心念经修行。于是，每年到了藏历六月底七月初开禁后，喇嘛们纷纷出寺时，信徒们早已备好了施舍的酸奶。后来演变为拉萨"雪顿节"，藏语"雪顿"，意为"酸奶宴会"。

藏戏渗入到雪顿节的初期，是宗教活动和文娱活动相结合的开始，但范围仍局限在寺庙内。先是以哲蚌寺为活动中心，五世达赖从哲蚌寺移居布达拉宫后，每年六月三十日的雪顿节，也总是先在哲蚌寺内进行藏戏会演，第二天到布达拉宫为达赖演出。布达拉宫白宫部分修成后，雪顿节活动也在布达拉宫的德阳厦举行。18 世纪初罗布林卡建成后，雪顿节的活动又从布达拉宫移至罗布林卡内，并开始允许百姓入园看藏戏。因雪顿节以演藏戏为主，所以又叫"藏戏节"。

拉萨雪顿节自每年藏历六月三十日开始，通常历时五至七天。雪顿节的第一天，哲蚌寺里要举行盛大的晒佛仪式。因此，这一天也叫"哲

雪顿节晒佛。

184

蚌雪顿"或"哲蚌晒佛节"。天尚未亮，拉萨城的居民已倾城而出，争先恐后地涌向哲蚌寺。从外地专程赶来的善男信女和无数旅行者一起，蜂拥奔向哲蚌寺。

晒佛，也称展佛或浴佛，传说浴佛习俗是为了纪念佛陀的诞生而设。因为佛陀降生时，曾有九龙吐水洗浴全身。西藏各地寺庙的晒佛，重要的一个原因是为了防止佛像受潮或遭蛀。在每年的特定时间，珍藏有巨幅布画和锦缎织绣佛像的寺庙，都要将其捧出，展示于山坡、巨岩石壁或专用的晒佛台之上。晒佛以布达拉宫的最为壮观神圣，据说现在12年才举行一次，所以难得一见。但哲蚌寺的晒佛却是一年一度，只要用心选好去西藏的日子，就可亲睹其盛况。人的渺小，在这样的晒佛仪式中，以非常形象的方式显现了出来。

天刚蒙蒙亮，由五彩的经幢和伞盖开道，数十名身着盛装的喇嘛，肩扛卷起来的巨幅唐卡而来。空荡荡的展佛台上，覆着一层白色丝绸，面积约500平方米的佛像沿着铁架向下铺展开来。天刚放亮时，佛像上的白色丝绸，由几根绳子徐徐向上拉起。香烟弥漫，诵经声此起彼伏，法号声响彻哲蚌寺内外。人们从四面八方向这幅彩色丝绸织成的释迦牟尼像抛掷着哈达和钞票。晒佛仪式最神圣的一刻到来了。黄色丝绸卷至佛的眼睛处，洞察世间慈悲无边的佛眼在朝阳里放射出内在的神秘光芒。据说，在佛眼显现的瞬间，看到佛眼的人，是世间最有福的人。

从第二天开始，雪顿节的中心移向罗布林卡，并以表演藏戏和逛林卡为主。因此被称为"罗布林卡雪顿"或"藏戏雪顿"。每天在罗布林卡上演的藏戏曲目，多为传统的"八大藏戏"：《文成公主》《诺桑王子》《朗萨姑娘》《苏吉尼玛》《卓瓦桑姆》《白玛文巴》《顿月顿珠》《赤美滚登》等。艺术流派主要分为白面具的早期旧派和蓝面具的后期新派。不同颜色的藏戏面具，代表着不同的含义。如国王戴红色面具，象征威严和刚猛；王妃戴绿色面具，寓意平和柔顺；活佛和神仙戴黄色面具表示吉祥；告密者与女巫戴半黑半白面具，意为两面三刀颠倒黑白。你虽然听不懂戏词，但一定也能从那仪式化的舞蹈动作、高亢动人的唱腔、抑扬顿挫的独白、优美动人的舞姿中，领略到西藏文化的与众不同和独特魅力。

拉萨情人节·仙女节

藏族是世界上节日最多的民族。一年的宗教和世俗节日加起来有 300 多个，几乎每天都有节日。如果你在深冬时节来到拉萨，当你走过八廓街和大昭寺广场，说不定会遇上一件令你费解的事。不像平日，除了那些小乞丐，伸手围着你转的还有许多身穿节日盛装的人，而且都是些女孩子。她们虽伸手要钱，却不是在乞讨，用她们自己的话说，她们是在"过节"。相信你从此以后再也不会忘记，在藏历的十月十五日，拉萨有个"仙女节"。

这个所谓的"仙女节"，也叫"吉祥天母节"，藏语称为"白拉日珠"，也可说是拉萨独具特色的"情人节"。仙女节的传说与大昭寺里的护法班丹拉姆有关。大昭寺三楼护法神殿里的班丹拉姆神像，火红的头发，三目圆睁，手持装满鲜血的头盖骨，坐在挂着人尸体的骡身上，表情狂躁凶猛。二楼与三楼之间还有两尊女神像，一尊名叫白拉姆，美丽端庄；另一尊叫白巴东则，藏语意为蛙脸女神，比班丹拉姆更为丑陋可怕，平时用黑布蒙住她的脸。本来，班丹拉姆、白拉姆和白巴东则是吉祥天母显示的不同法相，在拉萨的民间传说里，她们却成了母女关系。班丹拉姆是性格乖僻、心肠恶毒的母亲，白巴东则是多情的大女儿，白拉姆是贪玩的小女儿，刻在八廓街东南角墙上的东苏拉姆（意为经杆拐角处的女神），变成了班丹拉姆爱顶嘴的二女儿。

班丹拉姆是拉萨的最大守护神，汉语称为吉祥天母（上）。在首饰摊前踌躇的藏族姑娘（下）。

186

传说大女儿白巴东则瞒着严厉的母亲，偷偷和护主将军宗曾巴相爱，没想到被母亲发现，母亲大发雷霆，咒女儿容貌变丑，罚其留在拉萨河北岸，并把宗曾巴发配到拉萨河南岸的哲布地方为神，故名哲布宗曾巴，平日也是用布覆面。班丹拉姆只允许他们在每年的藏历十月十五日这一天隔河相望一次。

仙女节的活动从藏历十月十四日就已开始。清晨，人们将白巴东则像迎请到大昭寺顶圆廊下，由木鹿寺全体僧众举行隆重的例行年祭。晚上，迎请白巴东则像至觉卧佛殿，让其与觉卧佛相对而坐。十五日，由木鹿寺的喇嘛背负白巴东则的塑像，围绕八廓街转一圈。到了八廓街东北角的甘丹大经杆处，由拉萨土地神恰赤从噶玛夏前来敬献哈达、顶戴敬礼。然后至八廓街东南角与妹妹东苏拉姆相会，转到八廓南街的时候，要转进一条小巷，在原夏扎府前面朝南停留片刻。这个时候，在拉萨河南岸，哲布的喇嘛也会将宗曾巴的塑像面朝北。会见时，白巴东则的脚踏在一只炒青稞的铁锅里，表示她渴望和情人相见，像踩着烧红的铁锅一样心急火燎。但她的愿望每回都会落空。两人遥遥相对，没看几眼，就会被喇嘛们背走。

拉萨仙女节的传说，与汉族"牛郎织女"的故事颇为相似。但牛郎织女每天都能隔天河而望，每年的七夕之夜尚有机会鹊桥相会。相比之下，白巴东则和宗曾巴一年却只能隔河相视一次，永远不能靠近相会，白巴东则和宗曾巴的不幸，比牛郎和织女要更加令人同情。

按照传统习俗，这一天，拉萨的父母都要给小孩发"白拉姆顿羌"，即仙女的酒钱。不知从何时起，习俗演变成凡女人都可以向男人讨要"白拉姆顿羌"，男人不能拒绝。因为女人们发明了这样一种说法——拒绝给钱的男人来年将流年不利。真是要命，君不见仙女节，男人看见女人，畏之如虎，避犹不及。拉萨的仙女节，遂令"女驴"们大为感慨，她们恨不得内地的三八妇女节，也改为藏历过了。看着那些喜笑颜开的女人，再看看那些愁眉苦脸的男人，使我对"把自己的快乐建立在别人的痛苦之上"的说法有了新的"切身体会"。前面提到的白巴东则游八廓街并与宗曾巴隔河相望的活动，已被政府限制，只允许将白巴东则迎请院中，取下头上盖布，面朝哲布放下，让企求美好爱情的女人们前来朝拜。我想，拉萨的男士们，必认为"白拉姆顿羌"更有禁止之必要。

俗世的快乐

拉萨人的幸福并非单纯存在于物质生活。幸福是一种感觉，更多来自心灵。

流浪歌手的弹奏和演唱热情奔放，成了拉萨街头的一道风景。

拉萨原乡人

爱一个地方，如果更爱一个地方的原乡人，那么你对这个地方的热爱将来得更彻底。

拉萨人是一群有佛为伴之人，因此也是一群吉祥平安之人。拉萨就坐落在八瓣莲花山中，祥瑞之气飘摇。大昭寺居于古城中心，老城围绕大昭寺一轮一轮修建，内三层外三层八卦阵似的八廓街古城建筑形成永久的众星朝北斗之势。藏传佛教格鲁派著名的三大寺甘丹寺、哲蚌寺、色拉寺雄居拉萨河谷周围，佛光吉瑞，普照古城。大小寺庙，一尊尊佛像在忽明忽暗的酥油灯光中闪烁着睿智的光芒。有人估算，拉萨几十万人，每人平均至少有一个佛像，众佛保佑，拉萨人是有福的。拉萨人的幸福生活已经开始——人民生活水平总体上达到小康水平，农牧民和城镇居民人均住房面积居全国首位，私人汽车人均拥有量居全国前列，平均每12人就拥有一辆汽车。

然而，拉萨人的幸福并非单纯存在于物质生活。幸福是一种感觉，更多来自心灵。从一开始，拉萨人就生活在幸福之中，因为他们都是一

➤ 拉萨的女子有一种雍容的气质和优雅的步态。与这个城市的气质相映生辉。

189

拉萨人家门前。

"CCTV经济生活大调查"持续五年关注中国民众的幸福感受。令人瞩目的是，连续五年拉萨居民都位列最具幸福感的前三位。对拉萨人来说，靠物质支撑的幸福感会随着物质的离去而离去，并不能持久。只有平安健康的生命和心灵的淡定宁静，继而产生身心愉悦，才是幸福的真正源泉。拉萨是一座散发出温暖友爱之光的人生灯塔，是矗立在世界之巅的精神高地。

群心中有佛虔诚万分的人，拉萨人很多都是朝佛者的后代。拉萨人的幸福可以从他们的眼神中阅读出来，在大昭寺、八廓街、拉萨的大街小巷，来来往往的拉萨人目光坚定，步伐从容，即使没有手持念珠或者转经筒，也心存佛祖。

心中有佛，人生祥和，拉萨人彬彬有礼。拉萨人见面，摊开双手鞠躬致意；牧民见面，互相贴贴面颊表示亲热；喇嘛见面，双手合掌问候；活佛见面，行磕头礼；献哈达是藏族人见面必不可少的礼俗，"扎西德勒"是他们的口头禅，青稞酒是他们献给朋友的见面礼。在拉萨，随便向拉萨人打听一个地方，即使他们再忙，都会不厌其烦地指引你如何前去，绝没有内地流行的"不要与陌生人谈话"的都市病。令你感到惊讶的是，他们的普通话比内地很多地方都好。尽管拉萨越来越现代化，但拉萨人更中意过那种牧歌式的生活，悠闲而充满诗意。在八廓街周围的甜茶馆，阳光镀金，多少拉萨人就在里边喝甜茶边聊天、打牌、玩克朗棋、看录像，度过一个个悠长而又慵懒的日子。

拉萨以其雪域风情在装饰着拉萨女人。拉萨女人，身段苗条、腰肢柔软、面貌姣好。相对于其他藏地女人来说，拉萨女人气质更高贵，也更善于打扮，她们的长袍往往用深色绸缎、哔叽、氆氇制成。夏天穿无袖长袍，里衬各种花色绸衫，腰带紧束，以衬婀娜多姿的身材。春秋穿带袖长袍，冬天则穿皮袍，长及脚踝。"窗户里的姑娘，骨头比肉还软""没完没了的姑娘，在没完没了地跳"，拉萨女人也以其雪域风情在装饰着拉萨。

拉萨的啤酒主义

藏族是一个善饮的民族，时至今日，农村仍保持着家家酿酒的传统。藏族人有给孩子从小喂青稞酒糊糊的习惯，因此许多人的酒龄和年龄差不多是一样的，酒量堪称海量的人在西藏当然比比皆是。在拉萨这样的城市，如今传统的青稞酒、藏白酒不再受年轻一代的青睐。拉萨、雪花、百威、银子弹等各种品牌的啤酒，已取而代之。人们说喝啤酒是德国人的一种生活方式，这话放在拉萨人身上，也是恰如其分。

在拉萨，酒吧主要充当了酒馆的角色。拉萨的酒吧数量多，消费者众，啤酒消耗量惊人。所以，不妨把别具特色的拉萨"吧生活"称之为"拉萨的啤酒主义"。据统计德国人平均每人每年饮啤酒超过 145 升，而在中国，只有拉萨人面对这个数字不会脸红。德语里有一个特别的词"BierReise（啤酒旅行）"，意为旅行途中边走边喝，赏天下美景，品世间佳啤。如果你是一个热衷"吧生活"、热爱啤酒的人，不妨到拉萨来一次啤酒旅行。

拉萨的酒吧大致分两类。一类主要是为外面来的旅游者开设的。这

冈拉梅朵酒吧吧台。就算你是上海衡山路或北京后海的常客，到了拉萨，也不会有太大的失望。

拉萨、雪花、百威、银子弹等各种品牌的啤酒已经代替传统的青稞酒"占领"了年轻人的口味。

类酒吧集中在拉萨东边老城区北京东路和藏医院路一带。此外,还有"古修哪""博客"等几家各具特色的书吧,搜罗了大量涉藏题材的书籍杂志,可看作是另类酒吧。另一类酒吧,消费者则以拉萨本地人为主,主要集中在德吉路、巴尔库路和民族路。(详见P203~P208)

"黄房子"玛吉阿米如今似乎已成背包客逛吧的首选之地。六世达赖仓央嘉措一定不会想到,300年后,因为他当年的风流浪荡,使他成为后世年轻人崇拜的偶像。玛吉阿米的老板是位俊朗的康巴男人,如今,这位颇具艺术气质的康巴商人,已将玛吉阿米开到了北京和昆明。只是,一个窗外没有八廓街和大昭寺的玛吉阿米,就再也不是那个与六世达赖有点瓜葛的玛吉阿米了。

与玛吉阿米不同,其他几家酒吧如冈拉梅朵及"念"民间音乐餐吧等,老板基本都是藏漂一族的汉族人。他们的经历本身,也许已构成了拉萨传奇的一部分。最初,他们可能只是旅游者中的一分子。只是,他们来了,就再也不舍得离开。他们或开酒吧,或办画廊,或经营旅馆,从此成为一群特殊的新拉萨人,其中不乏艺术青年和艺术中年。不过,他们在旅馆酒吧氛围中的生活方式,与本土拉萨人的生活,始终隔着那么一层。浮在拉萨之上,他们制造着旅游者所品味和沉醉、拉萨人却很少有过的某些生活感受。

拉萨酒吧里流行一首歌,歌名就叫《拉萨的酒吧》,落寞的歌手在反复吟唱:"拉萨的酒吧里什么人都有,就是没有我的心上人。拉萨的酒吧里什么酒都有,就是没有我的青稞酒。"其实,部分酒吧仍有青稞酒供应。问题不是有无青稞酒,而是青稞酒的时代已一去不复返了。

午后的阳光甜茶

甜茶馆是拉萨人的休闲之地，也是大众化的社交场所。

拉萨最早是帝王的，拉萨曾经是僧侣的，拉萨后来是贵族的，但拉萨永远是市井众生的。帝王有高入云端的布达拉宫，僧侣有金碧辉煌的大昭寺、三大寺，贵族有高墙深院、园林府邸，而拉萨的市井众生们，则有熙来攘往的八廓街和镶嵌在八廓街周围小巷里的大小甜茶馆。

甜茶馆？你一定感到有些疑惑。不是"唱上一支幸福的歌儿，献给亲人金珠玛（解放军）"，而"不敬青稞酒，不打酥油茶，也不献哈达"吗？怎么这会儿冒出来个甜茶呢？

没错。雪域高原的人们，千百年来以牛羊为伴。从牛奶和羊奶中提炼酥油并以其煮茶，莫如其善也。不过，当我们在这里提到甜茶时，我们的视线已从苍茫的高原大地转移到了雪域的中心拉萨。酥油茶不再是我们的主题词了，它更多地属于乡野而不是城市。行道迟迟，载渴载饥，在路边小憩，找三颗石头，拣几枝柴草，烧一堆小火。烧壶热茶，加一小坨酥油进去，芳香扑鼻，解渴除饥，不亦美哉。甜茶则不同，它的身上，自始以来就深深打上了拉萨的烙印，"拉萨甜茶"这四个字已是一个不可轻易拆分的词汇。不为解渴，不为果腹，甜茶是拉萨市民生活的一剂调味品，而不再是主食的组成部分。甜茶与酥油茶更大的不同，是它专属于茶馆，家中茶桌上的甜茶从来都是淡而无味的。

酥油茶也许不太合你的胃口，但似乎同样陌生的甜茶，却很可能是你早已喝惯了的。看看它的配方和制作工序，你就知道了。甜茶的用料是牛奶、红茶和糖，将红茶熬汁，加入牛奶和糖，充分搅拌即成。此乃何物？不就是内地城市街头卖的奶茶么，只不过没有那么多丰富的品种罢了。就像内地的奶茶系舶来之物一样，拉萨的甜茶，亦非本土特产。甜茶在拉萨的历史虽然不过百年，但人们对它的来历却已语焉不详。有说是来自印度和尼泊尔，有说是英国侵略者带入，这两种说法之间并无多少实质性矛盾。它的传播路线，自印度、尼泊尔至亚东入境，经江孜、日喀则，再到拉萨。这一条线上的城镇，也正是西藏的饮甜茶区，其中当然以拉萨为最盛。

泡甜茶馆是拉萨人乐此不疲的生活方式。既然甜茶不过奶茶而已，其意当然不在于茶了。在这里，高谈阔论不受诟病，窃窃私语无人侧目，唯独沉默才是有罪的。亲朋好友自不必说，即便陌生人坐在一起，也很快就聊得不亦乐乎了。在甜茶的杯里映照出的是拉萨城里最闲散的时光。不消说拉萨的普通市民了，每日里总有一些附近寺庙的喇嘛，在翻卷经书之余来到甜茶馆浮生偷闲。

在茶馆简陋的木制桌椅上，藏族青年常玩一种叫"吉韧"的桌上"藏式台球"，是手指弹击的像克郎球的娱乐用具。除玩的人外，其他茶客围观着，有的出谋划策，有的高声呐喊，很热闹。甜茶馆里还提供象棋、扑克、录像等，并供应酸奶、酥油茶、牛肉包子等风味饮食。

你是不是已听得有点齿颊生津，神思游移了？那么还等什么？去大昭寺广场边的光明甜茶馆，去亚旅馆对面的德吉甜茶馆，去江苏路上的革命甜茶馆喝茶去吧。

拉萨市井生活一瞥。街头修鞋人（左），卖染了色的青稞穗和鸡冠花的人（中）和街头缝衣人（右）。

194

谁是谁的玛吉阿米

六世达赖的诗歌，有多种不同的版本。最为经典的是拉萨藏文木刻版汇集，共66首。这个版本的第一首诗，正是仓央嘉措最为著名的诗：

从东边的山尖上／白亮的月儿出来了／未生娘底脸儿／在心中已渐渐地显现

"未生娘"是"ma-skyes-a-ma"的意译，如果采用音译，应该是"玛吉阿妈"。"玛吉"藏语意思是没有生过小孩，"玛吉阿妈"就是未生阿妈。六世达赖仓央嘉措把情人比作母亲，岂非有点"俄狄浦斯情结"之嫌？

果然，有人也察觉了这个稍显尴尬的问题。为了隐晦和诗意，阿妈不叫阿妈，而是叫阿米了。于是，"未生娘"的招牌也换作了"玛吉阿米"。在许多人的印象里，"玛吉阿米"甚至变成了一个少女的名字。如果你想找到自己的玛吉阿米，或者像某人说的，如果你喜欢"帝国主义的目光"，那么，当你在八廓街逛累了，请务必到东南角"甘丹塔青"边上的玛吉阿米酒馆小坐。

在二楼的窗边落座，翻开玛吉阿米的菜单，你会看到这样一个故事：大约在300年前的某个夜晚的月色下，六世达赖仓央嘉措深夜来到八廓街东南角的一幢藏式酒馆里，恰巧一位月亮般纯美的少女也不期而至。她美丽的容颜和神情深深印在了仓央嘉措的心里。从此，他常常光顾这家酒馆，遗憾的是，这位月亮少女再也没有出现。在这个故事里，仓央嘉措并非寻花问柳之辈，而是身负重任。观世音菩萨曾托梦给他，让他在凡间寻访至尊救世度母女神，以助众生。因为救世度母女神常以绝美女性的形象出没于尘世间。那么，这位令神王魂牵梦萦的少女，必是度母无疑了。那幢度母现身的藏式茶馆，一定就是玛吉阿米了，这还用说吗？

上面这个故事，虽说发生在300年以前，但里面却充斥着我们这个时代和风细雨温情脉脉的小情调。原因只有一个，这一定是今人讲述的故事。

传说，当年的藏族百姓，凭着六世达赖身上自然散发的独特香气，就能够知道他晚上所到之处。人们会把他到过的房子涂成黄色。藏族人崇尚白色，所以八廓街两边的民房均以白色调为主，而黄色在西藏只有

大家虽然不具备仓央嘉措的才情，更没有高不可及的神圣地位，但在他当年风流过的酒馆里啜饮几杯，发发思古幽情，也是惬意之事。

活佛驻锡地、高僧居所和寺庙才能使用。拉萨人把仓央嘉措神王驾临过的这种房子称为"黄房子"。显然，以仓央嘉措的性情，"黄房子"绝不会只此一处。至今仍保留在拉萨娘热乡的另一座"黄房子"即足以为证。罗布林卡有一幅创作于 200 年前的壁画，里面描绘了当时的拉萨八廓街全景，这幢二层的黄房子赫然在列。

　　昔日情人幽会的地方，如今成为来藏旅游者的必到之处。在欧美的旅行指南里，玛吉阿米几年来一直被推荐为拉萨首选的餐馆和酒吧。那些金发碧眼的人，为何偏偏对玛吉阿米趋之若鹜呢？是高高悬在墙上的强巴佛诱惑着他们吗？是唐卡、佛像、真假古董和世界音乐包装出的异域气氛诱惑着他们吗？是品种不少、味道尚可的西餐和据说地道的藏餐、尼泊尔餐、印度餐诱惑着他们吗？还是六世达赖仓央嘉措的诗歌和风流故事诱惑着他们呢？也许，都有那么一点。但是，在拉萨别的酒吧里，同样找得到这些元素，而且也绝对不比玛吉阿米差。那么，玛吉阿米真正诱惑他们的是什么呢？

　　对了，位置和高度。地处八廓街，地利人和。不过位置还在其次，关键是高度。或者说，位置和高度，缺一不可。在玛吉阿米的二楼靠窗或楼顶平台，你悠闲地吸吮着杯中的饮料或酥油茶，或者仰首猛喝下一罐啤酒或一大杯青稞酒，淡然或恍惚间，你向下俯视转经朝圣的芸芸众生，准确地说，是俯视那些转经的藏族人。虽然你只是来自内地，但你现在的目光，差不多已和金发碧眼们一样了。救世主一般高高在上，内心充满优越感，其中掺杂着些许廉价的怜悯和虚伪的同情。是的，那正是某人说的"帝国主义的目光"，是玛吉阿米带有的致命的诱惑。

艳遇之城

有个喇嘛出家/有个姑娘回家/女孩心里有个他/苦变甜啊/喇嘛眼里没有花/色变空啊

—— 电影《天脉传奇》主题歌

"普姆，阿丘拉嘎"，藏语的意思是"姑娘，我爱你"。据说这句话已是来到拉萨的"男驴"们的口头禅。又据说，拉萨的艳遇指数已超过丽江、阳朔、大理等热门艳遇之地，大有成为艳遇圣地之势。艳遇，已成了去西藏旅行的 N 个主要理由之一。

"艳遇是旅行的一半"，旅行与性爱之间的相似与关联，学者早有高论。曾听人说，去西藏的人，不外乎失业、失败、失意、失恋的人，总之是一个"失"字。这话自然有些过了。我想更多的是那些"若有所失"之人，那些在都市的钢筋水泥森林里，感到失去了自我的人。那么，这些"失"字辈的人，到了西藏，是否必定有所"得"呢？一颗颗孤独的心灵各自走在去西藏的路上，拉萨的艳遇似乎注定无可逃避。

当美国记者乔遇上英国安妮公主，或者说格里高利·派克邂逅奥黛丽·赫本，必定要上演一处绝世爱情传奇。世间的爱情还有比他们这场"艳

贴有征伴海报的旅馆留言板。也许这里正是一段艳遇开始的地方。迢迢长路上偶尔的邂逅相逢，旅馆酒吧惊鸿一瞥下的一见钟情，或结伴同行时的相濡以沫及至两情相悦。这些不正是传说中的"艳遇"？

遇"来得更为浪漫温馨、纯洁美好吗？喜爱《罗马假日》的人，在他们或她们的拉萨假日里，是否或多或少都在渴望着一段不太逊色的艳遇？或者，希望在这个圣城，演绎一段宿世注定却了无希望的情缘？

传奇的拉萨，似乎在马不停蹄地制造着传奇的爱情。有人爱上了导游，有人爱上了康巴汉子，美女爱上了英俊的喇嘛活佛。在我听到的许许多多艳遇故事里，好像美女大部分是外来的，帅哥却多产自本土。如大昭寺前的那些磕长头者，绝大多数也是女性一样，那些貌似坚强独立、孤身旅行的女子，其中不乏天生敏感脆弱者。在物欲横流的大都市，面对异化的爱情，只有她们仍心存幻想，有所奢望。只是，她们企求改变自己的命运，却仍把人生和爱情的希冀托付给了变幻无常的命运。不可否认，"男驴"与"女驴"互恋的故事肯定更多，只是比起前面提到的艳遇类型，显得比较老套乏味罢了。

西藏的爱情，雪山为凭，草原为证，难道就真的注定了不离不弃、地老天荒？拉萨是一个离佛最近的圣城，按理说，它与俗世红尘的情爱本应有着相当的距离。禁欲的佛教先天排斥男女情欲，然而，也是佛教最讲因果，所谓良缘孽债，所谓前世今生。"修百世得同舟，修千世得共枕"的话，似乎还是以佛陀的口吻说出的。

观世音菩萨的化身仓央嘉措，可能是最早把这座佛教圣城变成了艳遇圣城的人。"压根儿没见最好的，也省得情思萦绕。原来不熟也好，就不会这般颠倒。"——他的艳遇是如此缠绵悱恻。"想她想得放不下，如果能这样修法，就在今生今世，一定会成佛吧！"——他的艳遇是如此牵肠挂肚。"世间安得双全法，不负如来不负卿。"——他的艳遇是如此无奈忧伤。难怪藏地的民歌这样唱他："喇嘛仓央嘉措，别怪他风流浪荡。他所寻求的，和我们没有两样。"

如果说，阳光、蓝天、雪山、稀薄的空气、拉萨的一切让人深深感到生命如此之轻，爱情如此之重，那么当没有了这些，爱情的分量是否很快又会变轻？如果说高原强烈的紫外线有杀伤某些病毒保护爱情的作用，那么离开了拉萨，这样的感情是否还经得起都市日常生活的消磨？没有结果的拉萨爱情故事，我已经听得太多。爱情是如何容易发生，它就同样如何容易消逝。相濡以沫，不若相忘于江湖，这就是拉萨的艳遇。

凝神注视着喇嘛的女孩。

拉萨私人地图

客栈：日光城下屋檐/酒吧：愈夜愈浮沉/知味：拉萨嘴巴风暴/搜店：发现购物快乐

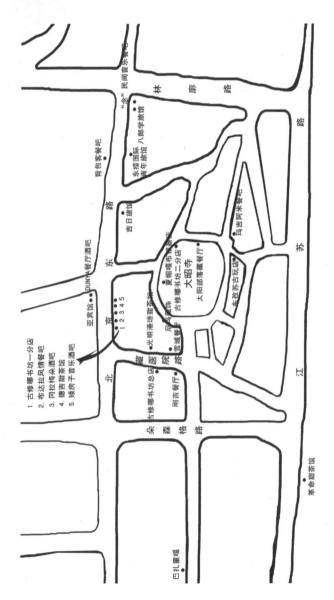

客栈：日光城下屋檐

拉萨是游客到西藏活动的大本营，各具特色的住店客栈也有别于其他旅游城市，人们喜欢选择这些特色客栈，看重的是他们贴近"驴"心的各项服务：免费洗衣，张贴着五颜六色的招募同伴出游包车或出售自己多余户外装备留言纸的留言板，以及大学宿舍般热热闹闹没有隔阂的住店氛围。

就算你是个孤独的旅行者，在这里也不再感到寂寞，因为这里有许多你的同类。大家都是一见如故，热情洋溢，少了份内地城市里特有的面具包装和冷漠疏离。在拉萨，背包客喜欢选择的住宿方式通常有两种，若打算长时间住一段日子，就租一套房，有时还可以通过留言找人分摊费用合租。大多数人则会选择前面所说的背包客云集的旅馆。北京东路和北京中路上的八郎学旅馆、吉日旅馆、亚宾馆（Yak）、东措国际青年旅馆和藏医院路（又称丹杰林路）上的雪域餐厅，它们的大名和优缺点在一茬茬的背包客之间口口相传。

在这里要稍稍做个提示：在旅游高峰期，这些旅馆的大房间可能会出现男女混住的情形，即安排房间铺位时只按先来后到的原则，而不区分男女性别。这种国内绝无仅有的住宿方式，将是西藏之旅的特色标识之一。但是，那些打呼噜比较严重可能会影响他人休息的朋友，或不愿体验陌生男女同宿一室的"驴"们，最好选择稍贵一点的小间。

旅馆里的留言板，可以在这里找到包车的同伴。☞

»　　　八郎学旅馆：北京东路 43 号，0891-6323829。曾被国外评为世界"十大山地旅馆"之一。无数的驴子慕名而来。旅馆装修具有藏式民居的特色。藏族服务员待客热情。

»　　　吉日旅馆：北京中路 105 号，0891-6323462。客容量大。长长的阳台过道上的长椅，可以舒适地聊天和晒太阳。

»　　　亚宾馆：北京东路 100 号，0891-6323496。亚（Yak），"牦牛"的意思。重新装修过后，升为三星级宾馆，价位要高于其他青年旅馆。庭院中间有躺椅。外国背包客入住较多。

»　　　东措国际青年旅馆：北京东路 10 号，0891-6273388。2005 年开业的一家青年旅馆，以其全面、特色的服务，很快在背包客圈内建立了自己的名声。内设餐厅、茶坊、酒吧和自助洗衣、自助厨房等服务。

»　　　雪域餐厅：藏医院路 8 号，0891-6337323。已有 20 多年的历史，在大昭寺广场边上不远处。

酒吧：愈夜愈浮沉

　　拉萨的酒吧大致可分成两类：一类主要是为旅游者而开设；另一类，消费者则以拉萨本地人为主。

　　前一类酒吧主要集中在拉萨东边老城区北京东路和藏医院路一带。这里靠近八廓街，是背包客在拉萨的集散地和大本营，八郎学、吉日、亚、东措等几家与青年旅馆相类的旅馆均集中在此。它们的附近，分布着"冈拉梅朵""DUNYA"（顿尼亚）"背包客"等多家背包客必去的酒吧或餐吧，另有强调音乐元素的"念"民间音乐餐吧和"矮房子"音乐酒吧，亦别具风格。当然，少不了八廓街东南角最为知名的玛吉阿米。此外，"古修哪""博客"等几家各具特色的书吧，可看作是收集摆放了比较全面的涉藏题材书籍杂志的另类酒吧。上面提到的这些酒吧，普遍以极其丰富的西藏元素装饰其内部，诸如唐卡佛像、藏戏面具、酥油桶、玛尼石、藏刀、木雕以及西藏题材的油画、水彩画或摄影作品。除了八廓街，这些酒吧则是另一处贩卖西藏文化的地方，不过是以更含蓄、更浪漫的方式。置身其间，藏香氤氲。那些无法深入地道藏区的旅行者，在这些藏式风格的酒吧里，可以体验到剔除了浓重酥油味的"真实"西藏。这些酒吧，大多还提供藏餐、尼泊尔餐及酥油茶、甜茶和酸奶等食物。以往，由于西藏的旅游季节性强，这类酒吧的经营状况也是旺淡季截然分明。以致到了冬季，酒吧往往会关门歇业。这些酒吧老板因此被人戏称为是冬天蛰伏夏天冒出头来的"冬虫夏草"。

　　🎤 拉萨，愈夜愈美丽。

◀ 朗玛厅里的藏
族歌舞表演。

　　后一类酒吧，消费者则以拉萨本地人为主。主要集中在德吉路、巴尔库路（又叫天海路）和民族路，像"阿伦故事""几何空间""藏地印象""西藏故事"等酒吧。至于"红杏""红苹果""留缘""午夜轻松"之类，虽然与前面的几处没多大实质区别，但吧名起的未免过于暧昧滥俗。需要提醒的是，在拉萨西区的酒吧里，一些酒徒喝酒过量后经常生事，某些酒吧，偶有欺生现象。

　　如果拉萨的蓝天白云刺激得你非要找个地方声嘶力竭吼叫一番，可去芭芘拉、沸点等KTV歌城。而藏式歌舞厅兼式酒吧"朗玛厅"，则是你西藏之旅的必修课程。

　　夜已降临。拉萨的夜来得太迟。但你无须忧虑，因为拉萨的清晨同样来得也晚。愈夜愈浮沉。国内城市的发展都在相互复制，拉萨亦不例外。一个"川藏合璧"的新拉萨已然形成。以地道西餐著称的上岛咖啡，到了拉萨却成了本地人印象中打麻将的好去处。中国最世俗化的城市成都和最神性化的城市拉萨，两个本来隔得很远的城市，实际上却靠得很近，实为一个无法解释的莫大吊诡。

　　愈夜愈浮沉。拉萨酒吧不断暗夜开放，滋生繁衍。

　　愈夜愈浮沉。无论是否有美女，美酒和美食永远等着你。

主题酒吧之书吧

» **古修哪书坊**：以西藏最伟大
的苦行者米拉日巴为精神象征的连锁书
坊。总店在藏医院路上，一分店在北京
中路措美林（亚宾馆斜对面），此分店
设书吧，二分店在八廓街东北角。古修
哪书坊创立数年来，声誉日隆。这里有
数千册包括外语书籍在内的有关西藏宗
教、历史、民俗、旅游等方面的书籍。

» **博客书吧**：北京西路与民族路
交叉路口不远处。有4000多本藏书的
这家博客书吧，是拉萨西区喧嚣声里少
有的安静之所。

主题酒吧之音乐吧

» **"念"民间音乐餐吧**（Folk
Music BAR）：现在八郎学旅馆一楼。
老板西安人王啸原是摇滚歌手，晚上十
点多他往往会在酒吧内亲自弹唱。店内
有售他给自己录制的唱片。由于人气较
旺，酒水比一般酒吧稍贵。

» **矮房子音乐酒吧**：冈拉梅朵酒
吧东侧不远处。酒吧招牌上有这么一句
话"这里有你寻找已久的音乐"。老板
是来自兰州的兄弟二人。据说和冈拉梅
朵的房子一起，这里原是十一世达赖喇
嘛彭康家族的旧居。作为一个音乐主题
酒吧，酒吧收藏了数百张来自印度、尼
泊尔和西藏的音乐CD，所播放的音乐
也仅限这个范围。这里可以为你刻录他
们收藏的CD，但价格高了点。

非主题酒吧

» **玛吉阿米餐吧**：八廓街东南角的这座土黄色小楼，凭着得天独厚不可复制的地理位置和六世达赖仓央嘉措的浪漫传说，在酒吧聚集的北京东路之外，成就了它在拉萨酒吧界中最大的名声。玛吉阿米的另一招牌是一册册藏纸留言簿，老板泽郎王清为此还专门出过一本名为《玛吉阿米的留言簿》的书。也许是老板把注意力放在北京和昆明的分店上去了，而这边玛吉阿米的口碑却有每况愈下之势。曾经视为骄傲的藏餐，无论味道、价格，还有那里的服务水准，均受到"驴子"们的诟病。不过，即使如此，玛吉阿米仍是几乎所有背包客落脚拉萨后的必去之处。

» **冈拉梅朵酒吧**：亚宾馆斜对面。藏语的含义是"雪莲花"，天之极远处的一朵雪莲花。"咖啡吧·餐厅·画廊·藏式日光庭院·寻找之地"，冈拉梅朵网站上的这几个词，几乎是最具煽动力的广告词。据说老板叫"一碗"，酒吧里面有全拉萨最多的音乐碟和最多的西藏绘画，这些说法均有待考证，但无疑它是拉萨口碑最好的酒吧。

» **布达拉风情餐吧**：冈拉梅朵酒吧旁边。内部装饰古香古色。藏餐价格适中，尤其藏式火锅值得推荐。

» **背包客餐吧**：八郎学旅馆斜对面。特色菜是藏式牛肉饼，味美价廉。酸奶用纯牦牛牛奶现做。

🔔 冈拉梅朵酒吧内部装饰（上）。古修哪书坊内（下）。

» **DUNYA餐厅酒吧：**
DUNYA与亚宾馆连为一体，老板是荷兰背包客FRED夫妇和他们的朋友克瑞斯，来西藏的老外似乎都知道拉萨有这么一个酒吧。这里的服务员、厨师也都是老外，提供的西餐非常正宗。

» **东措大院酒吧：** 酒吧扎堆不奇怪，但扎堆到这种程度令人称奇。东措国际青年旅馆的小院内，有摄影主题吧"阿吉拉姆"、攀岩主题"什么吧"、为自行车爱好者设的"骑行者驿站""陌生人餐吧"等。无须多迈步就可换几种口味。

KTV歌城

» **芭芘拉俱乐部**：德吉南路。拉萨最豪华的迪厅歌城。一楼迪吧，二楼演出藏族歌舞，三楼KTV歌城。消费较高。但在高原上应尽量避免剧烈活动，因此想蹦迪还是回到内地再说吧。

» **沸点量贩式歌城**：北京中路。一并经营的酒吧因涉毒被关，为拉萨市内人气颇旺的歌城。

藏式歌舞厅——朗玛厅

"朗玛"一词原意是指成年女子的歌舞。作为一种艺术形式，"朗玛"传统上是专供西藏上层贵族和高级僧侣欣赏的宫廷乐舞。八世达赖时，朗玛融入了内地乐曲和江南舞姿，形成了曲式结构完整、旋律优美深情、舞蹈节奏欢快跳跃的表演特色。如今藏族人把专门表演藏族歌舞的娱乐场所称作"朗玛厅"。拉萨最有名的两家朗玛厅是巴尔库路的"唐古拉风演艺中心"和娘热路的"容中尔甲演艺中心"。旅游旺季，需购价格不菲的门票。

朗玛厅场地宽敞，可容纳上千人，中间有舞台，每晚从九到十点到次日凌晨四五点均有藏族歌舞演出。节目内容有藏式歌舞、藏戏、六弦琴弹唱、藏族服饰表演、藏族小品、印度歌舞、流行歌曲等。演出中间，锅庄音乐响起时，大多数藏族人会走进大厅中间的舞池，围成圆圈，牵手起舞。就算你不会跳，也可加入进去体验一番。对于没有多少时间和机缘深入接触藏族民间风情歌舞的游客，朗玛厅实为不可错过的地方。

知味：拉萨嘴巴风暴

藏餐

藏餐历史悠久，极具特色。藏式宴席上食品的烹制及摆席方式很多。最古老的方法是根据客人社会地位的高低，决定采用盘中敬餐、手递敬餐、餐巾敬餐或自助餐等用膳形式，藏餐还有素宴、荤宴之别。现在一般也像汉式餐，摆热菜、凉菜、汤、主食及甜点零食。

藏餐内容一般分主食、菜肴、汤三大类。藏餐的口味讲究清淡、平和。因西藏大部分地区四季分明，形成了藏餐"春有鲇鱼、夏有奶酪、秋有肥牛、冬有羊"的鲜明季节色彩。

藏餐主食

土豆咖喱饭：先把新鲜酥油化热，放入少许葱，把切成块状的羊肉倒入锅里炒至半熟，加上小茴香、咖喱、盐等佐料，接着将土豆煮熟剥皮切成块状放入锅里一起烧一会儿即成。上席时先将米饭盛入高脚铜饭盒内，上面加土豆咖喱肉。

肉包子：将牛肉、板油和葱一起剁细，加上佐料。面不发酵，直接和面而成。蒸熟后的包子，以吃时能流出汤汁的馅为佳。还有一种酪粉包，其馅是用细酪粉、少许豌豆粉和白糖混匀，然后用融化的酥油拌合而成的。

咪达：意为"命名粥"。佛教三大寺的僧侣获得格西学位时，按规定应向寺内僧众布施稠粥，以示庆贺。它的做法是：把米饭煮成稀粥，加少许盐，再加上酥油、肉丁、红枣、杏干、葡萄干，盖紧锅盖，用小火焖数小时，起锅时再充分搅拌即成。

拉萨街头卖的酸奶。

蕨麻米饭：蕨麻系高寒地区的一种草本植物，俗称"长寿果"，具有较高的营养价值。蕨麻米饭是将煮熟的大米和蕨麻同盛于一个碗内（米在下蕨麻在上）浇上酥油汁，加上白糖，其色为红（蕨麻）、白（大米）、黄（酥油），味道甘美无比。

主食除上述几种外，还有面食油煎窝窝头、碱液和面压成的碱面条、麦片粥、肉馅饼、薄饼等。

藏餐菜肴

最具特色的有灌羊肠、灌羊肺。另外蒸牛舌、烤羊排、夏不清（拌生肉浆）、萝卜萝果、土豆烧牛肉等菜亦非常可口。

灌肠：把米煮成半熟，加肉末、羊血及首香、盐、胡椒、野葱等佐料，拌和后灌满肠子，然后煮熟冷却，再切成一节一节油炒即成。还有灌牛肠，它的做法是用煮熟的青稞片、牛血和牛肝、肺等内脏剁细拌和，加上佐料灌入牛肠，煮熟后即可食用。

灌羊肺：先用面粉做稀糊，把各种佐料磨成细粉和水成汁，加少许香油调匀，然后灌满羊肺，放入开水中煮片刻后捞出冷却，再切成片，油炒即成。

蒸牛舌：以牛舌肉为主料，经煮蒸而成。特点是入口软嫩，味道鲜美而带椒香。

萝卜萝果：把羊肉剁成块，放入锅中加盐煮熟，后把萝卜去皮，洗净，切成厚度适宜的圆块，另用一锅先煮一下，滤干后，投入肉锅内，放上生姜、盐、花椒，搅拌后略加烹煮，放上葱即成。萝卜萝果食之肉嫩，味道鲜美，脆腻可口。

藏餐甜点

麻森：在盘子里放上适当的糌粑、酥油、碎奶渣及碎红糖，搅拌糅合，盛入一个方形小木盒内，用手塞满、压实，即可制成麻森方形糕，味道香甜可口。

煺：在盘子里放上适量的酥油、碎奶渣及碎红糖搅拌糅合，制成称为"煺"的酥酪糕，此糕食之别有风味，乃是食用糌粑的最好伴料。

帕杂莫古：将面粉加温水捏成小圆面疙瘩，放进沸水锅里煮熟捞出沥干，然后放进另一加热的酥油锅内，同时加适量的红糖和碎奶渣，慢慢搅拌均匀即成。颜色微红，味酸甜，是藏族节假日必备食品。

藏餐馆

» **藏家宴**：团结新村东区 75 号，一家正宗的家庭式原味藏式餐厅。据说餐厅老板的外公过去曾给当时的西藏贵族做厨师，老人将手艺传给了下一代，因此这里的菜肴保留着贵族的风范。据说，餐厅的进料全是选自乡下无化肥种植的绿色蔬菜，家传秘制的香料使菜品保持了高水准。餐厅的厨师全是一家人，到这里就餐能享受到和家里一样随意的氛围。其特色菜为藏式手抓羊排、藏式火锅、藏式窝窝头、蒸血肠。藏家宴绝对是旅游者在拉萨品尝藏餐的首选之地。

» **雪神宫**：布达拉宫下面，藏餐偏贵，有歌舞表演，由于位置好，属品味藏餐的热门去处。

» **雄巴拉餐厅**：江苏路的雄巴拉酒店内。装修极富藏族特色，华丽辉煌，餐厅的藏餐如牛舌头、铁板猪肉、羊排等味道均佳，只可惜价格偏高，非一般背包客所能承受。

» **太阳部落藏餐厅**：八廓东街 39 号。这里的酸奶人参果、虫草牛排、高原土豆泥、牛肉粥等值得一尝，但餐厅开在八廓街，可以想见价格不会便宜。

» **雪域餐厅**：与著名的雪域宾馆连为一体，在大昭寺广场边。各式藏餐一应俱全，价格比较公道。

» **刚吉餐厅**：与藏餐相比，餐厅二楼平台上尽收眼底的大昭寺广场景观要更加吸引人一些。

» **甜茶馆**：藏医院路上的光明甜茶馆、亚宾馆对面的德吉甜茶馆、江苏路体育馆内的革命甜茶馆，除地道的甜茶，还供应色香味俱佳的藏面和牛肉饼。

西餐

拉萨主要的旅馆和知名酒吧大多供应西餐。西餐一般是针对来拉萨的大批国际游客的。内地游客到拉萨吃又贵味又不怎么正的西餐，未免令人费解。不过，拉萨供应西餐的地方，一般都提供尼泊尔餐、印度餐，可趁机领略一下异国风味。

中餐

拉萨虽然城市规模不大，又地处偏远，却云集了国内各种菜式。川菜、湘菜、淮扬菜、东北菜、北方面点、海鲜小炒、西北清真风味，可谓应有尽有。梦里水乡、海龙渔港、巴国布衣、江湖菜、陈连锅巴、熊记鸭、谭鱼头、青鸟、香辣蟹、金城砂锅（清真）等均为较知名的去处。仅1千米长的德吉路饮食一条街，竟集中了近百家特色食店。另外，玉林串串香的大众价格，也颇受欢迎。

快餐

德克士：据说肯德基要来拉萨了。但到目前为止，称霸拉萨的西式快餐店还是德克士。比其他地方德克士的东西要偏贵一点。在拉萨现有多家分店，其中一家在大昭寺广场西南角。

玉包子：主食有多种粥、包子、糯米饼等，数十种论小碟卖的荤素凉热菜，价格便宜。现有多家分店，一家在拉萨百货大楼一楼，一家在北京中路距娘热路路口不远处，一家在博客书吧附近。

搜店：发现购物快乐

八廓街这条信徒们心中最神圣的转经道，数百年来也一直是西藏最繁华的一条商业街。

你看八廓街那小摊店铺里满满当当摆放着的西藏特色产品——酥油桶、卡垫、氆氇、哈达、藏饰、藏刀、藏帽、藏币、转经轮、长条经书、木碗等，与其说它是条商业街，不如说它是一本打开的西藏民间文化读本。

不过，除了大部分生活用品，八廓街的许多物件并非产于西藏本地。其中较为精致的，或货真价高的，多出自印度、尼泊尔的工匠之手。那些一眼就能看出略嫌粗糙的饰品，则多是来自内地的机制之物。一分钱一分货，如果非要追求真金白银，又怎么可能如此轻易就披挂一身呢？

在八廓街购物，相当程度的精明是十分必要的。你这一身背包客的典型打扮，商家若不对你漫天要价，可能他会觉得"良心有些不安"。总之，货比三家，使劲砍价，真心喜欢的东西还是不要错过。毕竟你自己都不知道下一次来会是什么时候。在此透露一条重要信息，大昭寺广场口西南侧的民族旅游商城一楼，是拉萨旅游产品的批发中心，在那里你不需要砍价，就能以很低的批发价买到喜欢的东西。当你开始搜店搜物之前，不妨看看下面这个单子：

» 　　**夏帽嘎布银器店**：八廓北街 27 号。一家远近闻名的老古玩店，由尼泊尔人巴苏然纳创办于 20 世纪 30 年代。夏帽嘎布刚开始时做羊毛生意，运往尼泊尔交换糖果、布匹，后来在拉萨创建了西藏首家羊毛洗

🔖藏纸灯笼、牛头装饰品和尼泊尔风格的度母像。

涤厂。夏帽嘎布鼎盛时期，实力很强，现在虽辉煌不再，但在八廓街上仍是最具实力的商家之一。40多平方米的店铺里，摆满了各类菩萨塑像、唐卡、经书等特色商品，其中最为珍贵的是一叠据说有700多年历史的石刻版经文。现任店主热特那是巴苏然纳的孙子，拥有中国国籍。

» **尼玛藏饰**：位于八廓街上西北角，绝大部分货品来自尼泊尔，由尼玛家族主持，信誉可靠。为八廓街最好的藏饰店之一。进门即可看到挂着尼泊尔王国国王和王后的大幅彩色照片。你进去后老板不会让你觉得有任何压力，感觉不错。

» **东孜苏古玩店**：八廓街东南角的东孜苏古玩店，旧货较多。店主旺堆与罗珍夫妻为人和善，口碑较好。即使不打算买，也值得前往一观。

» **巴扎童嘎**：位于宇拓路中段。意为"吉祥的白海螺"。"巴扎童嘎无假货"，是他们的口号，其货品质量堪称拉萨第一。这里的藏饰来自尼泊尔，牦牛皮的皮包虽是在深圳加工的，却体现着地道的藏式风格。不过，价格非一般的背包客所能承受。纵然如此，那里仍是值得背包客前往一观的地方，从巴扎童嘎出来，再去八廓街上的小摊，你的眼光已经大不一样了。

拉萨其他资讯

旅游实用电话

旅游咨询：6835472（西藏自治区旅游发展厅）

机票咨询：6830088（民航拉萨售票处）

汽车票咨询：6824469（拉萨汽车站）

火车票咨询：95105105（拉萨火车站售票处）

求助电话

火警、匪警、交通事故警：110（注：拉萨110、119、122已"三台合一"）

急救：120

拉萨市人民医院急救中心：98120

西藏自治区人民医院急救中心：6322200

投诉电话

旅游投诉：6834193（拉萨旅游执法队）

消费者投诉：12315（拉萨市消费者协会）

西藏各地市区号

拉萨市　0891　日喀则　0892　山南　0893　林芝　0894

昌都　0895　那曲　0896　阿里　0897

主要书店

拉萨市新华书店（宇拓路近布达拉宫广场）：6323249

西藏人民出版社（林廓北路23号）：6822249，6822109

古修哪书坊：总店（藏医院路），一分店（北京中路亚宾馆斜对面），二分店（八廓街东北角）。

主要旅行社

西藏旅游总公司（出境游组团社）：6836626

西藏国际体育旅游公司：6339151

拉萨市旅游有限公司：6363038

西藏神山国际旅行社：13659591395

西藏中国青年旅行社：13989096049

（如需其他号码与相关信息，可拨打114查询）

最后的拉萨

一座宫殿（布达拉宫），一座寺庙（大昭寺），一尊佛像（释迦牟尼12岁等身像），构成了圣城拉萨的灵魂。

　　有人说，过去，没到拉萨就不算到了西藏；如今，到了拉萨还不算到了西藏。因为曾经是西藏最难抵达的拉萨，现已成为大部分人进入西藏的第一站。

　　拉萨是个什么样的地方？这个笼统的问题，可以有很多种答案。对藏族人来说，拉萨是一座佛教圣城；对旅行者而言，拉萨是一处旅游圣地。如果用时髦一点的话来说，拉萨是一个可以"把自己彻底忘掉"的地方。

　　作为一个旅行者，他的心底向往着一个什么样的拉萨？为什么有些人乘兴而来，却失望而归？那个他们心中理想的拉萨已经消失了，还是正在消失？抑或从未出现过，而仅存在于他们的想象之中？

　　拉萨之所以称为圣城，是因为曾拥有众多的寺庙和僧侣。过去的老拉萨，三大寺、四大林僧侣人数两万余人，数量甚至超过了俗人。半个世纪后的拉萨，城西市井繁华，灯红酒绿；城东大昭寺、八廓街一带，大致还保留了古老的街巷和老拉萨的原始风貌。"大世俗、小宗教"的拉萨新格局的形成，已呈不可逆转的趋势。

　　如果20世纪80年代或90年代，你曾来过拉萨，那么，你再度回到拉萨时，也许很快就成了一个不可救药的怀旧主义者。虽然八廓街依然人流如故，大昭寺前众多磕长头者此起彼伏，老拉萨人与人交往时，犹习惯用古老的敬语，但你只觉得有许多事都不一样了。八廓街周围的巷子里，再也没有成群的狗了；转经道上，几乎见不到放生羊了；越来越多的朝圣者乘汽车乃至乘火车、飞机来拉萨了，风尘仆仆数千里磕着长头来拉萨的人越来越少了。如此种种，数不胜数。当然，你也看到了别的新鲜事物。酒吧、KTV、朗玛歌舞厅、超市、专卖店比比皆是，从前什么都缺的拉萨现在什么也不缺。

荷尔德林说："人，诗意地栖居"，而拉萨之外，我们的心灵已别无栖居之地。然而，拉萨已是最后的拉萨。而且，这次，是真的最后了。

虽然对拉萨的变化也有所想法，但藏族人的想法却截然不同。无论拉萨是荒凉的沼泽地，还是高楼林立的现代都市，藏族人都视它为圣地，心灵最后的庇护地——只要布达拉宫在，只要大昭寺在，只要大昭寺里的觉卧佛在。

夜色中的布达拉宫。在某种意义上，拉萨并不比艺术之都巴黎逊色多少。至少世界上向往拉萨的人不比向往巴黎的人少。或者，前者和后者本就是同一批人。如果你有幸在年轻时到过拉萨，以后不管去哪里，拉萨的经历会跟着你一生一世。因为拉萨和巴黎一样，是一席流动的盛宴。

拉萨的格桑幸福时光

我的头颅，我的腹腔
仿佛一只水晶坛子，仿佛空旷的山谷
那么纯净，充满回声
我像一个喇嘛
—— 阿来《群山，或者关于我自己的颂辞》

格桑花差不多是西藏最有名的花，但也是最普通的花。藏区各地，尤其在草原上，夏季来临时，处处盛开着格桑花，格桑花还是拉萨市的市花。"格桑"是藏语"格巴桑波"的简称，指佛教中的"贤劫"。按世俗的说法，就是太平盛世，美好年代。因此也可以说格桑花是代表幸福美好时光的"幸福花"。

来到西藏，用不了多久你就会发现一件奇怪的事。当你问起别人格桑花为何物时，回答却是五花八门的。你原以为大名鼎鼎无人不知的格桑花，就算地道的西藏人，也往往拿不准它到底是哪一种花。人们告诉你的，可能是狼毒、波斯菊、杜鹃花甚至还包括雪莲花冈拉梅朵。在藏族人的心目中，并非只有一种花可以称作"幸福花"。这就是典型的藏族人的思维方式。最重要的，不是像植物学家那样寻根究底，而是放下一切，享受这美好的格桑幸福时光。

假如你在拉萨，真能悠游自在地享受属于你的格桑幸福时光，那我就设定你是一个背包客或"老驴"了。想必你没住拉萨饭店、香巴拉大酒店、雅鲁藏布大酒店等三星以上酒店，钞票是个问题，有时间的年轻人又有几个同时很有钱呢？对了，你一定住在八郎学旅馆，要不就是吉日、亚或东措。在这些平民旅馆里，大房间一个床位每天二三十元的价格，在宾馆消费很高的拉萨实属难得。你在这里，能结识到许多来自五湖四海的同伴，还有别处见不到的男女混住情形，必让你长见识。

如果你是个饕餮之徒，拉萨也绝不会亏待你。旅馆周围的酒吧餐吧里，有你从没吃过的藏餐和尼泊尔餐。口味你未必适应，尝尝新鲜却也蛮有意思。供应西餐的地方倒也不少。想吃各种口味的汉式菜，就去拉萨的美食街德吉路。那里有东北菜、湖南菜、广东菜，附近还有上海菜。

不用说，最多的当然是川菜和火锅。说到火锅，这里独特的藏式火锅，错过了未免可惜，值得一尝。

如果你不是那种一天两天就离去的匆匆过客，那么除了逛寺庙转八廓，如何打发许多悠闲的时光呢？对了，去喝酥油茶。没有什么比这东西更能让你直接感受到西藏的味道了。你可以坐在某个藏式茶馆里，几元钱一只1.36千克的热水瓶，足够喝一个下午，也更符合大众口味。在西藏只有拉萨人喜欢喝它。最好的去处是光明甜茶馆和革命甜茶馆。光明茶馆有两家，离大昭寺不远。革命茶馆，其实也算得上"老字号"。作为旅行者，估计你不大习惯这种桌凳陈旧、卫生极差的环境，但这里却是拉萨人最喜欢聚在一起聊天和怀旧的地方。拉萨一些单位的公务员，常常先去单位报到，然后再到这里喝茶、吃早餐。

时机好的话，可以赶上和藏族人一起转经过萨嘎达瓦节；最好是遇上雪顿节，去哲蚌寺看晒佛，去罗布林卡听藏戏。无论何时，你都可以去大昭寺前呆坐。那里是世界上磕长头的人最多的地方，也是世界上相机密度最大的地方。如果想要过自由、懒散、无拘无束的生活，来拉萨是来对了。这也许是唯一一个让你感到浪费青春也是正当行为的地方。

有意无意之间，你放慢了步伐。在拉萨，并不是每个人都"有幸"感受高原反应的滋味，但毕竟3650米的海拔，缺氧却是每个人都能体验到的。你早已注意到个别小店门边挂着"本店开放氧气"的牌子，拉萨城北号称"天然氧吧"的拉鲁湿地，也必诱惑着你。缺氧可怕吗？你可知道，你能这么自在快乐，八成都是缺氧赐的福。你早晨醒来，可能感到胸闷憋气。缺氧让你反应变慢，记性变差。缺氧让你暂时放下了那些总是令你萦怀于心的琐屑事。缺氧还激发了你被禁锢的想象力。现在，就算滴酒未沾，你也必已醉意盎然了。是好是坏呢，到底？

在拉萨，到处都能见到"张大人"花怒放的身影：布达拉宫高高的石阶两侧、宫墙脚下，在拉萨河畔，在日喀则，在亚东。此花据说是驻藏大臣张荫棠带入西藏的，因此起名"张大人"花。

拉萨是一席流动的盛宴

个别的莲花从未开放
个别的酒杯容易破碎
个别的人啊，谁赋予的
气质，将流动的盛宴
当作自我放逐的乐园
——《拉萨之夜》

20世纪20-30年代的法国巴黎，来了一群心灵深受战争创伤，且怀有艺术理想的美国人、英国人、西班牙人和意大利人。这是一群"疯子"。他们租住在巴黎最下层贫民区的简陋木屋里。他们穷困潦倒、衣衫褴褛、举止古怪、形迹可疑。他们虽自称艺术家，但在别人的眼里，却是无业游民，有的甚至是小偷、酒鬼。然而，许多年后，他们却被世人称为"伟大的疯子"，伟大的作家、诗人、画家、雕塑家、舞蹈家。他们是毕加索、格特鲁德·斯坦因、多斯·帕索斯、詹姆斯·乔伊斯、欧内斯特·海明威、裘娜·巴恩斯、兰斯顿·修斯、康斯坦丁·布朗库西、斯科特·菲兹杰拉德、伊萨多拉·邓肯、乔治·奥威尔……

在经济大萧条和新的战争威胁之下，这群"伟大的疯子"风流云散，一场盛大的筵席终于散去。关于那段历史，海明威曾说："如果你有幸在年轻时到过巴黎，那么以后不管你到哪去，它都会跟着你一生一世。因为巴黎就是一席流动的盛宴。"

将时间的指针往后拨60年。20世纪80年代的西藏拉萨，也曾是一场流动的盛宴开席。一个是欧洲的文化中心巴黎，另一个，则是遥远的青藏高原腹地拉萨。早已有人注意到了两者之间的相似之处。

在西方的西藏热持续了数百年后，中国内地终于在20世纪80年代前后，掀起了自己的"西藏热"。中国的"最后一批理想主义者"，基于种种原因，从内地各省份齐集拉萨。那是正值"文革"之后，文化空前匮乏的全民皆文艺青年的时代。与外部世界隔绝30多年后，西风再次东渐，西方思潮引得一代人为之痴狂。风云际会，一批原本未必心怀艺术理想的人，在西藏神秘博大的文化催生下，成就为颇有建树的艺术家。

他们是作家马原、扎西达娃、马丽华、色波、金志国、冯丽（皮皮），

罗布林卡里的歌舞表演。

画家于小冬、李新建、韩书立，摄影家车刚，戏剧家牟森……他们中的大部分，都被于小冬画进了一幅名叫《干杯西藏》的画里。画中的23个人各执一杯红酒，圣徒般立在一张大桌前，表情严峻，两位已逝的才女各围一条哈达。桌上铺着红色桌布，背后的天空泛着诡异的紫红。这一批人，自20世纪80年代末，有人内调，有人出国，有人长眠，如今仍留在拉萨的，只占少数。

在某种意义上，拉萨并不比巴黎逊色多少。至少，世界上向往拉萨的人不比向往巴黎的人少。或者，前者和后者本就是同一批人。但就艺术方面的成就，本就不该拉郎配一般去硬比。那边是"疯狂的天才"，这边是"拉萨小男人"。巴黎的"海明威"们，是一群流浪汉，他们信奉的是思想自由、言论自由和行为自由；而拉萨的"马原"们，差不多都在体制之内，除了同样打架、酗酒和对艺术的执着外，似乎没有更多相似之处。如果说"海明威"们曾经终结了一个旧时代，又开创了一个新时代。那么，"马原"们呢？西藏魔幻主义小说在文坛刮起一阵旋风后，早已西风摇落，事去了无痕。

马原曾在一部小说里说："我就是那个叫马原的汉人，我写小说，我喜欢天马行空，我的故事多多少少都有一点耸人听闻。"我们现在听到的关于他们的"耸人听闻"的故事，不知有多少是真实的传奇，又有多少是事后的牵强附会和夸张。除了当事者的回忆和叙述，别人大概已无从知晓。但他们的确有幸在年轻时到过拉萨，以后不管到哪去，拉萨的经历都会跟着他们一生一世。因为拉萨和巴黎一样，是一席流动的盛宴。

第五篇
从拉萨出发走遍西藏

〖西藏，改变一生的旅行〗

拉萨向北 | 那曲

辽阔的羌塘草原呵／在你不熟悉它的时候／它是如此那般的荒凉／当你熟悉了它的时候／它就变成你可爱的家乡

——藏北羌塘古歌

那曲景点分布示意图

注:
尼玛：石棺古墓群、文布寺、当穷寺、温泉
文布：当惹雍错、玉木寺、象雄王国遗址、达果雪山
申扎：洞穴遗址、黑颈鹤自然保护区
班戈：加林山岩画、温泉奇观

"那曲"的藏语意思是"黑色的河流"，怒江的上游段藏族人称之为"黑河"，后被借用来做了地名。那曲东邻昌都，西靠阿里，南接拉萨、林芝和日喀则，北连新疆和青海，下辖那曲、安多、聂荣、比如、嘉黎、巴青、索县、班戈、申扎、尼玛等10个县和1个双湖特别行政区。那曲大部属于被称为"北方旷地"的羌塘草原，为唐古拉山脉、念青唐古拉山脉和冈底斯山脉所环绕。西边的达果雪山，东边的布吉雪山，形如两头猛狮，守卫着这块高原宝地。

著名的唐蕃古道贯穿那曲南北，广大的藏北无人区虽人迹罕至，却是藏羚羊、野驴和野牦牛等各类高原野生动物的乐园。天湖纳木错，神山念青唐古拉，圣湖当惹雍错，古象雄王国遗址，天葬台的骷髅墙……羌塘草原，注定是一个诞生无数神话的地方。这里还盛产冬虫夏草、雪莲花、贝母等名贵药材。这里险峻的山水中，蕴藏着丰富的资源。那曲富含金矿，被看作怀抱了一个"金娃娃"。

藏北羌塘草原上的神话时代早已终结，习惯于住在帐篷里的牧人，也逐渐开始了定居生活。那种早已存在于我们想象里的游牧民族逐水而居、逐草而迁的自由生活，终将要成为高原传说的一部分。

走过羌塘草原，群山中星星点点散布着无数牛羊，骑着骏马的牧人在引吭高歌。我多么想成为游牧民族的一员啊！蓝天白云青草地，逐草而居，在大地母亲的怀抱里流浪一生一世。就让我们运用想象，与藏北的牧民一道，重拾那种一顶帐篷、一群牛羊加一群孩子的游牧生活。有些东西终要改变，而有些东西却永远不会改变。有一首在美国西部传唱的歌谣，它也同样是为藏北的牧人而吟咏：

> 那里的笑容比较持久，
> 那里的握手比较有力，
> 那是西部开始的地方。

那曲交通：

那曲长途客运站每天上午八点起有陆续发往拉萨的班车，票价50元左右；每天上午八点起有发往比如的班车，票价100元。客运站内还有发往当雄、索县、格尔木等地的班车，发车时间和票价可能因季节不同有所变化，可先打电话问询。咨询电话：0896-3829868。

🏺2002 年铁马年，坐东风货车赶往神山的藏族人。

蓝宝石天湖纳木错

　　纳木错位于拉萨当雄县和那曲班戈县之间，距离拉萨 240 千米，湖面海拔 4718 米，湖面面积 1940 平方千米，仅次于青海湖为我国第二大咸水湖，为藏区三大圣湖之一。从拉萨乘车沿青藏公路向北抵当雄，当天即可到达纳木错。

　　纳木错意为"天湖"，相传是帝释天之女，念青唐古拉之妻，身为青色，美丽迷人，坐骑青龙。据文献记载，因湖景湛蓝如天空，故得此名，亦可理解为湖面至高，如悬天上。

　　纳木错宛如一颗巨大的蓝宝石，镶嵌在繁花盛开的羌塘草原上。纳木错的东南部是直插云霄终年积雪的念青唐古拉山主峰，北侧依偎着和缓连绵的高原丘陵。湖的四周是广阔无际的草原牧场，水草丰美，牛羊成群。每年春末夏初，成群的野鸭飞来栖息繁殖。湖泊周围常有熊、野牦牛、野驴、岩羊等野生动物栖居，湖中盛产高原的无鳞鱼和细鳞鱼，湖区还产虫草、雪莲、贝母等名贵药材。

　　纳木错的形状像静卧的金刚度母，湖的南面有乌龟梁、孔雀梁等 18 道梁，湖的北面有黄鸭岛、鹏鸟岛等 18 个岛。湖的四面建有 4 座寺庙，东为扎西多波切寺，南为古尔琼白玛寺，西为多加寺，北为恰妥寺，象征着佛教上所说的愠、怒、权、势。这些寺庙的墙壁上有许多据说自然形成的佛像。佛教徒们将湖中最大的 5 个岛屿视为五方佛的化身。扎西多波切寺建在伸入湖中的扎西半岛上，至今香火鼎盛，是朝圣者和旅行者必去的地方。扎西半岛上分布着许多奇形怪状的岩洞，耸立着无数石

纳木错扎西半岛上著名的"合掌石"。

柱和奇异的石峰。其中以"合掌石"最为著名。两块巨大的奇石立在湖边，形如一双巨大的手掌，向念青唐古拉神山合掌祈祷，也有人把它视为纳木错的湖门。按当地的传说，它们是象征爱情的夫妻石。很多年前，一对恩爱的夫妻相偕来到湖边，因天地发生巨变，夫妻幻化为石，相对而立，彼此深情凝望。

藏区有马年转山、羊年转湖、猴年转森林的习俗。传说，吉祥法轮将转身之圣地冈仁波齐定为马年，转语之圣地纳木错定为羊年，转意之圣地杂日山定为猴年。据说每到羊年，诸佛、菩萨、护法神会在湖中集会设坛大兴法会，如此时前往朝拜转湖，念经一次，胜过平日转湖念经十万次，其福德不可限量。每逢羊年的萨嘎达瓦节期间，来自远方的僧侣、信徒和游人绕湖而行，迤逦不绝。

纳木错挂经幡的人（上）。纳木错湖边转经的信徒（下）。

旅行指引：

从当雄县城旁的旅游公路拐进去约60千米即可到纳木错，公路西边有路牌指示，可在当雄租车或徒步前往，也可直接从拉萨租车。最好能在湖边住上一晚，看纳木错的黄昏和日出朝霞是绝美的享受，若你有精力的话晚上在湖边看星星，听纳木错的水浪声，那种天籁之音会让你毕生难忘，但要多穿点防风和御寒的衣服。无论你在高原待了多少天，90%的人到了纳木错还是会有不同程度的高原反应，所以必须备些抗高原反应的药和止痛片。游纳木错时会给每位游客一个垃圾袋，让游客将白色垃圾带出景区。扎西半岛南山崖下依山洞而建的寺庙前有招待所和毡房，可供旅行者歇息，晚上还可以和藏族人一起跳锅庄舞。羊年转湖的人很多，沿路会有照应，但若平日里转湖，要注意防狼，据说还可能碰到熊。

壮阔美丽的纳木错。圣湖崇拜总是与神山相
伴，神山代表男性，圣湖则代表女性。

草原之神念青唐古拉

　　拉萨往北 100 千米处，是举世闻名的念青唐古拉山。"念青唐古拉"藏语意为"灵应草原神"，是藏北草原众山的主神。它是雅鲁藏布江和怒江两条大水系的分水岭，同时将西藏分为藏北、藏南、藏东南三大地域。

　　念青唐古拉山山体宽约 180 千米，海拔多在 5000 米以上，主峰琼姆岗海拔 7048 米。雪峰终年白雪皑皑，云雾缭绕。

　　藏文文献记载，念青唐古拉山是青藏高原中部的守护神，也是布达拉宫所在地红山的守护神。传说其化身是一位穿着一身白色衣服的英俊男子，头顶饰有五个绿松石的发髻，骑着一匹腾空飞翔的白马。

　　念青唐古拉山和南边山脚下的纳木错，据说是一对生死相依的夫妻。他们的爱情，正如草原上牧民们的爱情，执着、深情，追求天长地久。难怪吸引了那么多相爱的情侣，不远万里专程来到纳木错湖畔举行婚礼。念青唐古拉山是"第十一届亚运会"的圣火采集地。

念青唐古拉山和山脚下的纳木错相偎相依。

234

天葬台上的骷髅墙

若想直面人生之无常，体悟生命之真谛，莫如去一趟藏北比如达木寺，亲眼一睹多多卡天葬台上的骷髅墙。这不失为看破生死的速成法门。

以骷髅墙闻名天下的达木寺多多卡天葬台就位于比如县城的西郊。达木寺建于文成公主进藏时期，主要建筑由经堂、佛塔和天葬台组成。天葬台建在寺附近的山坡上，由活佛白玛白扎创建。天葬台院子的西、南两处各有一道门，西门是活人进出用的，南门是抬尸体的入口，四周有约一人高的两面长长的骷髅墙。

旅行指引：

那曲长途汽车站每天上午八点起有发往比如的班车。或搭乘返回比如的货车。对骷髅墙拍照或摄像，要交100元至2000元的费用。

山神的肠子冬虫夏草

"冬虫夏草"简称"虫草"。多产自海拔3800米以上的高山草甸地带。冬虫夏草的"冬虫"是鳞翅目蝙蝠蛾的幼虫，是真的虫子；"夏草"则是一种叫虫草孢子囊菌的真菌，并非真的草。

目前市场上虫草贵比黄金。中医把虫草和人参、鹿茸并列为最上等的补品。分藏草、青海草、川草、滇草、甘肃草等，其中尤以那曲产的藏草最为名贵。《本草纲目拾遗》记载："冬虫夏草性温暖，补精益髓，此物保肺气，能治百虚百损，治腰膝间痛楚，与雄鸭同煮食，宜老人。"

藏族人认为虫草是山神的肠子，如果挖掉虫草山神就会死掉。没有了山神的保护，百姓就会遭到水灾、雪灾侵害，所以历史上藏族人没有挖虫草医用或食用的传统。近年来，虫草价格连年暴涨，从外地来藏区挖虫草的人成千上万，严重破坏了当地的草场和植被。收入十分有限的藏北牧民们，一方面反对外地人挖虫草的行为，一方面也开始起而效之，逐渐把挖虫草当成了致富增收的重要手段。每年到了挖虫草的季节，牧区的学校约定俗成都会放"虫草假"，停课让老师和学生与家人一起上山挖虫草。随着虫草价格的持续攀升，在虫草产地，本地人与外乡人或本地人之间经常为争夺地盘而发生械斗，甚至伤及人命。

那曲恰青赛马节

　　那曲恰青赛马节，是藏北那曲镇一年一度最盛大的节日。"恰青"藏语意为"夏季"，这是羌塘草原最好的季节。

　　赛马活动源于雪域先民崇武的精神。藏北民间有种说法："岭国国王是通过赛马选的。"在史诗中，英雄格萨尔也是通过赛马获胜才称王的。相传，文成公主进藏时，藏王松赞干布亲自前往唐蕃边境迎接。为了表达对文成公主到来的欢迎，在边境举办了赛马会。松赞干布亲自披挂上阵，参加赛马，遗憾的是只取得了第13名。文成公主为了答谢松赞干布的深情，也为了替松赞干布挽回颜面，将获奖名额取到了第13名。这也是13在西藏之所以是吉利数字的缘由。关于藏北的赛马会，文字记载，是从藏王赤松德赞时代开始的。古时的赛马会，多以部落为单位，比拼谁的实力强大，谁更有权力称雄草原。

　　赛马会在每年8月中旬（藏历六月）举行，这时的藏北草原牧草丰美，

白天，牧民们观看赛马、骑射、马上拾哈达、赛牦牛、拔河、抱石头等传统比赛；晚上，大家围着篝火载歌载舞，不醉不休。那个季节的藏北草原，是歌舞的海洋，欢乐的海洋。"不看赛马会，枉然来西藏"，八月的羌塘草原，诱惑着每个向往游牧生活的人。

风和日丽，是一年中美好而短暂的黄金季节。数百千米范围内的牧民们纷纷骑上骏马，驱赶牛羊，驮着帐篷，携带青稞酒、酸奶子等美食，汇集到那曲镇。会场四周的草地上，搭起了各种花色的帐篷，许多帐篷顶上挂起了五色经幡。牧民们身着色彩浓烈的民族服装，佩戴各类珠宝饰物，赛马会同时也变成了时装盛会。僧侣们也会来参加赛马节，藏北最大的黄教寺庙索县赞丹寺的喇嘛，仿照寺庙的格局，用白色帆布缝制成"一大四小"的帐篷群落，成为一座"流动庙宇"，人们纷纷前来参拜。

旅行指引：

为了方便游客，当地将赛马节的时间固定于8月10日在那曲镇举行，一般要持续7天。

拉萨向东｜林芝

沉浸于树林和溪边的宁静／在牧人的冬
窝子或海子边扎营／这些本可成为我们
灵魂的归宿之地／却被我们上了发条的
双腿／错过，一次次离它远去

—— 列美平措《圣地之旅·第二十首》

林芝景点示意图

冲九
巴河镇

八一镇①
巴结②
色齐拉
林芝镇⑤
帮纳村
布久乡③
简切村④
嘎马

加拉
打林
榕嘎
大渡卡
旅镇

朗县
米林

注：①八一步行到巴结柏林要1小时
　　②巴结和林芝相距19千米，步行要4个多小时
　　③布久乡有布久寺
　　④简切村的喇嘛林寺
　　⑤林芝镇景点：帮纳村的千年桑树王、
　　　苯日神山、摩崖石刻

238

林芝旧称"工布",位于西藏东南部,其东部和北部与昌都、那曲连接,西部和西南部与拉萨、山南相邻,南部与印度、缅甸两国接壤,平均海拔3000多米,主要聚居着藏族、门巴、珞巴等民族和僜人。林芝市(2015年4月,国务院批复撤销林芝地区和林芝县,设立地级林芝市)下辖米林、工布江达、朗县、波密、察隅、墨脱和新设立的巴宜区。

"林芝",藏语意为"太阳宝座",印度洋暖湿气流和高原寒流于此会合,使得林芝部分地区气候温和湿润,夏无酷暑,冬无严寒。近年,林芝为了发展旅游业,自誉"西藏江南"。然除了墨脱为热带、亚热带气候外,唯察隅部分区域四季如春,气候湿润,有资格比拟为"江南",其余诸县,皆属高原气候,与"西藏江南"之称则颇有名实不副之嫌。由于春播季节来得较早,工布地区在藏历十月初一过自己的春节,称"工布"节。境内苍苍莽莽的原始森林,不仅是中国第二大原始森林,还是雪域高原的天然氧吧。

工布地区在历史上,曾是西藏发配流放罪犯的地方,非常落后和封闭,多深山峡谷、茂密森林,且交通不便,外人视之为畏途。

昔日人们畏之如虎的工布,如今成了雪域的香巴拉,拉萨的后花园——境内的雅鲁藏布大峡谷,为世界第一大峡谷,被称为"地球上最后的秘境";南迦巴瓦峰,被誉为中国最美的山;巴松错,被誉为世界屋脊上的人间天堂;墨脱,著名佛教圣地,藏在深山峡谷中的一朵莲花;四季如春的察隅,茶马古道上最后的马帮,充满田园牧歌的福地……林芝,正如西藏流行的一首歌谣《香巴拉并不遥远》里所吟唱的:

有一个美丽的地方/人们都把它向往/那里四季常青/那里鸟语花香/那里没有痛苦/那里没有忧伤/它的名字叫香巴拉/传说是神仙居住的地方

林芝交通:

林芝客运中心每天上午六点有陆续发往拉萨的班车,票价因车型不同120～240元不等;每天上午九点有发往波密、察隅的班车,票价分别为130元、320元;每两天一班或每天一班上午九点有发往昌都的班车,票价为302元。发车时间和票价可能因季节不同有所变化,可先打电话问询,咨询电话:0894-5824714。

雅鲁藏布大峡谷

雅鲁藏布江是雪域高原上的最大河流，也是世界上最高的大河，藏族人视其为"母亲河"。相传"雅鲁"是藏族酋长的始祖，"藏布"是"赞普"的转音，意谓此江乃是江河之王。雅鲁藏布江古代藏文中称"央恰布藏布"，含意是"从最高顶峰上流下来的水"。雅鲁藏布江从冈底斯发源，一路向东，但到了喜马拉雅山尾闾，它却突然转了一个接近 180 度的大弯，掉头向西，直奔印度洋而去。它这一掉头不要紧，怒涛滚滚的江水如一把巨斧，在高山群峰之间，劈出了一个世界奇迹——雅鲁藏布大峡谷。

雅鲁藏布大峡谷是世界上山地生态系统类型、植被类型、生物群落最丰富的峡谷谷地，被誉为"天然动植物博物馆"。从海拔 7782 米的南迦巴瓦峰顶，直到海拔数百米的谷底，分布着地球上全部的植被类型，在高

在国务院 1998 年批准"雅鲁藏布大峡谷"的正式命名之前，人们常把大峡谷称为"雅鲁藏布江大拐弯"。在一些旅游机构的误导下，不明真相的旅游者常将在扎曲看到的这样一个小水湾，误以为是闻名于世的"雅鲁藏布江大拐弯"。其实，它仅是长达 504.6 千米的马蹄形雅鲁藏布江"大拐弯"中的一个"小小拐弯"而已。

山雪线之下是高山灌丛草甸带，向下是高山、亚高山常绿针叶林带，再向下是山地常绿、半常绿阔叶林带和常绿阔叶林带，进入河谷地带则是季风雨林带。

在气候方面，雅鲁藏布大峡谷对青藏高原的影响非常巨大。它面向着孟加拉湾和印度洋，为来自印度洋的暖湿气流提供了一条天然通道，把全球热带气候的最北边界向北推移了五六百千米。南来的暖湿气流逆江而上，深入青藏高原的腹地，使得林芝森林茂密，雨水充沛，成为西藏江南。它的影响甚至波及到千里之外的拉萨。暖湿气流的余波伸入拉萨河谷，拉萨蒙此机缘，注定成为雪域的心脏、高原的圣城。

旅行指引：

要欣赏大峡谷地段的壮丽景色，主要以徒步为主。徒步线路主要有 4 条：1.从米林县派镇往南行翻越多雄拉山，经拉格沟进入大峡谷；2.从波密县城往西行翻越嘎隆拉山，再进入大峡谷；3.从米林派镇经过大渡卡、宜淀、格嘎、直白、加拉等村沿雅鲁藏布江进入大峡谷，沿途有古堡、各色杜鹃花和中国首例跃动冰川——则隆弄沟冰川等迷人风光；4.从原林芝县排龙门巴民族乡往西南方向进入大峡谷的扎曲营地。排龙到扎曲路途较近，是最理想和便捷的一条线路。到大峡谷地区最好能避开雨季，4月和10月是最好的季节。

南迦巴瓦峰
被誉为中国
最美的山。

名山之首南迦巴瓦峰

南迦巴瓦峰位于墨脱境内,海拔7782米,为喜马拉雅山东段最高峰。南迦巴瓦藏语意为"天上掉下的石头",也有文字记载把南迦巴瓦峰描绘成"一支闪闪的长矛直刺云天"。

南迦巴瓦峰高耸于群峰之上,构成地形上的巨大屏障。由于峰下是世界第一大峡谷,南迦巴瓦峰成为视觉上的世界第一高峰。南迦巴瓦峰一带地震频繁,1950年发生的里氏8.5级大地震,造成其下的雅鲁藏布江河道阻塞,山川易容。

走进大峡谷深处,雅鲁藏布江碧绿的江水在谷底呼啸奔腾,河床上滩礁星罗棋布。抬头向上望去,天空变成了一条狭窄的缝隙。靛蓝的背景上,一座银灰耀眼的雪峰突出在云层之上,仿佛与天接通,那就是中国名山之首南迦巴瓦峰。

旅行指引:

欲睹这座险峻的奇峰,最好的季节是秋季,此时秋高气爽,看到的几率会大很多。比较容易到达的观赏地点有两个,一在色季拉山口,不过离得比较远,看得不是很真切。一在派镇附近的大渡卡村和直白村。当然了,想要看到最辉煌的雪山景色,还是要走进大峡谷里面,那种扑面而来的震撼感绝对让你终生难忘。

雪域明珠巴松错

巴松错地处工布江达县境内，湖面海拔约3700米，藏语意为"三石湖"，三座大山环拥着碧玉般的美丽湖泊。

湖中有一座叫"扎西岛的小岛"，离岸边大约100米左右，传说该岛是"悬空岛"，岛上有一个宁玛派的寺庙，寺名为"错宗工巴寺"。别看仅弹丸之地，扎西岛上所谓的神迹简直比比皆是。如格萨尔王挥剑在巨石上留下的剑痕、树叶上自然形成的藏文字母、松赞干布在石上留下的脚印等，简直令人眼花缭乱。

在巴松错南岸一处小溪旁边，有一个宽约20厘米，深约40厘米的"求子洞"，形似女阴，据说求子十分灵验。岸边建有一座"巴松错度假村"。爬到度假村背后的山林上，可居高临下地拍摄到湖心小岛。

旅行指引：

巴松错距318国道主干线39.6千米，距离工布江达县城50多千米，交通便利。从拉萨或是东面的八一镇多能搭到顺风车，在林芝八一镇可以包车前往巴松错。在巴河桥下车，旁边就是景区售票处。过桥往东北走约40千米，才能到巴松错湖边。巴松错最好的季节是秋季。

"西藏江南"边城察隅

川藏公路近然乌湖时，向南有一条支路。沿支路翻越德姆拉山，即为全国知名的"西藏江南"边城察隅。

察隅地处青藏高原的东南，喜马拉雅山和横断山脉交界的地方。闻名于世的梅里雪山的西麓即在察隅县境内，而怒江也是经察隅流入云南。在察隅的察瓦龙乡和古拉乡，至今仍活跃着茶马古道上最后的马帮。

过去，察隅曾是西藏地方政府流放发配罪犯的地方。如今的察隅，却已是一个有着"西藏江南"美誉的人间乐土，盛产水稻、香蕉、柑橘、葡萄、石榴、西瓜、甘蔗等高原罕见的亚热带作物和水果，为众人倾心向往的福地。

察隅南部与缅甸、印度接壤，历来为边防重地，而且没有像亚东、樟木一样的开放口岸。因此，相对而言，交通仍不便利、商业欠发达的察隅，在外人眼里至今仍保留着世外桃源式的神秘色彩。现在，察隅境内生活着藏、汉、纳西、独龙、苗、回、门巴、珞巴、傈僳、怒等10个民族和僜人，是西藏民族最多、最具民族风情的一个县。

旅行指引：

林芝八一镇和昌都都有发往察隅的班车。下察隅更靠近边境，一般游客进入，要到察隅公安局办理边防证，有效期一天，外地的边防证一般不认可。最好有当地人陪同办理，不然有可能遭拒。察隅县城生活配套设施齐备。

由于地势由西北向东南倾斜，典型的高山峡谷和山地河谷地貌造就了察隅"一山有四季，四季不同天"的独特自然景观，迥异于青藏高原的其他地区。中小学课本上介绍垂直自然带的特征时，一般以察隅为例。

下毒·被误解与妖魔化的人

墨脱门巴人家。由于外界传说墨脱人有下毒的习俗，如果你去了墨脱人家里，女主人敬酒前常会先往自己手心倒一点喝下去，以示酒中没有下毒。

　　色季拉山下的藏式茶馆里，每有客人停车休憩时，茶馆主人总会殷勤上前，自称是康巴人，并以贴满墙壁的他们在康区的照片为证。之所以如此，是因为藏区历来有着林芝人下毒"杀人夺福"的传说，而其中，尤以墨脱门巴人被妖魔化得最为厉害。

　　所谓的"杀人夺福"指放毒者认为毒死了别人，死者的才智、天赋和好运都会转移到自己身上。据说放毒者一般将毒粉藏于右手拇指指甲缝间，在端茶奉酒时，趁人不备，偷偷弹入。且毒粉多为慢性毒药，最久的20年后才会发作。

　　传说毕竟只是传说。在很早的年代，也许是有的。工布地区在古代是流放者和逃亡者的家园。然而，即使他们躲避进高山峡谷丛林深处，仍不能摆脱头人们的重税盘剥和奴役。工布人的内心深处，对外来人既充满畏惧和憎恨，也多少有些羡慕和嫉妒。在他们生活的热带、亚热带气候环境下，森林中生长着大量带有毒性的动植物，为制毒提供了原料。当地人有狩猎的传统，制造毒箭正是他们的拿手好戏。如此这般，我们也就可以勾勒出所谓下毒"杀人夺福"的大致轮廓了。

　　随着时代的变迁，相关陋习逐渐绝迹。现在虽也偶有某人被毒死的传闻，多属无中生有或捕风捉影，不足为信。由于林芝，尤其是墨脱气候炎热潮湿，森林里瘴气极重，人易染病。同时，食物和酒容易发馊变质，当地人常吃变臭的肉，喝变味的酒，难免经常出现食物中毒的情况。虽也是中毒症状，但并非人为专门下毒所致。旅游者在当地对饮食卫生确需多加注意，但不必杯弓蛇影。事实上，不仅墨脱的门巴人和珞巴人，就连林芝一带的藏族人，几百年来一直都受到其他地方的不公正对待和普遍歧视。直至今日，这种误解与妖魔化仍时有所闻。

康区服饰和康巴民居。

拉萨向东｜昌都

苍凉的草原，像谁手中的一页经书
写满了神性的桑烟，被风一次次翻读
——王志国《雪山之下》

昌都旅游景点分布图

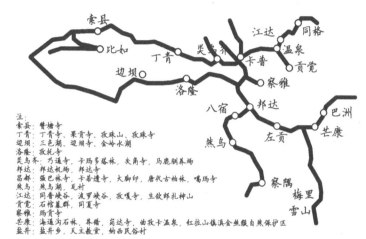

注：
索县：赞塘寺
丁青：丁青寺、果贡寺、玫珠山、玫珠寺
边坝：三色湖、边坝寺、金岭水湖
洛隆：玫托寺
类乌齐：乃遏寺、卡玛多塔林、尖角寺、马鹿驯养场
邦达：邦达机场、邦达寺
昌都：强巴林寺、卡若遗址、大脚印、唐代古柏林、噶玛寺
然乌：然乌湖、瓦村
江达：同普峡谷、波里峡谷、玫嘎寺、生钦朗扎神山
贡觉：石棺墓群、同夏寺
察雅：玛贡寺
芒康：海通沟石林、荞腊、岗达寺、曲孜卡温泉、红拉山镇滇金丝猴自然保护区
盐井：盐井乡、天主教堂、纳西民俗村

"卫藏的宗教、康巴的人、安多的马",这句话在藏地妇孺皆知。康巴指藏东、川西和滇西的广大藏区,其中核心部分是地处怒江、澜沧江、金沙江三江流域横断山脉一带的昌都。

昌都,藏语意为"河流汇合处",指昌都镇地处澜沧江上游扎曲与其支流昂曲交汇的三角地带。昌都镇历来都是川、青、滇入藏的重要门户。昌都地区民国时期原属西康省,现在的昌都市(2014年10月20日,国务院正式批复同意昌都撤地设市。2014年12月10日,新的完整的昌都市地级国家政权实体正式建立。)辖芒康、贡觉、八宿、左贡、边坝、洛隆、江达、类乌齐、丁青、察雅和新设立的卡若区,即一个区十个县。自隋唐以来,康巴藏区一直是汉地和藏区之间物资交流的重要中转站和重要市场。通过"茶马互市",藏区的马匹、牛羊交换内地的茶叶、布匹和盐巴,各得所需。

康巴的土著古时被泛称"诸羌",吐蕃征服这一地区后,康巴居民的血缘和文化愈为复杂和丰富。在卫藏人的眼里,康巴是遥远的边地。世代居此的康巴人,却创造了大放异彩的康巴文化。昌都是格萨尔传奇的发源地之一,有着历史悠久的说唱艺术。康巴服饰以色彩绚丽、雍容华贵著称,穿者周身上下缀满金、银、铜、珊瑚、玛瑙、翡翠、绿松石、珍珠等贵重饰物,几代人积累下的财富集于一人一身。康巴的音乐和舞蹈也具有强烈的地方特色。人们称西藏是"歌舞的海洋",相比之下,歌舞当以康区为最,被公认为"会说话的都会唱歌,会走路的都会跳舞"。独具风格的"弦子""锅庄""热巴",淋漓尽致地表现着康巴人的粗犷豪迈、热情奔放。以昌都"锅庄"为例,跳时男女分开,各为一排,然后对跳,男人大开大合,歌声浑厚,热情奔放;女人细步轻盈,歌声甜润,体态婀娜。男歌女舞,演绎着康巴边地的无限风情。

昌都交通:

昌都客运站在旧城区西大桥附近,有发往成都、拉萨、类乌齐、左贡、芒康、察雅、康定、丁青、波密、八宿、察隅的班车。每天上午十一点有发往成都的班车,票价450元;每逢一三五上午九点有发往拉萨的班车,票价280元;每逢周一、四上午九点有发往波密的班车,票价200元;每周三、六上午九点有发往察隅的班车,票价200元。这些班车根据冬夏时间不同,客运站会实行不同的票价,发车时间也有所改动,去之前先打电话问询,咨询电话:0895-4822793。

康区第一寺强巴林

强巴林寺位于昌都镇内的四级台地上，也叫昌都寺，是康区最大的寺院，因主供强巴佛而得寺名。

强巴林寺有五大活佛世系，12个扎仓，历史上僧人最多时超过5000人。强巴林寺在壁画、唐卡及舞蹈方面，独树一帜，堪称康区的一座艺术宝库。寺里的"古庆"跳神，素以狰狞逼真的面具，整齐典雅的动作造型，宏大的场面闻名藏区。

强巴林寺僧人除了念经拜佛外，还要经商或放贷。年终寺庙进行结算，如有盈利，则不分地位高低，平均分配，通常采取散发酥油、糌粑、茶叶等生活必需品的办法。

旅行指引：

不用门票。在昌都镇旧城区，可步行到达。寺庙建在昌都地势最高的台地上，在门口就能看到昌都的全貌。昂曲和杂曲在寺庙下面的山脚处交汇，合并成了著名的澜沧江向南奔腾而去。

苯教丁青孜珠寺

赫赫有名的苯教寺院孜珠寺，位于丁青县境内苯教神山孜珠山顶。据说孜珠寺的历史最早可追溯到二三千年以前。苯教典籍记载，第一代藏王聂赤赞普统治时代，从西部的象雄请来108位苯教大师，在吐蕃兴建了37座规模宏大的苯教寺庙，孜珠寺即为其一。后历经上千年，其他寺庙因各种原因次第消亡，孜珠寺成为其中仅存的硕果。

在孜珠寺下面的半山腰处，是最著名的苯教天葬台，藏东苯教徒最为向往的往生之地。无论何时，在孜珠寺一带，都能看到大批前来朝圣转经的苯教信徒。仔细观察就会发现，他们与佛教信徒有着明显的不同之处：他们转经沿着逆时针方向而不是顺时针方向；念诵的不是六字真言"唵嘛呢叭咪吽"，而是苯教八字真言"嗡嘛吱咪叶嘎嘞嘟"。

旅行指引：

昌都每天早上都有一趟发往丁青县的班车，孜珠寺距县城约37千米，需包车前往。

岭·格萨尔的传奇

《格萨尔王传》是一部英雄史诗，格萨尔是一个人，格萨尔更是一个传说中的神。西藏有句谚语："每个岭国人的嘴里都有一部《格萨尔王传》。"岭国，在今天的康巴地区。格萨尔的故乡就在四川甘孜德格的阿须草原一带。

公元 1038 年，格萨尔出生于阿须草原，年少时放牧流浪，16 岁赛马称王，进驻德格的都城森周达泽宗，并娶珠姆为妃。那是一个部落众多、群雄并起的混乱时代。格萨尔率众将南征北战，除暴安良，最终统一岭国，百姓从此过上了太平日子。民间传说关于格萨尔和他那个时代的遗迹，遍布康区和藏北草原。

《格萨尔王传》是世界上篇幅最长的一部史诗，长 100 多万诗行。史诗以其雄浑磅礴的气势，通过对几十个邦国部落之间战争的有声有色的叙述，反映了 6 世纪至 9 世纪以及 11 世纪前后藏族地区的一些重大历史事件，在青藏高原广泛流传。

格萨尔王在史诗中被描绘为降生人世的天神。《格萨尔王传》的说唱艺人藏语称为"仲肯（或仲巴）"，据说一般分为五类：一是巴仲，即神授艺人，通常身世坎坷，目不识丁，往往做过一个奇怪的梦之后无师自通；二是退仲，听别人说或诵读史诗刻本而具备说唱能力的人；三是德尔仲，多为宁玛派高僧，当他们进入一种"心藏"状态后，能神奇地默写出《格萨尔王传》的伏藏；四是仲丹，照着书本颂唱，文化水平较高；五是扎巴，能借助铜镜从中看到别人看不到的图像或文字来说唱。

绝世风光然乌湖

然乌湖位于八宿县西南，湖面海拔3850米，为藏东第一大湖。然乌湖原为雅鲁藏布江支流帕隆藏布江的上游河段。大约200多年前，然乌湖一带山体滑坡崩坍，大量巨石碎岩堵塞河道形成了堰塞湖。"然乌"，藏语的意思是"尸体堆积在一起"。相传湖水里住着一头水牛，湖岸上生活着一头黄牛，两头牛互不相让，时常顶角较量。两头神牛死去之后，尸体化作大山，然乌湖就夹在两山之间。

然乌湖海拔虽高，却与其他高原湖泊的风光迥异。它的西南方是岗日嘎布雪山，南边是阿扎贡拉冰川，东北方是伯舒拉岭。然乌湖四周雪峰连绵，冰川众多。山顶白雪皑皑，山腰以下长满了青松翠柏等针叶树木。在夏季，雨水较多，冰川融水也会带来大量的泥沙，然乌湖的湖水比较混浊。在冬季，湖面会结一层厚厚的冰，当地老百姓开拖拉机在湖面上运送木材。春秋两季，是然乌湖风光最迷人的时节。雪山森林倒映在如镜的湖面上，上下对称，实在令人无法分清孰为实物，孰为虚幻。在湖面狭窄的地段，一些小岛和礁石浮出湖面，湖面轻烟弥漫，此情此景，不免使劳顿的旅客生起出尘之想。

湖边生长着大片大片的草甸，每至春季来临，草甸上开满一层粉红的小花，如一张花毯，一直伸向远处的来古冰川。有人曾盛赞然乌湖畔的绝美风光，誉之为"中国的瑞士"。但以然乌湖一带原始的湖光山色和湖畔居民古道热肠的民风，经过现代文明洗礼数百年的瑞士，恐怕是望尘莫及的。

旅行指引：

位于八宿县城西南80千米的川藏公路边上，沿途可尽情观赏湖光山色。可住然乌宾馆或平安旅馆，坐便车可向老板打听。如有兴致，从然乌镇出发沿湖上行约一千米，到康撒村路口，向左前往察隅可等从昌都、林芝过来的班车或搭便车。向右可经湖边10千米简易公路到达世外桃源——来古村，在此可远眺来古冰川。心底有桃花源情结的人，不妨离开318国道，向南沿土路前往来古冰川一带，一饱冰川景观。走进冰川下的来古村，你一定会大发感慨，原来漫长的川藏线上最为绝美的风光，竟然隐藏于此。

冰川下的来古村风光。或许这里正是你梦寐以求的远离尘嚣之地，牛羊成群，田园牧歌，日出而作，日落而息。

4 拉萨向南｜山南

我的血液与之相溶／面对藏乡第一块
农田／面对来自天上的第一代英主／
面对藏乡第一座宫殿……我对自己说：
我是谁／来自何方／去往何处

—— 加央西热《生命之光》

山南泽当周边景点分布图

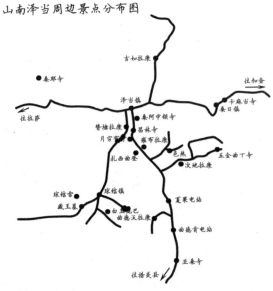

山南，指冈底斯山脉和念青唐古拉山脉以南的大片土地。山南地区北接拉萨，西连日喀则，东与林芝毗邻，南与印度、不丹两国接壤。下辖乃东、琼结、措美、加查、贡嘎、洛扎、曲松、桑日、扎囊、错那、隆子、浪卡子诸县。从拉萨出发，走拉泽公路，汽车只需两个多小时即可抵达山南的行政中心乃东县泽当镇。雅鲁藏布江的支流雅砻河缓缓绕城而过。

藏族起源传说壁画。

走进山南，就像进入时光隧道。时光倒流一千年、两千年，甚至更长。在洪荒蒙昧的古老土地上，一个崭新又独特的文明横空出世。西藏民间有种说法："地方莫古于雅砻，房屋莫古于雍布，赞普莫古于聂赤"，这里所说的雅砻、雍布、聂赤，都与山南有关。吐蕃、帕竹和拉加里三大王朝的故都均在山南境内。

假如西藏有灵魂，那么，它一定至今仍徘徊在最初的诞生之地——山南。也许，山南之旅，它将和我们不期而遇。

山南西藏之最

第一位国王——聂赤赞普
第一个政权——吐蕃王朝
第一块农田——索当
第一个村庄——雅砻索卡
第一座宫殿——雍布拉康
第一部经书——邦贡恰加
第一座佛堂——昌珠寺
第一座寺院——桑耶寺
第一部藏戏——巴嘎布
第一个教派——宁玛教派
第一批僧团——七觉士
第一座庄园——朗赛林庄园
第一座王陵——藏王墓
第一座铁索桥——甲桑桥
第一位女活佛——多吉帕姆

山南交通：

山南泽当汽车站位于市区东北角，这里有发往附近各县和景点的班车，诸如昌珠寺、雍布拉康、琼结、扎囊、机场、姐德秀镇、桑耶渡口、贡嘎县城、浪卡子、加查、桑日、曲松、隆子、错那、朗县等。每天上午八点、八点半、九点半有发往拉萨的班车，中巴、大巴的票价为37~42元/人。每天上午八点半有发往加查的班车，票价80元。班车时间和车次受旅游淡旺季的影响，最好提前查询，咨询电话：0893-7820114。

猕猴变人的古老传说

关于藏族的起源，在藏族民间广为流传的是记载在藏文史书《西藏王统记》中的"猕猴变人"传说。据说在远古时代，观世音菩萨曾为一灵异神猴授具足戒，令其往雪域藏地修行。神猴遵命，至扎西藏若波岩洞中修道。忽然出现一个与神猴有宿缘的岩罗刹，女魔变为盛装的美女，对猕猴说："让我们二人结为夫妻吧。不然，我当自尽。"猕猴左右为难，如果娶其为妻，会破了戒律，但若拒绝，将造成罪业。遂返回普陀山面叩观世音菩萨，未料观世音菩萨竟说道："这是上天之意，是吉祥之兆，速去与女魔结成夫妻。"说罢，为神猴岩魔赐予加持。自神猴与岩魔结为夫妇后，即有六道有情死后前来投胎，产六猴婴。过了3年，已繁衍了500只小猴。然果实有限，群猴无以果腹，情状凄惨。于是猕猴向观世音菩萨求助。观世音菩萨便从须弥山的缝隙间，取出了青稞、小麦、豆、荞、大麦的种子，撒到地上，未经耕作，地里长满了各种谷物。从此雪域高原出现了第一块农田。猴子们得到充足的食物，毛发变短，尾巴收缩，逐渐演变为雪域高原藏族人的先民。后世的藏王，皆自称观世音菩萨转世，自是由此发端。

猕猴变人的故事在西藏家喻户晓。泽当，即以"猴子玩耍之地"得名。传说猕猴住过的山洞，就在泽当镇东侧的贡布日山的山腰。贡布日山成为西藏四大神山之一，主要得益于猕猴变人的传说。人们相信，只有心诚的有福之人，才可登上此山看到自己的来世。

第一座宫殿雍布拉康

自第一代藏王聂赤赞普始，到第33代赞普松赞干布统一高原将王都迁往拉萨为止，雍布拉康一直是历代藏王的王宫。松赞干布时起，雍布拉康成了藏王的夏宫。据说文成公主入藏后第一个夏天曾在此居住。

雍布拉康位于乃东县城东南约5千米处，雅砻河东岸扎西次日山顶之上的王宫，共分为三层。传说第一部传入西藏的佛教经典即藏于雍布拉康。

旅行指引：

雍布拉康是远眺雅砻河谷的极佳所在。黄昏的时候更美，是摄影的好时机。乃东路上有去雍布拉康的小中巴车，客满就走。从泽当镇步行到雍布拉康，需三小时。回程时可顺道去昌珠寺参观。传说中西藏的第一块农田，就在泽当镇北面雍布拉康山脚下。雍布拉康向南约5千米处的乃东县颇章乡的村落里，有金城公主的行宫遗址"傍唐宫"。

去昌珠寺看珍珠唐卡

昌珠寺位于山南雅砻河东岸的贡布日山南麓，在泽当镇南郊外两千米处。昌珠寺始建于公元641年，是西藏第一座佛殿之所在。

人们慕名前来昌珠寺，往往是为了亲眼看看镇寺之宝珍珠唐卡。昌珠寺保存的珍珠唐卡，是一幅用小粒珍珠串成线绘出的"坚期木厄额松像（观世音菩萨憩息图）"，为元末明初西藏帕莫竹巴王朝时期的乃东王王后出资制作。珍珠唐卡曾在特殊时期被拆毁，今见的是后来的复原图。整幅唐卡长2米，宽1.2米，镶嵌珍珠共计29026颗，钻石1颗，红宝石2颗，蓝宝石1颗，紫宝石0.55两，绿松石0.91两，黄金15.5克，珊瑚4.1两。在同一房间，还存有一幅文成公主亲手绣制的释迦牟尼唐卡。

旅行指引：

可在参观完雍布拉康返回时参观，另在乃东街上有很多去昌珠寺的中巴车，两元钱即可到达。珍珠唐卡藏于二楼的正殿内，人少时可能不开放，可与那的喇嘛说说情。

珍珠唐卡。细心观察，你会发现，无论你在哪个角度，珍珠唐卡里的观世音菩萨，都在慈祥地注视着你。

叶落归根藏王墓

相传最早的七代藏王薨逝时，均由一个直达天庭的绳梯接引而去。第八代藏王割断了"登天之绳"，吐蕃人从此失去了与神的联系。到了吐蕃第八代藏王止贡赞普之子茹拉杰时期，茹拉杰为其父建造了西藏历史上第一座陵墓。

藏王墓位于琼结县城南的木惹山麓和东嘎沟一带。整个陵墓群面积约10000 平方米，各墓封土高大，高出地表约 10 米。墓顶呈平顶形。藏王墓究竟有多少座，众说不一。经过 1000 多年风雨的侵蚀，现在能分辨出来的似有 9 座，初步认定是松赞干布、芒松芒赞、赤德松赞、赤松德赞、赤祖德赞、赤德祖赞、朗达玛、赤都松芒波杰及牟尼赞普等吐蕃赞普的陵墓。

靠近河边的松赞干布墓，史称"红陵"。墓的大门朝西南开，面向释迦牟尼的故乡，以示对佛祖的虔诚。墓上方有座小庙，供有松赞干布和文成公主的塑像，也是守墓人的居所。松赞干布墓是现存藏王墓中规模最大、最有气势的陵墓，是吐蕃时期陵墓建筑艺术的代表。史料记载："君死，赞普之乘马、甲胄、珍玩皆入墓""墓内九格，中央置赞普尸，涂以金。"《五部遗教》里讲：陵内建有五个神殿，中央神殿葬有松赞干布和文成公主、赤尊公主两个妃子。四面各建一殿，均有墓道与主殿相通。殿内供有松赞干布、释迦牟尼和观世音的塑像，还有大量的金银、珍珠、玛瑙等随葬品。墓左面埋有他出征时穿的金盔甲，脚部埋有珍珠 2.5 克（克，是藏族的重量单位，约 14 千克）。墓右面埋有用纯金做的骑士和战马，作为松赞干布死后的侍从和卫队，颇似秦始皇陵的兵马俑。

旅行指引：

乘车到琼结县后，再转乘当地的出租车前往，人多的话最好合伙包辆车一线走完昌珠寺、雍布拉康和藏王墓等地。

超出意想桑耶寺

桑耶寺是雪域高原上第一个真正意义上的佛教寺庙。以桑耶寺为发源，佛教从此扎根西藏大地。

"桑耶"藏语意为"超出意想"或"不可思议"，由莲花生大师主持，赞普赤松德赞亲自奠基。寺建成后，赤松德赞命在此剃度7位贵族子弟出家为僧，号称"七觉士"。

桑耶寺仿照密宗的曼陀罗而建造。乌孜大殿是桑耶寺的中心主殿。登上桑耶寺东南的地海布日神山，可居高临下俯瞰桑耶寺。

乌孜大殿内围墙中层廊道上，有著名的"西藏史"壁画。壁画长92米，恢宏壮丽，被誉为西藏的"绘画史记"。乌孜大殿的门口左侧，立有一块古老的石碑，该碑记载了公元779年赤松德赞发布的正式以佛教为吐蕃国教的敕令。桑耶寺大门正廊的上方，悬挂着西藏历史上铸造的第一口铜钟。桑耶寺的另一鲜明特色是"不持教派"。

旅行指引：

大昭寺广场入口处每天早上有发往桑耶寺的中巴，也可从拉萨乘坐开往泽当的汽车，在桑耶渡口下车，或从泽当镇乘车到桑耶渡口。下车后乘坐机动船横渡雅鲁藏布江。到对岸再坐中巴车约行10千米即到桑耶寺。寺庙里有招待所，有散铺。看壁画最好带备强力的手电筒，因为寺内的光线很昏暗，不好辨认。要拍摄的话最好跟在场的喇嘛打个招呼征求许可，记得带脚架，切记不要使用闪光灯，会对壁画造成损害。

📍桑耶寺乌孜大殿。

长年隐居在深山洞穴里的修行者，向我们展示了别处未曾得见的异样生活。即使是西藏人，也多认为到了桑耶寺却不去青朴，等于未曾到过桑耶。

 # 不走回头路·青朴修行地

青朴修行地是藏区最著名的隐修地，位于桑耶寺东北方的纳瑞山腰，海拔约 4300 米。那里树木葱茏，幽谷溪水，冬暖夏凉。历史上，寂护大师、莲花生大师、藏王赤松德赞和"七觉士"之一的白若杂那等大德高僧，皆曾在此修行，留下了无数的圣迹。

如今的青朴较之古时修行者之众，大概已显败落之象。但是，在那些岩石上开凿的狭小山洞里，或依山就洞搭起的狭小土屋里，仍有为数不少的高僧或居士深居简出，一箪食，一瓢饮，过着单纯的修行生活。他们大多来自西藏或四川、青海的藏区，其中以女性居多。

桑耶寺距青朴修行地虽仅 8 千米左右，但沿途路面崎岖陡峭，如徒步，可在当日于二者之间往返。离开青朴时，万万不可走回头路。不要问为什么，选择另一条路下山就是。

旅行指引：

无须门票，可随意参观。在旅游旺季或节日里，桑耶寺基本每天早上都有去青朴的东风车。当天的下午车会返回接原车的人回寺，也可包辆拖拉机去。去青朴的路况极其不好，非常颠簸，沙尘很大。若是徒步的话，请确信你自己有非常好的体力和毅力，沿途没有什么泉水补给，切记带足够的饮用水和食品，沿着简易公路走就不会迷路。

桑丁寺·西藏唯一女活佛

　　羊卓雍错西南方向，距浪卡子县城约 10 千米的山间，有座桑丁寺。该寺建于 15 世纪初，为僧尼合住的寺院，最盛时有僧尼近 200 人。

　　桑丁寺的住持多吉帕姆，是藏传佛教唯一的女活佛转世系统。多吉帕姆系藏语发音，意为"金刚亥母"。金刚亥母虽然不断转世投生，但直到大成就者汤东杰布认定曲吉珍美为金刚亥母转世，并授记和认定贡噶桑姆为其转世灵童，才形成多吉帕姆女活佛的转世系统。

　　在历史上，多吉帕姆女活佛具有很高的社会地位和极大的宗教影响。七世达赖喇嘛曾授封八世多吉帕姆·德庆旺姆为呼图克图，十三世达赖喇嘛又晋升多吉帕姆·曲英白姆为大呼图克图，允其享有外出随行骑马仪仗队的待遇。在清代中后期的西藏，除了达赖与班禅之外，只有多吉帕姆出门时可以乘轿。迄今为止，多吉帕姆活佛已传到了十二世。

旅行指引：

　　桑丁寺在浪卡子县城以北约10千米处，驱车约半小时车程，也可徒步前往。

天上仙境羊卓雍错

　　羊卓雍错距拉萨不到 100 千米，位于雅鲁藏布江南岸、宁金抗沙峰脚下，是典型的高原堰塞湖，大约 4 亿年前因冰川泥石流堵塞河道而形成。羊卓雍错湖面海拔 4456 米，东西长 130 千米，南北宽 70 千米，湖岸线总长近 300 千米，总面积 638 平方千米，湖水均深约 30 ～ 40 米。湖中盛产高原裸鲤，有"西藏鱼库"之称。

　　羊卓雍错逶迤在群山之间，九曲十八弯。在当地百姓中间，流传着这样一首民歌："天上的仙境，人间的羊卓；天上的繁星，湖畔的羊群。"

旅行指引：

　　可从拉萨包车或乘坐去浪卡子县的汽车前往。或走阿里线、珠峰线时回程经江孜到羊卓雍错。

观相湖拉姆拉错

　　加查县境内的拉姆拉错湖，意为"悬在天上的仙女湖"，面积不足1平方千米。据说拉姆拉错是黄教的守护神班丹拉姆的灵魂湖。拉姆拉错湖面形状近似人的头盖骨，藏族人认为它是吉祥天母的颅骨所化。

　　拉姆拉错以"观相湖"闻名于西藏。西藏的湖泊里，有一些湖被人称作"观相湖"。所谓"观相"，即只要虔诚观望，人们能够透过湖面看到自己的前生后世。如藏北的纳木错，日喀则岗巴县曲典尼玛寺附近的湖，均可观相，但皆不及拉姆拉错观相之灵验与地位之崇高。在难以捉摸的历史演变中，藏传佛教格鲁派最重要的达赖、班禅两大活佛转世系统的灵童寻访过程，与拉姆拉错发生了神秘的关联。按照惯例，前世达赖、班禅圆寂后，一般先由摄政代为掌权，同时积极展开寻访转世灵童的工作。寻访人员首先要做的，是选择一个神示的吉祥日子，前往拉姆拉错湖畔，虔诚地焚香、膜拜、祈祷、占卜。据说，湖面将清晰地映出寻找转世灵童的方向、转世灵童出生地的景象，有时甚至还能看见转世灵童的模样。拉姆拉错也因此成为一处神圣的贵族式的圣湖。

旅行指引：

　　泽当有到加查的班车，早上发车。拉姆拉错在距加查县城约55千米的崔久乡境内。去琼果杰寺和拉姆拉错圣湖，目前只能租车前往。去拉姆拉错有两条路线：1. 在加查县包车去崔久，先游览琼果杰寺，新修有圣湖公路到此。该寺可为去拉姆拉错转经的人提供食宿。在接近圣湖的地方，一排黑色的玛尼石柱十分醒目，旁边是传说中班丹拉姆的宝座，挂满了白色的哈达。请向导带路去拉姆拉错，徒步4～5小时可到湖边。2. 在桑日包车去沃卡，到沃卡后在当地租马和请向导，徒步两天半可到达拉姆拉错。

➤曼陀罗（坛城）。人们认为，只有那些心灵纯净的人，才有缘在拉姆拉错湖面显现的"海市蜃楼"里，回首前尘、看透今生、预测来世。

民间传说羊卓雍错是天上的一位仙女下凡变成的，碧蓝清澈的湖水中倒映着四面山峰的倩影，湖光山色，相映成趣；湖边牛羊成群，像是天上的繁星。

拉萨向西｜日喀则

燃烧的石头/要守着我这个旅人/一百朵花
也不能开放/我在日喀则湛蓝的天空下/像
一个孤独的孩子/凝视着自己的内心

—— 阿罗《这片天空下》

日喀则城区示意图

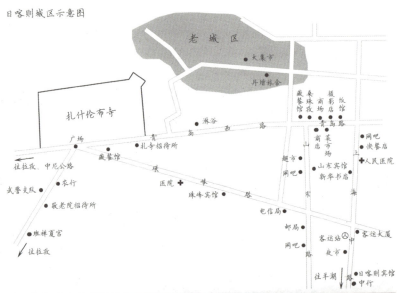

日喀则市位于雅鲁藏布江的支流年楚河畔，海拔3800多米，下辖桑珠孜区和聂拉木、定结、吉隆、萨迦、亚东、江孜、谢通门、拉孜、昂仁、定日、岗巴、康马、仲巴、萨嘎、仁布、白朗、南木林诸县。古代称拉萨山南一带为"卫"，称日喀则一带为"藏"，"西藏""藏族"的"藏"，均由此而来。

据说莲花生大师在日喀则修行讲经时，曾预言雪域的第一中心在拉萨，第二中心在日喀则。14世纪中叶，绛曲坚赞建立帕竹王朝，取代了萨迦王朝，把政治中心从夏鲁迁到了日喀则，设立溪卡桑珠孜，习惯简称为"溪卡孜"，现译作"日喀则"。

14世纪后期，宗喀巴大师创立黄教，所收的徒弟中有两人在历史上大放光彩，他们就是后来被追授的一世达赖和一世班禅。自五世达赖起，达赖和班禅分别成为前后藏的宗教首领。班禅驻锡扎什伦布寺，日喀则由班禅领辖。

日喀则最引人注目的，既不是它辉煌的历史，也不是它博大的宗教，而是海拔8844.43米的珠穆朗玛峰。走入空气稀薄地带，世界之巅的诱惑难以抗拒。

日喀则交通：

日喀则汽车总站在上海中路。每天从早上八点开始，就有发往拉萨的班车，票价豪华车60元，普通车50元；到亚东九点开始有班车，大巴63元，金杯80元；到樟木每天一班，早八点半发车，票价187元；每天上午八点半有发往定日的班车，票价65元（大客车）、75元（小客车）；到拉孜早上八点半和下午三点半各有一班车，大巴40元，金杯50元。不定期（人数凑齐即发车）有发往珠峰大本营的班车，票价250元。

发车一般不太准时，按客流而定，可上车买票；票价也根据车型而定，有面包车、客车或是丰田车；至于班次更是根据旅游的淡旺季而定，出发前切记先到车站确认。咨询电话：0892—8822903。

在日喀则的民航售票处有预售拉萨到成都的机票，在此购票的乘客可于此处乘往贡嘎机场的大巴，一般要提早一天在此坐车。

班禅驻锡地扎什伦布寺

扎什伦布寺位于日喀则市尼色日山南侧，与哲蚌寺、色拉寺、甘丹寺及青海的塔尔寺和甘肃南部的拉卜楞寺并列为格鲁派的六大寺庙，是格鲁派在后藏地区的最大寺院，又是自班禅四世起历代班禅的驻锡地。

宗喀巴的第八弟子一世达赖根敦珠巴在帕竹政权的资助下，于1447年9月开始动工修建扎什伦布寺。扎什伦布寺现有大小金顶14座，扎仓4个，经堂56座，房屋3600余间，寺僧800余名，总占地面积30万平方米。扎什伦布寺融合了汉族和印度、尼泊尔等国的建筑风格，辉煌壮丽，颇值一观。

从寺院大门直走，左转上行就到达强巴佛殿，藏语称"强巴康"，是扎什伦布寺最引人注目的一个大殿。强巴佛殿建于公元1461年，高30米，分设5层殿堂。扎什伦布寺最著名的是强巴康里供奉的世界最大的鎏金铜像强巴佛。这座鎏金青铜弥勒坐像由九世班禅确吉尼玛于公元1914年主持铸造，像高22.4米，莲座高3.8米，总高26.2米。造此像用黄金279千克，铜115000千克，珍珠300余粒，珊瑚、琥珀、松耳石等各种宝石1400余颗，仅大佛像的眉间"白毫"，就镶嵌有特大的钻石1颗，蚕头大的钻石30颗，珍珠和其他宝石60多颗。

强巴康往东是措钦大殿，这是扎什伦布寺最早的建筑。它处于全寺的中心，可容僧众近4000人。大殿底层的经堂主供释迦牟尼镀金佛像，

被藏族人称为强巴佛的即汉地的弥勒佛。这尊鎏金强巴佛铜像的一个中指就长达 1 米、肩宽 11.5 米，由 900 个工匠花了 9 年时间才得以完成。

扎什伦布寺富有特色的窗户。

系四世班禅为其师喜饶僧格所建。据传佛像体内存有佛祖舍利若干、根敦珠巴的经师西绕森格的头盖骨及宗喀巴的头发等圣物。

扎什伦布寺内建有四至十世班禅的灵塔。除了巨大的强巴佛像，扎什伦布寺还以展佛节闻名于世。公元1468年，一世达赖根敦珠巴为纪念释迦牟尼，在尼玛山上修建了一处巨大的展佛台。展佛台完全由石块砌成，高32米，长42.5米，厚3.5米，共分9层，以内部木梯相通，数十千米外亦清晰可见。此台位于寺东北围墙外，两侧多转经架、风马和摩岩石刻。每年藏历五月的十四、十五、十六日，扎什伦布寺均会在展佛台次第展出三世佛的巨幅唐卡像。第一日展出"过去佛"阿弥陀佛，又叫无量光佛，让人们回首过去；第二日展出"现在佛"释迦牟尼佛，提醒人们珍惜现在；第三天展出"未来佛"弥勒佛，即强巴佛，让人们憧憬未来。

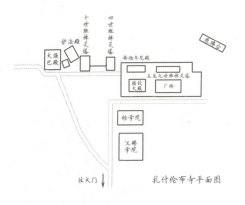

扎什伦布寺平面图

旅行指引：

位于市区内，徒步前往即可，也可乘坐三轮车。开放时间上午九点至下午五点。记得走走那段转山路，路上有很多刻工精美的玛尼石和画像，色彩艳丽，会让你有很多的惊喜。

 # 第二敦煌萨迦寺

萨迦寺位于日喀则地区萨迦县城的仲曲河南岸，为藏传佛教萨迦派的祖寺。历史上，萨迦寺的地位曾与布达拉宫和桑耶寺并列。

在13世纪中叶，元世祖忽必烈封萨迦第五代法王八思巴为国师，令其统管全国佛教事务并主持西藏地区的政务。其间70余年，这里成了西藏地区的政治、军事、宗教文化中心，显赫一时。

萨迦寺原来建筑在仲曲河两岸，故萨迦寺分北寺和南寺。北寺最早修建，如今只剩下山坡之上一片浩大的废墟，是当时行政事务机关的所在地。现已修复了几座白塔和一座经堂。南寺是萨迦寺的精华所在，现在仍保存完好。南寺有两圈城墙，城墙外被纵向涂有红、白、灰三色相间的色带，这三色是萨迦教派的重要标志。

萨迦寺主体建筑，在藏语中叫"拉康钦莫"，可同时容纳近万名喇嘛诵经，内供三世佛、萨迦班智达及八思巴塑像。萨迦寺的镇寺之宝是当年忽必烈送给八思巴的一个黑木匣子，匣中有一只硕大的白海螺。此外，萨迦南寺内还珍藏有大量艺术珍品。萨迦寺珍藏之丰富，艺术之精美，堪与敦煌媲美，是以被誉为"第二敦煌"。

旅行指引：

日喀则市与萨迦县之间有对开的面包车，可在客运站乘坐。萨迦的民宅沿山脚向平原展开，这些别致的房屋有序地排列着，古朴的街巷也很有规则，这种形制独特的村舍在西藏并不多见，值得细细品味。最好能在这住一晚，黄昏是拍北寺废墟的好时间。

英雄城宗山遗址

在宗山之巅，雄踞着错落有致的古堡建筑。在这里，曾经上演过一场盛大的英雄史诗和战争悲剧。

公元 1903 年冬，英国派遣麦克唐纳少将和荣赫鹏上校率领由 3000 士兵护送的"使团"进入西藏，十三世达赖喇嘛派藏军前往阻止。荣赫鹏诡称谈判，在藏军熄灭了火药枪的全部火绳后忽然开火，对藏军展开了残酷的屠杀。1500 人的藏军死亡过半，英军仅有 6 人受伤。

公元 1904 年初，英军开始发动对"拉萨门户"江孜的攻击，江孜保卫战正式拉开序幕。宗山前后被围三个多月，最后饮水被敌军切断，藏军就喝自己的尿。没有弹药后，藏军用石头拼死抵抗了三天三夜。英军攻破城堡后，尚未牺牲的勇士全部跳崖殉国，无一人向英军投降。

十万佛塔白居寺

江孜县城东北宗山脚下的白居寺，是一座塔寺结合的藏传佛教寺院建筑，被誉为"西藏塔王"。

白居寺由措钦大殿、吉祥多门塔、扎仓和围墙四个部分组成。"吉祥多门塔"别称"十万佛塔"，正是白居寺的独特与超群之处。吉祥多门塔位于措钦大殿西侧，塔高 42 米，直径 62 米，共 13 层。一至五层每层 20 个角，共开 108 门，辟佛殿 76 间。殿堂内共有大大小小的佛像号称十万尊，"十万佛塔"因此得名。"吉祥多门塔"塔瓶中部佛殿东西南北四面的门楣上，各绘有一双宽达 3 米多的慧眼，"美目盼兮"。据说此眼源于印度教湿婆神的巨大慧眼，可洞察世间一切。

旅行指引：

日喀则市每天有开往江孜的班车。白居寺及宗山就在县城中，步行可达。白居寺绝对是值得你花一天时间观赏的地方。带相机进佛塔要多付15元的摄影费，不过绝对超值，记得带手电筒。

藏戏之神汤东杰布

公元 8 世纪，莲花生大师主持建造了桑耶寺。为宣扬佛教思想，莲花生大师糅合当地民间和宗教的歌舞，演绎佛经故事，发展出了一种类似"羌姆（跳神）"的人们喜闻乐见的艺术形式，这是藏戏的萌芽。表演者脸戴面具，以哑剧的方式演绎佛经故事。

有关藏戏起源的最早文字记录，见于藏戏《云乘王子》的剧本："往昔，我雪域之最胜成就自在唐东杰伯赤列尊者，以舞蹈教化俗民，用奇妙之歌音及舞蹈，如伞蓋覆盖所有部民……而轨仪殊妙之'阿佳拉木'遂发其端焉。"这段话里的唐东杰伯，现在一般写为汤东杰布，被尊为藏戏始祖；阿佳拉木现在一般写为阿吉拉姆，或简称"拉姆"。藏语称仙女为"拉姆"，藏戏的俗称意为"仙女姐姐"。从古到今，凡藏戏演出的场地，皆供有汤东杰布塑像或唐卡画像，视其为戏神。凡开场戏也首先要祭颂汤东杰布，看戏的观众捐献钱物，也首先要向汤东杰布神像献上哈达。

汤东杰布还前后主持修建了大型铁索桥 58 座、木桥 60 座、渡口 118 处，因此被称为"甲桑巴"，意为"铁桥大师"。

 汤东杰布在西藏、尼泊尔和印度等地刻苦修行 18 年，成为公认的一代密宗大成就者。现在人们一般把汤东杰布的家乡日喀则视为藏戏的发祥地。

藏戏。

夕阳斜照帕拉庄园

　　帕拉家族是西藏著名的贵族世家，属西藏五大"第本"贵族世家之一，此五大贵族的地位仅次于历代达赖家庭构成的亚谿家族。位于距江孜镇不远班觉伦布村的帕拉庄园，虽然只是帕拉家族许多庄园中的一处，但以规模和实力，曾名列西藏十二大贵族庄园。

　　帕拉庄园主体为三层楼院落建筑。里面设有经堂、客厅、卧室。装修考究，富丽堂皇。屋内陈设着当年主人享用的大量奢侈品，如猴皮、豹皮、镀金的马鞍等。除这些之外，还有羽毛球拍、琴盒、旱冰鞋、手表和留声机等当年国外的时髦高档之物。此外还有一些奇特的法器，有用高僧头盖骨制作的上镶银盖下托纯金的头盖骨酒器，也有用处女的胫骨制作的法号。庄园里还建有旧时的监狱及朗生院（奴隶住所）多间。

旅行指引：

　　距江孜县城约4千米，可步行或打的前往。

通往珠峰的路。

仰望珠穆朗玛峰

珠穆朗玛峰是喜马拉雅山脉的主峰，地处中尼边界的东段，北坡在我国定日县境内，南坡在尼泊尔境内。

藏语"珠穆朗玛"，是"第三女神"的意思。在尼泊尔，自 1951 年起它被称为"萨迦玛塔"，意思是"天空之神"。在 18 世纪早期，西方旅行者给它取名为"XV 峰"，那个时候，人们并不知道它是世界第一高峰，因为许多山峰在视觉上比它更为挺拔雄伟。千百年以来，当地藏族人也认为此峰不过是众多高峰之中的一座罢了——在珠穆朗玛峰周围有 8000 米以上高峰 4 座（马卡鲁峰，8463 米；洛子峰，8516 米；卓奥友峰，8201 米；希夏邦马峰，8012 米），7000米以上的高峰 38 座。这种高峰汇集的现象世界仅有，被称为"世界屋脊"。

公元 1717 年，珠穆朗玛峰以"朱母朗马阿林"一名载于清《皇舆全览图》。清朝同治年间的《皇朝大清一统舆图》中，首次出现了"珠穆朗玛山"的正式命名。公元 1852 年，担任英国测绘局局长的埃弗勒斯，在未经清政府许可的情况下，擅自对喜马拉雅山进行测绘。公元 1855 年，英国宣称他们"发现"了珠穆朗玛峰是世界最高峰，并以"埃弗勒斯"为其命名。大家熟知的海拔 8848.13 米的高度，是1975 年 5 月由中国国家测绘局及登山队通过联合测定得出的数据。2005 年 10 月，中国国家测绘局正式公布的珠穆朗玛峰海拔最新数据为 8844.43 米。

登上珠穆朗玛峰顶，从来都是登山者的最大梦想。1953 年 5 月 29 日上午 11 时 30 分，英国登山队的新西兰养蜂人埃德蒙特·希拉里和尼泊尔的夏尔巴人丹增·诺尔盖首次登上珠穆朗玛峰顶。此后的数十年里，在这座山峰上，人们创下了许多惊人的记录，到今天有近 2000 人登顶，有大约 200 人

标示海拔高度的标牌（上）。从绒布寺到珠峰大本营的马车队伍（中）。珠峰下的帐篷（下）。

在途中遇难。在登顶和遇难的人中，大约有 60% 是夏尔巴人——他们为登山者充当向导和挑夫，几乎每支登山队伍中都有夏尔巴人。

在珠峰的半山腰，海拔 5154 米的地方，矗立着一座雄伟的寺庙——绒布寺。它是世界上海拔最高的寺院，同时也是一座僧尼混合的宁玛派寺院。该寺建于公元 1899 年。从这到珠峰大本营约有 8 千米，步行需 2 ～ 3 小时，行车约 20 分钟。围绕绒布寺有条转经道。寺外白塔下有很多的玛尼堆，这里通常被摄影人作为拍珠峰的前景。绒布寺是观看珠穆朗玛峰的最佳位置，两者直线距离 25 千米。珠穆朗玛峰大本营附近，有一处罕见的"墓地"。在这里，一堆堆乱石上，竖立着刻有死者名字和死亡时间的石碑。

旅行指引：

日喀则客运站不定期（人数凑齐即发车）有发往珠峰大本营的班车，票价250元。也可在拉萨或日喀则包车前往。珠峰的峰顶经常被云雾覆盖，难以见其真颜，特别是雨季7～8月的时候。珠峰的日出和日落都异常的美丽和壮观，能碰上就是非常幸运的事情了。进入珠峰，要办理边防证，入珠峰的汽车需按车轮的数量缴纳公路建设费，每个轮子100元。对从事登山、探险、科考以及拍摄广告等活动的人员，除收取门票外，根据其停留时间另收取环境卫生费。

云雾缭绕的珠峰仿佛接到天际。

兵家必争之地亚东

亚东地处西藏的最南端，为重要商埠，因此历来是兵家必争之地。公元 1888 年正式被辟为商埠，清政府设立了亚东海关。以前西藏贵族享用的大量洋货，多经此运送。此地距印度铁路线仅 40 千米。

下司马镇是亚东县政府驻地，气候湿润，植被茂密，风光可人。下司马向北 40 余千米，是以前被称为世界最高城的帕里，现设帕里镇。乃堆拉山口位于下亚东与印度锡金段的交界处，海拔 4545 米。20 世纪初，这里年交易额最高时达到上亿银圆。1962 年中印边境自卫反击战之后，两国相继撤销了原边贸市场的海关等机构，边贸通道被铁丝网隔离。冲突前后持续 20 余年，直到 2006 年才重新开放乃堆拉山口，恢复了边贸通道。

旅行指引：

拉萨北郊客运站每月单号早上九点，有发往亚东的班车，票价151元；日喀则客运站每天上午有发往亚东的班车，大巴63元，卧铺80元。有发往亚东的班车，票价60元（大客车）、80元（小客车）。亚东的康布温泉，亦是值得一去之处。在这些温泉中洗浴，可治疗风湿病、皮肤病等病症。

通向尼泊尔的樟木口岸

樟木口岸是许多进藏旅游者的向往之地，更是陆路通向尼泊尔的必经之处。它与尼泊尔隔河相望，距加德满都仅 120 千米。

樟木镇隶属聂拉木县，从聂拉木县城到樟木镇路程约 30 千米。樟木镇地处中尼边境喜马拉雅山中段南麓沟谷坡地上，依山而建，秀美宜人，亚热带气候，四季如春。樟木自古就是泥婆罗道上的重镇。

在樟木，你可以看到商店里琳琅满目的异国物品。中国海关就在街道的尽头，去尼泊尔需从此处出关。几千米外，是中尼两国交界处著名的友谊桥，海拔仅 1300 米。要前往尼泊尔的人，一般最好去樟木的中国银行兑换外币。当然，尼泊尔的许多地方也收人民币。

旅行指引：

樟木海拔只有2300米，在西藏来说是低地。拉萨往樟木的车一般会在尼泊尔领事馆门口揽客，约12～14小时路程；在日喀则客运站也有直达樟木的班车，每天一班，早上八点半发车，票价187元。

拉萨向西 | 阿里

向西，我最终会在风雪中嗅到野花的芬芳/循着芳香，千里之外是故土/万里之遥是神明的家园

—— 王志国《向西》

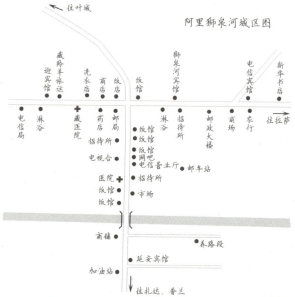

阿里狮泉河城区图

往叶城

往拉萨

往扎达、普兰

藏羚羊承运　迎宾馆　洗衣店　商店　饭店　狮泉河宾馆　饭馆　电信宾馆　新华书店

电信局　淋浴　藏医院　药店　邮局　淋浴　招待所　邮政大楼　农行　商场　银行

招待所　电视台　饭馆　饭馆　饭馆　网吧　电信营业厅　邮车站

医院　饭馆　饭馆　招待所　市场

商储　养路段

延安宾馆

加油站

278

阿里南接印度、尼泊尔，北连新疆，西毗克什米尔，东接后藏谷地，东北邻羌塘草原，总面积约30万平方千米，下辖噶尔、措勤、普兰、革吉、日土、札达、改则诸县。

阿里地处喜马拉雅山脉、冈底斯山脉、喀喇昆仑山脉汇聚的地方。源于冈底斯和喜马拉雅的4条大河狮泉河、象泉河、马泉河、孔雀河分别向西北、西南和东南方向流入印度、尼泊尔。因此阿里被称为"千山之巅、万川之源"。因平均海拔超过4500米，阿里又被誉为"世界屋脊之屋脊"。

古时阿里是象雄王国的所在地，汉地的典籍里称之为"羊同"。藏文地理书籍中，称此地为"堆阿里"，"堆"是河流上源和高地之意。普兰境内的神山冈仁波齐，藏语意为"雪山之宝"或"雪圣"，被印度教、佛教、苯教及古耆那教尊为神灵世界的中心，被誉为"众山之王"，佛经中的须弥山即指此山。冈仁波齐与玛旁雍错，在信仰者的心目中是藏地最为殊胜的朝圣之地。

当人们慨叹西藏"神秘不再"、拉萨"圣城不圣"之时，远在西藏最西部的阿里仍完美地维持着它最后的神秘和封闭。除极少数的小城镇外，它仍与现代文明保持着隔绝状态。

古老辉煌的王朝早已消失在了历史的尘埃里。但是，当我们面对古格遗址，当我们置身札达土林，当我们观看日土岩画，当我们穿过一座座赫赫荒城，我们怎能怀疑自己不是走进了某个洪荒时代，或者走进了另一个类似火星的星球？

时间，仿佛凝固在了阿里的辽阔荒原上，它为谁而停滞，它又在等待着谁的到来？

阿里交通：

阿里地区客运站开往拉萨的班车有两趟班车，每天12:00和14:00从阿里客运站发车，票价650元(注意，拉萨往阿里每天只有一趟车)。旅游旺季每2～3天有发往普兰（途经冈仁波齐和玛旁雍错）的班车，票价280元；旅游旺季每2～3天有发往札达（途经土林）的班车，票价260元；此外，每10天有发往新疆叶城的班车，票价450元。班车时间和车次受旅游淡旺季的影响，最好提前到车站咨询，以便安排行程。咨询电话：0897-2826591。

众山之王冈仁波齐

冈底斯，横贯北部昆仑山脉与南部喜马拉雅山脉之间，"冈"藏语意为"雪"，"底斯"梵语意为"雪山"，印度人则称其为"凯拉斯"。冈底斯的主峰冈仁波齐，海拔6656米（另一说是6721米），藏语意为"神灵之山"，梵语意为"湿婆的天堂"。

冈仁波齐虽非此地最高的山峰，但其峰形似巨大水晶钻石，周围由像八瓣莲花状的山峰环绕，峰顶终年积雪，洁白晶莹，凸显其众山之王的本色。山体的正面，终年显现出一个大大的"卍"字图案。有人这样描绘它："在一个山结正中，四面八方耸矗着著名山脉的顶峰主峰。它并不高于那些群峰，却浑圆怪异地从那山结中心升起，像一万只茫茫白羊中蜷卧着一头漆黑的驹犊。群峰都披冰肩雪，只有它如黑玻璃黑水晶……

群峰组成一片山的狂涛骇浪，拥戴着神秘肃穆的这异情异色的它。"在视觉效应上，世间更无山峰胜过此峰给人的莫大冲击与震撼。作为印度教、佛教、苯教及古耆那教共同尊奉的世界的中心，冈仁波齐成为这四大宗教教徒心中的最神圣之地。对印度教徒来说，冈仁波齐是湿婆的化身；对佛教徒来说，冈仁波齐是须弥山的象征；对苯教徒来说，冈仁波齐是苯教众神的居住之所，是雪域藏地的灵魂；对古耆那教徒来说，冈仁波齐是创教人筏驮摩那获得解脱之地。

狮泉河、象泉河、马泉河、孔雀河四条河流均发源于此。最早冈底斯一带属于古象雄王国的势力范围，苯教作为象雄的国教，在佛教传入雪域以前，成为象雄部族联盟的共同和唯一信仰。因此，冈仁波齐始为苯教神山，自是理所当然。在苯教和佛教此消彼长的斗争过程中，冈仁波齐变成了双方重要的争夺之地。

冈仁波齐周围建有数座寺院，西为蒋扎寺，北为直惹普寺，东为祖初普寺，南为大金寺，西南为曲古寺。其中，蒋扎寺所供的释迦牟尼铜像，据说是圣湖的龙女所赠之物，因其稀有珍贵甚至被誉为"阿里唯一的尊严"。冈仁波齐南侧的大金寺（或译为"塔青"）附近，是朝圣者的大本营，也是朝圣转山的起点和终点。以前，大金寺的庙门于每年藏历四月十五日萨嘎达瓦节打开，十月关闭。开庙门时要举行竖大旗的宗教仪式，它标志着每年的朝山活动从此开始。所谓竖大旗，藏语称"丹巴塑新"，即把旗杆放倒，取下旧旗，换上新的经幡重新竖起。如今竖大旗的时间改在了6月至8月。

传说转冈仁波齐一圈，可洗清前世罪孽；转10圈，可免受轮回之苦；转100圈，可立地成佛，因此朝圣者很多。特别是逢藏历马年，人们会不

每逢藏历马年，转冈仁波齐的朝圣者最多。据说佛祖释迦牟尼生肖属马，马年转山一圈相当于其他年份转13圈，且最为灵验和最有功德。

神山北侧附近匍匐在地上的信徒。信徒们大多来自藏地，也有的来自印度、尼泊尔、不丹等国家。

远千里万里，一路风餐露宿，不惜经年累月，从印度、尼泊尔、不丹而来，从藏区的各地而来，前往冈仁波齐转山朝圣，围绕着它一圈又一圈地旋转。有人甚至不堪跋涉的艰辛死在了途中，但无论本人或旁人，都把这种结果视为死者前生修来的好运。

沿着转山道前行，有个地方遍地堆放着朝圣者留下的衣物，悬挂着无数的经幡。这是从塔青出发后，首次能看到冈仁波齐的地方。人们以丢下自己的衣物或悬挂带来的经幡的方式，表达对神山的崇仰之情，同时也为自己和亲人乃至众生祈福。卓玛拉山口是转山道上的最高点，过了此处，朝圣的步伐将变得轻快。虽然在转山道上，你只有很少的机会能够看到冈仁波齐，但这又何妨呢。

每年的 4 ~ 10 月都可以转山，4 ~ 6 月山口的积雪还比较厚，7 ~ 9 月雪相对比较少，路也比较好走，但有时也会遇到大风雪。就算不是虔诚的佛教徒，转山也是绝对值得的，跟你在车上走马观花的感觉完全不同。相信冈仁波齐之行终将在你的人生经历中刻下一道深深的印记，永远不会磨灭。

旅行指引：

可乘坐阿里地区客运站发往普兰的班车，途经冈仁波齐时下车。也可从狮泉河或普兰包车前往，搭便车一般以"扛大厢（坐货车车厢）"为主。

围绕冈仁波齐的转山道分外线和内线两条：外线是以冈仁波齐为核心的大环山线路，内线是以冈仁波齐南侧的因揭陀山为核心的小环山线路。外线总长约32千米，转一圈一般人徒步需两三天，身体强壮的人往往当天即可转完一圈，磕长头的朝圣者则需要20天左右的时间。按照传统习惯，朝圣者往往先要转13圈外线，才可去转内线。

神山转山平面示意图

信徒们认为神山圣湖养育和保佑了他们，对之怀有一种感恩之情。他们带着干粮，艰辛地跋涉在漫长的朝圣路上。

 # 永恒不败之湖玛旁雍错

  神山圣湖，对藏族人而言，二者往往被喻为一对夫妻，他们相互依偎，不离不弃。冈仁波齐峰下的玛旁雍错湖，如冈仁波齐被誉为"众山之王"一样，被藏族人视作"众湖之后"。印度教、佛教、苯教及古耆那教也都把玛旁雍错视为最神圣之湖。因圣雄甘地的部分骨灰撒在了玛旁雍错，印度人对玛旁雍错尤为崇敬。

  玛旁雍错位于冈仁波齐峰东南约 20 千米处，湖面海拔 4588 米，面积 400 多平方千米，湖的周长约 90 千米。

  "玛旁雍错"，意为"永恒不败之湖"，湖水由冈底斯山的冰雪融化而来，清冽甘甜。佛教徒视其为胜乐大尊赐给人类的甘露，认为湖水可洗尽五毒，清除烦恼，消除病痛，益寿延年。传说圣湖的四边有四个洗浴门，东为莲花浴门，南为香甜浴门，西为去污浴门，北为信仰浴门。信徒们来此朝圣，每在一个洗浴门洗浴，就能消除不同罪过，得到不同福德。凡来朝圣转湖的人，不但会在湖中沐浴，往往还会取圣湖的水带回家乡，馈赠那些没有机会来此朝圣的亲朋好友。

  绕玛旁雍错一圈，福德不可限量。据说如果能够捡得一条从湖中跃出的鱼、一粒岸边的石子或一根水鸟的羽毛，会被视为广财龙王的赏赐，

🌡玛旁雍错风光（左）。冒着大风转湖的信徒（右）。

捡拾者将一生财源不断，生活如意。在湖边朝圣道上，常能见到来自印度或尼泊尔的披发赤身的苦行者。他们把身体浸入湖中，以冰凉刺骨的湖水洗涤自己的身体，渴望着涤净灵魂。

旅行指引：

　　如有毅力，可随朝圣的信徒一道转山转湖至少一周。传说归传说，这里的湖水冰冷无比，身体泡进去如冰封般，若你自信有强健的体魄和坚定的信念要洗却内心的惶惑，不妨冒险一试，但极不推荐。此外，除非你有非常坚强的胃，不然不要生喝湖里的水，否则会导致胃肠不适。

　　据说玛旁雍错湖水具有八种功德，饮用沐浴功德无量，能洗净人心灵上的贪、嗔、怠、嫉，更能延年益寿。湖的四边有四个洗浴门，东为莲花浴门、南为香甜浴门、 西为去污浴门、北为信仰浴门，朝圣者绕湖一周到每个浴门洗浴，以便能消除各种罪过。

玛旁雍错徒步线路图

札达土林奇观

 据考证，札达一带以前是一个方圆500千米的大湖，喜马拉雅造山运动使湖盆升高，湖泊消失。

所谓"土林"，是指远古受造山运动影响，湖底沉积的地层长期受流水切割，并逐渐风化剥蚀形成的特殊地貌，因其远望如林而得名。土林一般出现在盆地或谷地内，云南元谋、西藏札达等土林，最为壮观。

远望沟壑纵横的土林，其荒凉雄伟的景观令人叹为观止。

旅行指引：

札达县城即被包围在土林之中。阿里地区客运站旅游旺季每2～3天有发往札达的班车，途经土林时可下车观赏。

古格银眼·东嘎和皮央石窟

东嘎与皮央两村相邻，地处札达县古格王国遗址西北约40千米处。1992年惊现中国迄今为止发现的规模最大的佛教古窟遗址。

东嘎石窟群散布在东嘎村北面的断崖上，现存洞穴近200个，绵延两千米。东嘎遗址以北的皮央石窟群，约1000个洞窟，其中虽有一些已塌毁，但总规模比东嘎石窟群更大。1997年夏，东嘎、皮央遗址杜康大殿中出土了一件精美绝伦的铜佛，头生三眼，三只眼的眼球为镶银，被称为"古格银眼"。古格银眼工艺精湛，其价值甚至超过纯金佛像。

旅行指引：

来这里交通不便，最好包车，门票在札达县文化局买。

神秘消失的古格王朝

古格王国的统治中心曾在札达象泉河流域，北抵日土，南接印度，西邻拉达克（今属印控克什米尔），东达冈底斯山麓。

古格王国遗址位于札不让象泉河畔的一座土山上，从山麓到山顶高约300多米。到处都是和泥土颜色一样的建筑群和洞窟，除几间寺庙外，全部房舍已塌顶，只剩下一道道土墙。遗址的外围建有城墙，四角设有碉楼。整个

描绘古格居民生活的壁画。

建筑分上、中、下三层，依次为王宫、寺庙和民居。红庙、白庙及轮回庙中的雕刻造像及壁画不乏精品。遗址的周围还有古格王国时期用于战争的盔甲、马甲、盾牌、箭杆等遗物。围绕古格都城的重要遗址还有东嘎、皮央、达巴、香孜等，都具有相当规模，并存有大量珍贵文物。

旅行指引：

距札达土林以西18千米，可租车或徒步前往。在古格没有住宿的地方，要想观看古格的日暮只有在此扎营等候了。晚上，风会特别大，要注意保暖和防风。看洞窟和壁画切记带电筒，壁画严禁拍照。从古格遗址看门人的住所往山脚下步行十多分钟可到达干尸洞。

🎸水草丰美的草地在远方／滋养牛群的盐湖在远方

抵御冬天的帐篷在远方／撩拨情欲的女人在远方

—— 吉米平阶《游牧》

不败的莲花｜墨脱

这里生活简单，物质匮乏，因为所有的东西都要靠背运而入……这个高原上的孤岛，与世隔绝，进入它和离开它，都一样路途艰难。唯独它自身，花好月圆，存在于此，仿佛与人间无甚关联和依傍。这里的一切都成全了它的完好……

—— 安妮宝贝《莲花》

墨脱地图

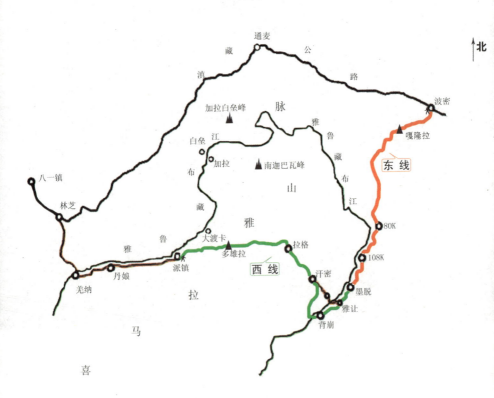

这是一个以花为名的地方，过去称为"白玛岗"，现在叫作"墨脱"。

这是全国最后一个通公路的县级行政区。人们形容这里的路是"妖怪的舌头、魔鬼的肠子"。走进墨脱，穿过原始森林，翻越雪山，你将深刻体会到"肉身下沉，灵魂上升"的滋味。

这是一个被誉为"地球上最后的秘境"的神奇地域。《中国国家地理》杂志评选出的中国最美的山、最美的峡谷、最美的瀑布之三大榜首，均分布在其境内。一县囊括三项殊荣，为全国所仅有。

清刘赞廷在《西南野人归流记》里赞誉此地，"白玛岗界，其地气候温和，森林弥漫数千里，花木遍山，藤萝为桥，诚为化外之桃园"。曾多次进出墨脱考察的植物学家李渤生如是说："从派乡出发，爬上山腰，满山的杜鹃丛，这样大规模覆盖着一面山坡又一面山坡，绵延在视野里，没有见过这样的大自然花园，就永远理解不了我们城市周围所搞的那些吸引万千观者蜂拥而至的花园有多么渺小，多么不值一提。"

公元1845年7月4日，梭罗放弃了乏味的公务员生活，独自搬到瓦尔登湖畔，身体力行地提倡着"简单些，简单些，再简单点吧"的生活理念。他那样做，是为了"不至于在临终时才发现自己不曾活过"。147年后，我踏上了通往墨脱的艰危之途，有若走向瓦尔登湖。

作为墨脱曾经的一个过客，回望一路留下的足印，我似乎从中看到了那个丛林中踽踽独行的孤单背影——那些跋涉途中的艰难困苦，那种抵达终点后的心灵空虚，及离开墨脱之后的迷茫惶惑……一切难以言说，无与诉说。

我曾经置身于原始森林与喧嚣红尘之间，成为一座联系二者的桥梁。如今将双手放在电脑键盘上时，我感到了只有负重的桥梁才会感受到的痛苦。在我案头的一本旧书里，夹着一朵我在墨脱莲花湖畔采来的兰花。花瓣亮丽的紫红已黯然失色，清新的暗香也已散发殆尽。而我深知，一个我所体验过的真实墨脱实际上并不能真正传递给任何人。

墨脱景点细数

» **雅鲁藏布大峡谷**：被誉为"地球上最后的秘境"的雅鲁藏布大峡谷，位于墨脱县、米林县和林芝县的交界处。峡谷入口在米林县的派镇，出口在墨脱县的巴昔卡村，长度为 504.6 千米，最深处达 6009 米。其长度和深度远远超过了美国科罗拉多峡谷和秘鲁科尔峡谷，当仁不让名列世界第一大峡谷。在直线距离仅 40 多千米的范围内，河床陡降 3000 余米，其中蕴藏了举世罕见的水能资源。峡谷内江面最窄处仅 74 米，峡谷里江水如万马奔腾，蔚为壮观。

» **仁青朋**：位于墨脱县城南侧的一座神山，传说此山是仰卧的绿度母的肚脐。仁青朋山势陡险，峰顶为一小型盆地，与人肚脐略有形似。在佛教的发源地印度，肚脐通常用来表示世界的中心。因此，仁青朋及仁青朋寺在信徒中具有极为崇高的地位。

» **布裙湖**：位于墨脱背崩乡辖区内，湖面约 100 公顷。蓝绿色的湖水清澈晶莹，四周热带雨林环抱。湖边的森林中长满了茂密的石栎、青冈、栲树、翅子树、千果榄仁、鱼尾葵、长达 100 米的省藤以及露兜树等热带、亚热带植物。布裙湖一带一年四季猴啼鸟鸣、花果满山，为墨脱胜景之一。

» **80K**："80K"是波墨（波密至墨脱）公路 80 千米处的墨脱县物资转运站所在地。"K"是"Kilo（千米）"的首字母，墨脱人读为"克"。波墨公路上原无人烟没有地名的重要地点，均用千米数和"K"命名，如 52K、80K、100K、113K 等。在嘎隆拉开山季节（一般为 8、9、10 月），进出墨脱者可自波密乘车 80 千米直达 80K，再徒步向前 62 千米，即抵达墨脱县城。

» **多雄拉**："拉"，藏语"垭口"的意思。多雄拉是由米林县进入墨脱县的必经山口，被视为进出墨脱的"鬼门关"。多雄拉气候多变，根据当地人的经验，必须在中午之前过山，否则极易遭遇到暴风雪。另外，山垭口附近静态平衡现象明显，高声喊叫或鸣枪都会打破平衡，导致天气突变，风雪骤起。当地人则认为是惹怒了山神。一个世纪以来，多雄拉已夺去了上百人的生命。

徒步墨脱须知
（进入前的准备）

1 关于行期

墨脱一年有开山和封山两个"季节"。传统上，一般把每年的 6 月至 10 月视为开山季节。作为徒步旅行者，选择 6 月或 10 月前后进入墨脱较为适宜。近几年，有不少人出于各种原因于 4 月和 12 月进出墨脱，因此带来了不必要的人员伤亡。7 月到 9 月是墨脱雨水最多的时期，连日大雨不停，泥石流频繁。但是墨脱驻军一般选择在这段时间里运输物资，数百名背夫奔走在墨脱路上，在某种程度上为徒步者提供了更多的安全保障。每年 11 月至翌年 5 月，为墨脱最佳季节，峡谷风光胜似仙境，可惜一般徒步者无缘得见。

2 关于证件

如果没有在内地或拉萨办理边境通行证，则需要在林芝八一镇办理边境证。如果走派镇至墨脱的东线，则先要经过另一个边境县米林县，因此在边境证上要注明目的地为米林县和墨脱县。边境证的办理地点在林芝地区武警边防支队。

3 关于装备

鞋子：墨脱路上多积水、溪流，尤其开山季节多雨，因此鞋子的防水功能至关重要。建议买两三双（备用鞋非常重要）质量较好的高帮解放鞋，防滑效果不错，打绑腿时还可以一打到底。墨脱本地干部和群众出行时几乎全都穿解放鞋。另外，最好带一双轻便的拖鞋以便休息时用。

走在墨脱路上要随时注意脚下，以防摔跤。像老虎嘴等路段，一边是悬崖峭壁，更要格外小心。在部分塌方路段，还要提防上面可能滑落的石头或泥石流。

　　绑腿：绑腿有着三大妙用：1. 防止长时间行走血液在离心力作用下积聚到腿部而引起胀痛；2. 防蚂蟥侵袭；3. 防路边荆棘草木扎刺腿脚和缠挂裤管。千万要记住，买了绑腿后，要向背夫或其他人请教绑腿的打法，并亲自演练几次。如果打不好，走不了多久就会变松滑落，反倒有可能变成一个累赘。

　　雨具：墨脱开山季节多雨，一件防雨性能好的外套，能让你风雨无阻。持伞而行不可取。

　　拐杖：墨脱盛产优质藤木拐杖，拐杖能够帮助人们保持平衡，减轻两腿承受的重量。但如果没有用惯它，在危险路段，往往反受其累。

　　睡袋：不比从前，如今墨脱路上多食宿点，野外安营扎寨非必需之举。因此，没必要带睡袋。

　　墨镜：进出墨脱都要翻越雪山，遇到晴天，阳光照射到白雪上，所反射出的光亮度极其强烈刺眼，因此有必要携带一副深色墨镜。

　　食品：不妨随身带一些，尤其是热量较高的

　　溜索是一种极原始的过江方法。墨脱当地人先用箭把细绳射往江对岸，再以细绳引粗绳过江，然后分别固定两端，一条溜索桥即告完成。以前墨脱多溜索，而且大部分以藤为索，危险性极大。后来，藤索逐步为钢索代替，时至今日，凡昔日溜索处大多修建了钢丝吊桥。图为怒江上的溜索。

巧克力、葡萄糖口服液等，以便随时补充体力。

药物：基本的药品有必要适当带一些，毕竟要在没有村镇的地方走三四天。创可贴为必备之物，因路险容易摔跤擦伤。至于什么防疟疾药、蛇药，罕闻有用到的机会，所以没带的必要。

4 关于背夫

背夫除了为你背负行李，更重要的是，他们是最有价值的向导。不仅使你在墨脱路上无迷路之虞，在泥石流、塌方危险路段，他们还能够为你提供安全保障，有时，甚至可能会救你一命。强烈反对徒步者单独前往墨脱，即使不与背夫同路，也应与其他徒步者结伴而行。在派镇墨脱物资转运站，可向招待所、饭馆的老板咨询相关事宜，或直接找街头走过的背夫商谈，多问几人做个比较，以选择合适的人和公道的价格。若从波密方向进墨脱时需要雇背夫，可以去波密大桥对面不远处的墨脱物资转运站。

雇佣背夫的计价方式有两种，一种是按天计价，一种是按行李重量计价。依目前的行情，按天计大概每天100元，若行李偏重则需加钱；按行李重量计大概每千克14元，封山、开山前后价钱要稍高一些，如行李太少，背夫当然就不愿意按重量计价了，可能会提出"向导费"，其实也就类同于按天计价了。但在一般情况下，雇了背夫，他们自然也就是你的向导了，因此无须另谈"向导费"。建议尽量雇佣墨脱的背夫，不仅因为他们开出的价钱更为公道，更主要的是他们那种像是与生俱来的在墨脱的特殊环境里强韧的生存能力，会在一路之上给你提供最安全的保障。但要谨记一点，价钱在出发之前一定要讲定，不能含糊，否则一旦上了路，就不容易说清楚了。

树蕨学名桫椤，是距今一亿年前中生代白垩纪物种。在墨脱热带雨林中有大量分布。

墨脱当地的背夫有门巴人和少部分藏族人、珞巴人，外地的背夫则多是米林、波密的藏族人及少量四川人。他们擅长负重，一般来说，是一群可以生死与共的朋友。

拉格到汗密之原始森林（上）。墨脱随处可见的蚂蟥。蚂蟥是蛭纲动物的总称。墨脱蚂蟥为旱蚂蟥，体长，略呈纺锤形，雌雄同体，两端有吸盘。前端吸盘较小，口内有齿。旱蚂蟥嗜吸人畜鲜血，所分泌的麻醉和防凝血物质，使人被吸血时不觉疼痛，吸血后创口血流不止（下）。

5 关于蚂蟥

蚂蟥的形体酷似微型的蛇。由于对蚂蟥缺乏了解，它往往被第一次进出墨脱的人视为头号敌人，一些旅游攻略讲蚂蟥会钻进耳朵、鼻孔之内，甚至危及生命，则完全是拿低概率事件说事的危言耸听之语。事实上，蚂蟥不过嗜血而已，它吸饱了血后会自行滚落，留在人身上的伤口几天后会不治而愈。它对徒步者的实际危害，其实还比不上沿途的跳蚤和蚊虫。当然，尽可能采取一些防范蚂蟥的措施也是极有必要的。蚂蟥是一种软体动物，没有皮肤，因此对食盐一类物质的刺激非常敏感。所以如果像一些当地人一样随身带一小袋食盐上路，途经蚂蟥较多的路段时，将食盐往长裤、绑腿和鞋子上抹，会有一定的防蚂蟥效果。还有人用灭害灵等罐装灭虫剂喷撒裤腿等处，即使不计其可能对人体产生的危害，仅就防蚂蟥的效果而言，也并不理想。

如果发现蚂蟥正在咬噬，一般的说法是需要用香烟烫它的身体，它才会松口离开。其实，并没有如此神奇。如前面已经提到的，随身带食盐的话取一点抹在蚂蟥身上，它自然会抽身离去。就算没有食盐或香烟，用手直接抓住蚂蟥身子，慢慢地把它从噬咬处拽下来，也不是多么困难的事。至于蚂蟥身体容易被扯断，前半截将留在人的皮肤内导致发炎，据我多年的经验和见闻来看属夸张之谈。

6 关于野兽

墨脱野兽很多，出没频繁，但并非如人们的印象一般，在墨脱容易受到野兽的攻击和伤害。实际情况是，当人与野兽在森林中接近或者"狭路相逢"时，包括豹、熊、野猪等在内的所有野兽，都会"望风而逃"，甚至横亘在路中间的毒蛇也不例外。所以，只要你不去伤害墨脱路上可能遇到的野兽，你和它们各行其道，就会相安无事。

7 关于走路

锻炼：徒步墨脱要连续跋涉 100–200 千米。如在行走之前缺乏锻炼，第一天走下来腿就会肿起来，后面的路程将变得加倍艰难。

负重：无论是否雇了背夫，徒步者的负重最好不要超过 10 千克。长途徒步跋涉中，背上的行包将日重一日，到后来很可能难负其重。

抬脚：行走在城市里平坦的马路上，人们一般是脚向前踢出的；但在凹凸不平的山路上，要习惯于抬脚行走。否则容易摔跤和受伤。

防水：如果鞋子不防水，则仍要尽量保持鞋内不要过湿。走路时应选择踩踏在路面凸出的石块上，而不要径直将鞋子泡在山道上的水流中行走。由于长时间徒步，双脚一般都会发热发烫，而踩在水里则有清凉舒适之感。但这种舒适感是暂时的，如果脚长时间泡在水里，很容易引起胀痛、脚底起泡，甚至导致指甲脱落（当然，就算不把脚泡在水里行走，几天徒步下来，大部分人双脚的大拇趾都要瘀血变黑，个别人则十个趾甲全黑）。

脚泡：徒步墨脱，脚底起泡是免不了的。有条件的话，晚上用热水泡脚后擦干，如能用酒精或碘酒消一下毒更好。然后用消过毒的针（可用煮沸的水或酒精浸泡）刺破脚泡，使泡内液体流出，排干。切忌撕去泡皮，以防感染。

防摔：途经溪流落脚时，要避开溪水边积有墨绿苔藓的光滑卵石。

总之，徒步墨脱，安全是第一位的，需要多加小心。

嘎隆拉山下的
墨脱公路。

徒步墨脱路线

墨脱之所以深深诱惑着我们，最大的原因是它难以抵达！对欲前往墨脱一窥秘境的徒步者而言，去墨脱的路主要有两条。

1 西线

里程：米林县派镇 ← 18km → 松林口 ← 20km → 拉格 ← 30km → 汗密 ← 38km → 背崩乡 ← 30km → 墨脱县城

此线全长 136 千米，通常应将行程安排为 4 天较为适宜。林芝八一至派镇转运站包越野车约 3 个多小时，八一邮政宾馆门口每天早上十点有一趟中巴，约 5 个小时到派镇转运站。在多雄拉山下的墨脱物资转运站，可购买必需的高腰解放鞋、绑腿和食品等物。如果时间安排较为充裕，不妨在派镇转运站多留一两日，前去直白观景台近距离观赏南迦巴瓦峰和雅鲁藏布大峡谷入口的神奇风光。派镇转运站经大渡卡到直白村，距离约 20 千米。可付费坐当地人的摩托车前往，亦可徒步到那里。进入墨脱后，一路下坡，沿途的拉格、汗密、阿尼桥（1 号桥）等地都有简易的木棚招待所，可以解决食宿。一路上，将经历从寒带到热带气候的巨大变化，沿途风光美不胜收。

第 1 天：早晨从派镇出发，一般可乘车至松林口，然后翻越海拔 4221 米的多雄拉，上下山均约两小时，即徒步约四五个小时就可到达拉格兵站。体力好的人，可当天赶往下一站汗密兵站。但大部分徒步者

最好别逞一时之勇，毕竟这才是漫漫长路的头一天。应多吃多睡，积蓄力量。

第 2 天：从拉格出发，过大小岩洞，到达汗密。一路虽然都是下坡，但要穿过原始森林，脚下全是布满砾石的山径，走起来脚不会好受。

墨脱背负柴火的门巴少女。长年生活于大峡谷深处，门巴人练就了在山间负重行走如履平地的能力。

墨脱吊桥。

第3天：从汗密出发，经老虎嘴、阿尼桥、2号桥、解放大桥到背崩乡政府驻地。许多年前，老虎嘴一带的路是山崖上凿出的栈道，现路面已较宽，虽然难走，但只要多加小心，不会发生危险。在解放大桥检查站，徒步者会受到严格盘查，必须有在八一镇武警边防大队办理的边境证，否则无法通过。解放大桥周遭为军事要塞，徒步者最好不要在此拍照。晚上可住背崩乡政府招待所。

第4天：从背崩乡政府驻地出发，经亚让到墨脱县政府驻地。这一天的路程较平缓，路况较好。但经过3天的跋涉，徒步者也已是强弩之末了。需要好好休整一番。

2 东线

里程：波密扎木镇 ← 24km → 嘎隆拉山口 ← 28km → 52K ← 28km → 80K ← 28km → 108K ← 5km → 113K ← 29km → 墨脱县城

此线全长 142 千米，全程均沿波墨公路而行。由于是公路路基，除了雨季时少部分地段泥石流、塌方严重外，其他路段很适合徒步行走。在嘎隆拉开山季节，如能搭乘汽车前往 80K，则旅程大为缩短，一般两天即可抵达墨脱县城。可在波密县中心广场包车前往，也可去到波密大桥不远处的墨脱物资转运站搭车。如运气好，波墨公路也可能在开山季节全线贯通，那样的话这段旅程就不再是徒步之旅了。如果没有汽车可坐，从波密扎木镇到墨脱县城，大致也需要 4 天的时间。沿途 52K、80K、108K、113K 等地均有木棚招待所，可提供食宿。

第 1 天：从波密扎木镇到 52K，徒步翻越嘎隆拉山口，走的是捷径，里程差不多仅有 52 千米的一半。

第 2 天：从 52K 出发，到 80K，走下坡路，比较轻松的一天。

第 3 天：从 80K 出发，到 108K 或 113K，一路上塌方、泥石流地段较多，要注意安全。

第 4 天：从 108K 或 113K，经过米日、马迪等村庄，抵达墨脱县城。路况较好，沿雅鲁藏布江而行，可饱览峡谷风光。

显而易见，上面所说的这两条路线连起来，就是以墨脱县城为中点的一条完整的路线。此进则彼出，彼进则此出，进出墨脱的徒步者大多也正是如此设计行程的。此外，除了这两条路线，还有一条更为诱人但也更为艰险的进出墨脱的徒步路线。

这条路线即从林芝县原排龙乡进入墨脱，由排龙出发，经玉梅、扎曲、八玉、甘旬、加拉萨、邦辛、113K，到达墨脱；出则反之。这条路线全程需 8 天至 12 天，且沿途除了村庄无定点解决食宿的地方。非具有丰富户外经验的发烧级徒步者，不应选择此路线。但也只有此路线，能让人真正领略到世界第一大峡谷的绝美风光。无疑，墨脱公路正式全线通车后，这一条路线成了徒步发烧者热衷的一条顶级徒步路线。

墨脱山谷晨雾。

我的墨脱

——寻找香巴拉之私人体验

宫殿之外 烟尘之外/山 寂寂/河 寞寞/人间的喧嚣在这里终止

1992年8月，翻越多雄拉山，步行4天，饥饿、寒冷、孤单……我终于抵达这座遗世独立的村庄般的边境小城——墨脱。

我曾经想象，在墨脱这样的边境小城里，必定有许多温馨美丽的故事。在进入墨脱之前，我的心中已不无忐忑。大学时读伊迪丝·华顿的《天真时代》，我曾产生过类似的感受——阿切尔对埃伦说："我要想个什么办法和你一起到一个绝对不存在的地方去。在那个世界，我们只是两个相爱的人，相依为命，把世间的其他一切都置之度外。"埃伦回答："哦，亲爱的！哪里有那样的地方？你可曾去过？我认识许多人，他们都曾想找到这样一个地方。结果呢，请相信我，他们全都错误地在小站下了车。在像哥伦，或者比萨，或者蒙特卡罗一类的地方。和他们离开的旧世界没有什么两样，只不过要小得多，脏得多，而且更加混乱不堪。"

🌡五彩斑斓的野花，打破了墨脱路上的寂寞。

走进神秘墨脱

麻雀虽小，五脏俱全。位于雅鲁藏布江左岸一座小山头上的墨脱县城，不禁让人想用"袖珍"一词形容它。坐落在山头顶部的东西南北4排木屋，是墨脱县各机关所在地。因为是木板房，最大的问题是鼠患和漏雨。当时我的宿舍就在其中一排木板房里，10平方米大小的半间木屋，卧室、客厅、厨房三合一。条件所限，只好在门口摆放一只用清油筒改装的火炉，在门口煮饭炒菜，雨天檐水滴落下来，常会淋湿柴火、浇灭炉火。

交通不便所致，墨脱的物资极其紧缺，基本上实行配给制。其实也就是逢年过节配给一点生活必需品，一年也就两三次而已。我领回的春节供应物品有：两听红烧猪肉罐头、两斤腊肉、一小袋香肠、500克白糖、500克水果糖、一盒一号电池、两包蜡烛、一条黄果树牌香烟、两瓶沱牌酒、两双解放牌胶鞋。由于县里的小水电站每天仅晚上七点至十二点供电，所以电池和蜡烛是不可或缺之物。

惊艳蝴蝶谷

从背崩乡走向墨脱县城的途中，路边一块不起眼的青石，引起了我的注意。那一块青石，背向小径的一侧，光滑如镜，上面清晰可见一朵雕刻的莲花。年代或已久远，不知出自何人之手。难道这是莲花净土白玛岗的象征实物吗？我为自己的发现而感到振奋。

我向别人打听蝴蝶谷的所在，竟没有一个人说得上来。虽然如此，我却绝不怀疑确实有这么一个地方，一个生活着数百万只五彩缤纷的美丽蝴蝶的山谷。这是一个中午，天气闷热，虫鸣不断。一走进山谷，我就感觉到有点异样。乍看上去，高大的野芭蕉树，茂盛的灌丛，浓密的杂草，灌丛杂草间盛开着的千百种各色野花，谷底潺潺流淌着一条清幽小溪，似乎与别的山谷并无不同。且慢，看，它飘起来了。我起初还以为自己是在梦境里面，才看到了眼前奇异诡秘的景象。在距我大约10米外的花丛之中，缓缓悠悠飘起了一个长约两米的彩色怪物。我定了定神，这回看清楚了，那个彩团竟然是由成千上万只蝴蝶重叠聚合而成。蝴蝶谷！我觉得自己清晰地听到了来自心底的惊呼。啊！蝴蝶团向这边飞过来了，仿佛是集千万只蝴蝶为一个整体，成了具有千万只蝴蝶智慧总和的庞大的蝶妖。它正扭动硕大的身体，缓缓变换身形，迎向我这个呆立在谷口的天外来客。

蝴蝶谷的奇遇就在此处突然中断了。恐怕到死为止，我都无法彻底说服自己，蝴蝶谷中的那一段经历，绝不是藏南河谷里的暖风所孵化的一个带点魔幻色彩的梦。

几乎是平生第一遭，我感到肩头压着如此巨大的重负，孤身一人，贸然闯入"地球上最后的秘境"，来寻找传说中的乐土香巴拉。简直像是传奇小说里的情节。而我担心的正是这一点。我希望自己不虚此行，有所发现，有所收获。但我心里清楚，如果一部小说有一个圆满的结尾，那就不会是一部完美的小说。显然，有一个悖论隐匿在这里。

春日的墨脱

春日的墨脱，是一幅桃花源的景象——小城内外，远近村庄，云蒸霞蔚，桃花烂漫。流连其中，我怀疑自己正是误入桃花源的武陵渔人。远处，山顶的积雪与白云连在一起，不可分辨。山腰盛开着一束束火红的杜鹃花，远远望去，红绿相间，美丽如画。

墨脱的山水、树木、云彩以及空气中混杂的淡淡野花香味，这一切，都令人感到格外亲切。难道这就是所谓的"前世的乡愁"吗？仿佛自己应该生于斯长于斯老于斯死于斯似的。这种"此地我曾来过"的感觉，就像潜伏于心中某种古老的记忆，沉睡多年后突然被唤醒。第一次见到南迦巴瓦峰和雅鲁藏布大峡谷，我并未感到惊异或兴奋，只觉得重游故地一般，心中竟涌起怀念与眷恋的情感。我当然不相信前生后世的那套佛教理论，但我也绝不否认世界上尚有许多无法解释的现象和事物。譬如当前的经历，明明在现实中清醒着，却又分明像在梦里。

左边，两株绿树枝条繁密纤细、姿态优美，镶嵌在蓝色的背景上给人恬淡宁静的感受。我独自沿着县城边上杂草丛生的公路走着。正前方出现一条湍急的溪流，两侧是如翼张开的翠绿山坡，山坡上各色野花竞相开放。一匹白马安闲地吃着草。蔚蓝的天空飘浮着几缕淡淡的云彩。来到林间，紧靠着一棵不知名的大树坐下来，阳光从树叶间隙透射下来，在地上形成的光斑杂乱地跳动着。溪水流过之处，一块青石上长满新生的嫩草和苔藓，片片云母在阳光下闪耀着银光。

四周树木种类繁多，高矮不一，浅绿色、橙黄色、红色……不同色彩的树叶昭示着时序的变迁。微风轻拂，树叶哗哗，水声潺潺，鸟鸣啾啾……组成了一首春天奏鸣曲。诸感官都陶醉在融融春意之中了。真想画下此处的景致，录下此刻的声音，写下此刻的感受。但这一切，都无法替代置身于大自然的心灵触动。

墨脱启示录

远离了溪水，周围显得异常安静。凝神细听，远处灌丛里时而传出几声清脆的鸟鸣，耳际轻微的风声，隐约的人语，潺潺的水声……

享受这美妙的一刻吧，不要再挂念将来，真正的自我只存在于思维处于最清醒状态的瞬间。刹那即永恒，我所能拥有的也只是这眼前的一刹，而连这一刹也在不停地流逝……

在我的凝神注视之下，世界发生了微妙的变化。当我闭上眼睛，忽然迷惑了——眼睑内外的两个世界，究竟哪一个才真正发生了变化呢？缥缈的歌声从某个方向传来，又倏然消逝。它带来了什么讯息？一种神秘的力量，强大的力量，使凡人变成了神灵，使冰雪化为了火焰……感谢上天赐予我感悟的一刻，在朝阳升起的刹那，我得到了无价的启示……

走过雨后的小径，偶尔弯下腰，摘一片草叶、撷一枚花瓣放进手心。恍惚间，我觉得自己也变作了生长在路边的一根草、一株花，承受阳光的恩泽、春风的抚慰、雨露的滋润。人生固然短暂，也绝不是没有喘息休憩的时刻，究竟是什么原因使得人们行色匆匆，甚至来不及采撷一朵路边的野花？诗人伊奥内斯库曾经写道："我们已经忘却了什么是默想。我们不再能观察，也不再能够仰望天空。我们既看不见世界之近，也看不见世界之远。"

沿山径向上行走，排列在路边的各色经幡如旗帜一般在风中"猎猎"作响。四周逐渐变暗，天快要下雨了，远处的景物依然清晰可见。山峦背后隐约传来阵阵雷声，雪峰顶上的黑云在闪电映照下变幻着种种怪异恐怖的形象，天际的星辰似乎也在凌厉的闪电中微微战栗。一道闪电照亮了大地，瞬间又恢复了黑暗。在光明与黑暗转换的瞬间，我捕捉到了一种神秘的气息，我的心与宇宙的心突然相遇了……我深刻地感受到，在这些年里，隐藏在繁复的生活内容之下我的心底所淤积的悲哀。这种悲哀自然不能仅仅归于以下命题——我的思想和行为完全为世俗的种种法则所约束和困扰。

新的血液要用新的血红蛋白来制造。现在，置身在与世隔绝的墨脱，我才渐渐地寻回了真实的自己。我觉得自己不再是一个河流上漫无目的的船夫。现在，我决心做一个钓者，我要在人生的岸边继续坐上好多年，执着地去垂钓并不存在的鱼。

多雄拉雪山上的旗树。一直处于强风吹袭之下，朝南一面树干荡然无存，像一面面迎风展开的旗帜，故名"旗树"。

女神的肚脐

墨脱县城南侧的神山仁青朋山势险峻，峰顶是一个小型的盆地。恰如其形，传说这里是呈仰卧状的绿度母的肚脐部位。沿着草丛中踩出的小径，我迈步走向仁青朋寺。

与大多数红教寺庙一样，仁青朋寺也供奉着藏传佛教的缔造者、红教始祖莲花生大师。

仁青朋有4户人家，共13口人。艰苦的生活，使这里居民的面容都显得有些憔悴，但他们的脸上总是带着微笑。他们一直生活在苦难之中，却似乎对其苦难视而不见。也许，作为一种与生俱来的命运，像盲人接受黑暗一样，苦难已被他们以宿命的方式接受容纳。此生没有的，来生将会拥有。佛曾许诺，只要今生行善积德，来生必将胜于今生——这就是他们生活的全部寄托。他们教会我如何认同和承担自己的命运。

走过一间破旧的小木屋。一位老阿妈站在门口，用惊异的目光打量着我。我对她点头报以微笑。我觉得我像是一个看画的人，为了看得更清晰一些，

墨脱

看啊
一朵花在绽放
它正露出笑颜
对这冷漠的世界
它虽然沉默着
我却猜它想说些什么

这一朵花
正像我的遗言
时光过滤之后
那无泪的表达

306

竟贸然走进了画中的世界。但画上的景致因我的介入发生了微妙的变化。

仁青朋盆地的一面坡地上，大约有10多亩耕地，是这里13口人的口粮田，多种植玉米。可是眼前的光景不免令人瞠目。玉米田里蝗虫正在肆虐，"扑喇喇"声此起彼伏，声势骇人。有趣的是，连蝗虫都不忍杀害的仁青朋居民，包括西绕在内，却都吃肉食。佛教最忌杀生。藏传佛教迫于藏地生产力低生存环境恶劣，发展了一套有限度杀生的食肉理论来自圆其说："喇嘛只有爪蹄或无齿之类不食。爪是鸡鸭及其他禽类；蹄是指整蹄，如马、驴，分蹄则可食之，如猪、牛、羊；无齿者指鱼类，因无齿者与世无害故不食。"

登上一块巨大的岩石，向西眺望，夕阳下的群峰被厚厚的云雾覆盖。山阴面的森林呈现一片暗紫色，与阳光照耀下的绿色山峦形成强烈的对比。山崖上隐约有一条银色的细带，那是山顶冰雪消融后在山间形成的流瀑。

渐渐地，山峰上的云雾出现了金黄色的镶边，愈来愈亮。夕阳的边缘触到了云雾金黄色的镶边……我的心似被某物重重一击。一瞬间，从前熟视无睹的景象变得绚丽夺目，平凡的事物尽皆放射出圣洁的光芒。大自然向我呈现出她最隐蔽、最美丽的部分，我睁开了沉睡多年的眼睛。我从未见过这样的美景，过去未曾见过，也许以后也无缘再见。

我感到自己融化在了某种无形无迹却无所不在的神秘物质之中，步入了神话的世界……在潮湿阴暗的原始森林的层层包围中，我似乎觉得自己的判断力在逐渐减弱，想象力却无限制地膨胀着。不论白天黑夜，脑子里总是充满了各种稀奇古怪的想法。我模模糊糊有些明白神秘诡谲的森林与雪山，何以成为佛法孕育壮大的温床的缘由了。

这里有位80多岁的老奶奶，年老多病，可能不久于人世。然而她并不畏惧死亡，甚至憧憬着死亡。此世她一直生活在艰辛苦难之中。但法力无边的佛曾向她许诺，此生之后，更有来世。她内心保持着平静，因为信仰给了她勇气——死，不是生命永恒的消亡，而是另一次生命的开始。我羡慕这些心怀信仰的人，因为他们毕生生活在希望和憧憬里。

墨脱特产石锅竹盒（左）。墨脱人家门口和田边地头常见的木刻男性生殖器（右）。

少年活佛西绕

在仁青朋寺里，我遇见了少年活佛西绕。19岁的他一袭绛红袈裟裹身，眼里透出同龄人罕有的成熟和冷静。在这个春日的下午，西绕断断续续向我讲述了他的故事。只是，西绕阿妈在哲蚌寺遇见长相与西绕阿爸一模一样的喇嘛一节过于离奇，我并不相信确有其事。"我是喇嘛的儿子"，西绕反复说着这一句话。

19年前，西绕在这里的鲁古村诞生了。西绕天性聪颖，6岁时小小脑瓜里已悉数装下了老喇嘛念了一辈子的经文。此事经老喇嘛有意无意地宣扬，被山民们当作神迹惊异地谈论着。于是，种种猜测出现了。当然大部分说法都荒诞不经。唯独西绕是县里某某活佛转世的说法，渐渐地，被笃信喇嘛教的山民们接受了。因为，据说某某活佛还俗后变得疯疯癫癫，西绕出生的前一年，活佛跳进江水里淹死了。类似的说法，无疑也传入了西绕阿妈的耳朵里。

西绕阿妈年轻时是山里出名的漂亮女人。她与西绕阿爸青梅竹马，西绕阿爸当年出家当了喇嘛，她还是经常去寺里看他。所以她直到20出头仍未嫁人。山里的女孩子一般十五六岁即出嫁，这个年龄的单身女人难免招人闲话。兴许是老天可怜西绕阿妈，不知什么缘故，有一年县里派人拆了寺庙，喇嘛纷纷还了俗。除老喇嘛一人外，年轻喇嘛都娶妻成家了。西绕阿妈如愿以偿，嫁给了心上人西绕阿爸。世上的事情谁也说不准，西绕刚满5岁时，县里又给钱重修了寺庙，请回了老喇嘛。西绕阿爸不顾西绕阿妈的苦苦恳求，毅然将西绕送进寺里。不久，西绕阿爸独自入山采药一去不归，神秘地失踪。

当西绕阿妈听说山民们将西绕看成某某活佛转世，心里不免感到有些不安。正值西绕阿妈为儿子的前途忧虑时，有人替她解决了这个难题。当时县里开办学校，实行包吃包穿包住，上学不需要交钱。校长长途跋涉亲自来招收新生。小西绕首先受惠，校长指名要他去县里念书。此举使西绕阿妈心中的石头落了地，却

➤ 仁青朋寺红墙金顶，房基呈正方形，每边长约10米。左右两扇门上用白漆涂了两个大大的"卍"字图案。

308

让老喇嘛和山民们大失所望。

一晃七八年时间过去了。山里逐渐发生着变化，山民们开始向往山外的繁华，不少人还结伴在山外雇车去拉萨朝佛。这年夏天，西绕阿妈也加入了朝佛的行列，千里迢迢去拉萨朝圣了。谁料返回途中，西绕阿妈染上了急病。多亏同行的亲邻悉心照料，总算见着了自家的木屋。没过多久，西绕阿妈就离开了人世。西绕阿妈临终时嘱托亲邻将她埋葬在村里寺庙后面的山坡上。不像山外，峡谷地带没有食尸的秃鹰，所以山里流行水葬和土葬。

阿妈去世一个多月后，在山外读中学的西绕放暑假回到家里。新学年开始了，西绕没有按时返校。

天快亮了。此刻，我的脑子里出现了一幅峡谷深处甘匐乡的想象图景——东方微白的天幕上，斜挂一弯残月，稀疏灌丛遮掩的坟头白色经幡随风飘摆。聆听远方儿子晨起朗朗的诵经声，西绕阿妈在地下露出了欣慰的笑容。

西绕向寺前的大香炉内放入一些柏树枝和几段檀香木，举火点燃，然后转身进入寺内。他要开始每日例行的晨诵。香炉里冒出的浓浓烟雾，升腾起来，向四周弥漫。

雅鲁藏布江在这里拐了个弯，激流撞击峭壁的轰响声在高山峡谷间回荡不息。雅鲁藏布大峡谷怀抱南迦巴瓦峰地区的高山峻岭、冰封雪冻，劈开青藏高原与印度洋水汽交往的山地屏障，向高原内部源源不断输送水汽，使青藏高原东南部由此成了一片绿色世界。

自然的奥秘

一只蜻蜓
飞过溪水会合的地方
林间　轻风习习
野花烂漫

沉重的喘息
向四方蔓延
自然的奥秘究竟隐藏何处
万物齐衰
为何唯有时间　流浪在外

君不见
风雨里归来的瘦马
与我一般孤单

寺内传出了急促而富有节奏的诵经声，时而夹杂着阵阵铃声和鼓声。

人的命运竟是如此不同。也许，西绕将每天重复诵经礼佛的既定程序，在这个与世隔绝的地方度过他的一生。而我呢？想及自己的命运，我不禁陷入了迷惘。

在仁青朋寺前徘徊了一个下午，我正准备转身离去。突然不知是谁在深林里吹响了法号。夕阳余晖里，法号声凝重悠远。一瞬间，我的灵魂仿佛挣脱了肉体的束缚，向着高处飞升……飞升……

"欲高举灵魂者，请跟随我来！"是谁在说话？我抬起头，仿佛看见，远处阳光映照下的皑皑雪峰上，一朵紫色的雪莲花正在悄然绽放。

墨脱门巴村庄和墨脱门巴人。门巴人主要分布在喜马拉雅山南坡的门隅地区，以达旺最为集中，六世达赖即出生在达旺地区。其他则分布在墨脱、林芝和错那县的勒布等地。狩猎是门巴族生产生活的重要组成部分。门巴族有自己的语言，无文字。多通晓藏语，通用藏文。藏族人喝酥油茶普遍偏爱木制茶碗，门巴木碗为西藏木碗中的最上品。

遇见上师晋美

　　远处两山对峙，山谷与天际连接之处飘浮着一团灰黑的云，如一只雄狮，静静伏卧在天边。逐渐地，狮子消融进了渐聚渐浓的暮色，代之而出的，是一颗明亮的晚星，在山谷尽头熠熠闪烁。"佛陀的眼睛"，晋美仁波切喃喃说道。一轮金黄的圆月驾临雪山顶上。北望月光映照下的喜马拉雅山，神秘之中透着庄严。

　　晋美仁波切是康巴人，精通汉语。西绕介绍说，晋美仁波切是藏东川西远近闻名的高僧，修行 40 余年，"仁波切"是信徒对他的尊称。他 6 月初来到仁青朋，一直在离仁青朋寺半天多路程的一座早已废弃的小庙里闭关修炼，可数十日不进食，具有极高的内功造诣。晋美仁波切和西绕他们都是红教中发了寺院僧侣愿的喇嘛，不同于一般的在家僧侣。

　　晋美仁波切经常说些让人摸不着头脑的话。上午，他像是自言自语，又像是在对我说："獐子终有一天要变成人，人也要变成獐子。到了那时候，将是獐子打人，而不是人打獐子。"言行怪异的长者，孤寂落寞的上师，似乎充满矛盾，又显得浑然无缺。

　　晋美仁波切喜好仓央嘉措的诗歌，随身携带之物，除了藏文佛经外，就是一杆锈迹斑斑的猎枪和一本六世达赖仓央嘉措的诗集。

　　那年春天，晋美的阿爸病重卧床不起。家中一贫如洗，无钱求医买药，头人又

雅鲁藏布大峡谷风光之重峦叠嶂。

墨脱之流瀑。

派了人来催债。病床上的阿爸把家传的火药猎枪郑重地交到了晋美手中。虽然以前晋美多次随同阿爸一起进山打猎，但独自一人背枪出猎，这还是头一次。当然也成了他最后的一次。

在密林中，晋美先是遇到一只血雉，一枪命中，给了他无比的信心。虽说是春暖花开时节，山顶上依然是要落雪的。在雪线附近，晋美发现了雪地上雪豹留下的清晰爪痕。天近傍晚，走在针叶阔叶混交林里的晋美，已是疲惫不堪，沮丧万分。就在此时，那只决定他一生命运的獐子映入了眼帘。晋美精神为之一振，自然没有预料到灾难即将降临了。

起初是晋美心爱的猎狗竟然稀里糊涂摔下一处悬崖，死于非命。罪魁祸首很显然就是那只獐子。那只獐子认出晋美所穿的正是用爱侣的皮毛缝制的衣服。晋美阿爸杀死了獐子的爱侣，獐子就认定了父债子还。于是，每当晋美欲放弃追逐时，獐子就停下来，从而一步步将晋美引上了绝路。晋美来到了一处悬崖边，躲在一块岩石后的獐子猛地窜出，从身后撞过来，晋美与獐子一同坠入了山涧。侥幸的是，崖壁上一棵突出来的小树救了晋美的命。倒是痴心的獐子殉情而死了。浑身是伤大难不死的晋美，并未忘记取出那枚可能会救他阿爸性命的麝香。

当晋美半夜回到家时，阿爸已溘然离世。据阿妈所言，阿爸离去的那一刻，几乎与晋美落崖是同一时间。那夜，晋美在一个奇异的梦境里，看到了慈祥的阿爸、心爱的猎狗和一对相亲相爱的獐子。他们和睦相处，如同一家。那年冬天，15岁的晋美落发佐钦寺，皈依了佛门。

"你放过风筝吗？线断了，风筝飘走了。只要你抗争，失去的永远是锁链。"晋美仁波切说罢，闭目陷入冥思。他的脸上，隐隐透出淡淡的绿色光芒，神情十分怪异。据说，密宗大师多有超自然能力，但由于他们一般不炫耀于人，外人难得一见。

西藏有句古老的格言："当弟子成熟时，一名上师便出现了。"我不知我是否已然成熟，但晋美仁波切却适时出现在了我的面前。这种际遇犹如一篇红教仪轨诗中所诵：

信仰的莲花在我心田开放／仁慈的喇嘛显示你的存在

我祈求你 啊 喇嘛／请你把我从沉睡中唤醒吧

朝圣贡堆颇章

一场筵席散了，另一场筵席在等待着我。究竟是什么原因使我走上了这条艰险而漫长的道路呢？也许我自己最清楚，如果当初我随波逐流，我将比平常人更平庸。一路行来，沿途的见闻和思绪无形中改变着我。现在的我是否已与过去的我判若两人？

我不是一直在寻找一种适合自己的生活方式吗？晋美仁波切不止一次说过，他计划去印度朝圣。于我，岂不正是一个千载难遇的良机？去印度，走上完全不同的另一条人生之路？

打点行装，陪同晋美仁波切离开仁青朋，向神山贡堆颇章的方向开始进发。天近傍晚，我们来到了坐落在密林中的一座小庙前。这座小庙由石块堆砌而成，看上去经历过数十年的风雨，石墙表面长满了一层厚厚的绿苔。小庙略呈圆形，室内面积不足 20 平方米。晋美仁波切在这里曾坐禅静修过 3 个多月。小庙里供奉的并非哪一个神佛的塑像，而是摆放在室中央的一块两米见方的巨石。巨石从中间裂开，裂缝将整个石头分成了两半。此石的寓意，偶然中听西绕说起过一次，左边半块石头代表一个男人，右边半块石头代表一个女人，具体的深意西绕亦不知其详。附近树林里不时传出凄厉的鸟鸣。小庙周围的树被风吹得"哗哗"作响，上方一团厚重的黑云，如一只欲作势扑下的巨大蟾蜍。桌案上的酥油灯焰随风摇曳，巨石、晋美仁波切和我的影子分别在深褐色的石墙上变幻着位置和形状。

晋美仁波切已经睡着了。盖着潮湿的被子，我翻来覆去，总是无法入眠。夜已

由米林县进入墨脱县的必经山口——多雄拉。

很深，一阵冷风吹进来，灯焰熄灭了，殿堂里一片漆黑。我摸出火柴，"嚓嚓……"连划几根火柴，竟一根也没有点燃。黎明尚且遥远，如何熬过这漫漫长夜啊？

太阳升起来了，鸟儿在林间歌唱。我为什么直到今天才认识到太阳的伟大，而过去，竟对它熟视无睹？所有经历过漫长黑夜的人，是不是都会像我，从此加倍热爱阳光，珍惜白昼？

高大的杜鹃树渐渐多了起来。一只小松鼠蹲在树枝上，两只眼睛谨慎地望着四周。树干上缠绕着一条条蔓类附生植物，它的每一枝节上都长满了根须，乍看之下，像一只只蜘蛛爬在树上。

走出了阴冷潮湿的树林，我们继续向贡堆颇章前进。在雨中已辛苦跋涉了3天，我斜靠着山路边一块湿漉漉的岩石，只觉得脑子里一片空白。青烟升进了雨幕，火苗跳跃着，挣扎着，眼看就要熄灭了。就着热茶，我啃着硬硬的压缩干粮，晋美仁波切坐在一边，用手拌着一碗散发着酥油香味的糌粑。越往前走，森林越密，见到的各类野生动物越来越多，路边的树木也越来越高大了。在离贡堆颇章大约不到10千米的地方，竟出现了树径达三四米的巨树。第7天，我们终于看见了为原始森林环绕、高高耸起的贡堆颇章神山。

传说，终有一天，世界将会毁灭，流转在六道轮回中的生灵都将遭灭顶之灾。慈悲的绿度母在降临雪域之前已预知此事。在她化为莲花之时，已预先在莲花瓣上设了一道通往彼岸的大门。当世界毁灭时，此门会自动开启，凡来白玛岗朝圣，深受轮回之苦的众生都将进入此门得到庇护，并从此超脱轮回，抵达西方极乐净土。据佛经记载，这道福惠众生的大门就隐藏在白玛岗南部的神山贡堆颇章的悬崖陡壁上。基于此，白玛岗遂成为佛教徒心目中至高无上的圣地。千百年来，千千万万虔诚的信徒携老扶幼不远千里，前来白玛岗朝拜贡堆颇章。

四周森林环抱，贡堆颇章银色的雪峰倒映在莲花湖的中央。远远望去，圆形的湖泊仿佛莲花瓣上的一滴甘露。相传湖中流淌的是稀世圣水，如果喝一口圣水，将能去病消灾；如果在湖中沐浴，将会终生安乐。湖边小坐，欣赏着眼前的青山碧树雪峰镜湖，我无端忆起了遥远的瓦尔登湖，不觉有些恍惚。心头闪过梭罗隐居瓦尔登湖畔时产生的智慧火花：

不要给我爱 / 不要给我钱 / 也不要给我名 / 请给我真理

我忽然觉得，我的一生本是一个传奇。只不过，这个传奇才刚刚开了个头就戛然而止，没了下文。

航拍的墨脱背崩乡政府所在地（上）。墨脱县城新貌（下）。🌡

西藏旅游全攻略

{
1. 进藏旅行证件
2. 不适宜到西藏旅行的人
3. 远离高原反应
4. 出行基本装备
5. 西藏礼俗禁忌
6. 精华景点手册
7. 六大经典线路
8. 西藏的民用机场
9. 进出拉萨火车始发时刻表
10. 实用藏语列表
}

[特别提醒]

有关交通： 如今西藏各地市之间的交通其实是比较方便的，网上的资料许多是热衷租车、搭车的"老驴"们提供的，反而不具有普遍性。最好最实用的经验，就是每到一个地方，比如拉萨或某个地区，就向旅馆老板咨询有关交通及路线情况。你住了他的店，他当然高兴免费提供最新的信息，而且他是知道一些"商业秘密"的，会很有效很实用。网上的旅游者提供的信息，很难说是最有益于一般旅游者的。

有关门票： 西藏的寺庙和作为朝圣地的其他景点，按惯例对藏族人是免门票的，也有某些景点为了管理方便，会象征性地收取一两元。作为旅游者，你或许会为此感到有些不平，但要知道，信徒们去这些地方，不是为了旅游观光，而是去朝拜。信徒们进去后，都会根据自己的经济实力，以捐钱、贴金、往酥油灯里加油等各种方式布施。不像旅游者，信徒们一年里可能要去这些地方许多次。所以，他们的布施，其实远远超过了游客支出的门票费用。

1 进藏旅行证件

这里强调的进藏旅行证件，是指必带的身份证、学生证之外，去别处旅游很少遇到的边境通行证。如果打算去西藏边境地区旅游却未办理边境通行证，则必将无功而返。

我国公民（包括港澳同胞）进入西藏边境地区旅游，按照有关法规的规定必须办理边境通行证。外国人则一般不被允许进入这些地区。国内游客如持有走活的护照则不需要办理边境证。西藏需要办理边境证的地区如下：日喀则的仲巴县、萨嘎县、聂拉木县（樟木口岸）、定日县（珠峰地区）、康马县、亚东县、岗巴县、定结县、吉隆县；林芝的墨脱县（雅鲁藏布大峡谷地区）、朗县、米林县、察隅县；山南地区的浪卡子县、错那县、洛扎县、隆子县；阿里的普兰县、札达县、日土县、噶尔县。

边境通行证的办理方法大致如下：最好在自己户口所在地的派出所户籍科办理，须携带并交验本人的身份证。通常交付两元后填写一张边境通行证申请表，在前往边境地区名一栏填上欲前往的地区，多填些地方没有坏处。

除了边境通行证，对于那些想顺道去尼泊尔旅游的人，则要到尼泊尔驻拉萨领事馆（罗布林卡路 13 号，咨询电话：0891-6815744）办理签证。旅游签证不需要邀请函，须携带个人因私护照、一张 2 寸照片。中国公民签证免费。签证官很少会拒签，一般当天填表第二天即可拿到签证。拉萨每天有飞往加德满都的航班，并开通有直达加德满都的客车。可自行前往樟木口岸，再从樟木乘坐由拉萨发往加德满都的客车，价格可与司机或票务员协商。拟订旅游计划时最好先行打电话咨询。

2 不适宜到西藏旅行的人

青藏铁路全线通车后，针对哪些人不适宜进藏旅行，铁路部门发布了《高原旅行提示》，应严格遵照执行。根据卫生部门和医生意见，旅客进入高原旅行前建议进行体检，由医生确认可进入高原旅行后，方可前往高原旅行。凡有下列疾患之一者，不宜进入3000米以上高海拔地区旅行：

1. 各种器质性心脏病，显著心律失常或静息心率大于100次/分。高血压Ⅱ期以上，各种血液病，脑血管疾病。

2. 慢性呼吸系统疾病，中度以上阻塞性肺疾病，如支气管哮喘，支气管扩张，肺气肿，活动性肺结核，尘肺病。

3. 糖尿病未获控制；癔病、癫痫、精神分裂症。

4. 患重症感冒、上呼吸道感染，体温在38摄氏度以上，或体温在38摄氏度以下，但全身呼吸道症状明显者，病愈之前，应暂缓进入高原。

5. 曾确诊患过高原肺水肿、高原脑水肿、血压增高明显的高原高血压症、高原心脏病及高原红细胞增多症者。

6. 高危孕妇。

3 远离高原反应

一则关于高原反应的小笑话：

一对情侣去西藏旅行，女孩子靠到男朋友身边，想和他说句话。没想到男朋友急忙躲开，对她说："你别靠过来，别把我这边的氧气给吸没了！"

"高原反应"是一个令西藏以外的人闻之色变的词汇。事实上，如果不滞留藏北草原或阿里地区，大多数旅游者其实无缘"领略"到高原反应的滋味。所以不必对此过于惊慌。

高原反应实际上是人到达一定海拔高度后，身体为适应因海拔高度而造成的气压差、含氧量少、空气干燥等的变化而产生的自然生理反应。海拔高度一般达到3000米时，人就会有不同程度的高原反应。高原反应的症状一般表现为：头痛、气短、胸闷、厌食、微烧、头昏、乏力等。

高原反应是人的自身机能适应高原缺氧的一个过程，正像长期待在西藏的人，回到内地会发生低山反应一样。所以只要不是十分严重，应以开放的心态对待高原反应。一般情况下，发生高原反应后两三天内身体就会完全适应。离开西藏后，高原反应也不会留下任何后遗症。

如果游客仅在那曲、阿里以外的地域旅游滞留，一般不会有明显的高原反应。在旅游者中间流传的诸如乘飞机比坐火车、汽车阶梯式进藏容易发生高原反应，男人比女人、胖人比瘦人、高人比矮人容易发生高原反应的说法，均无医学上的依据。高原反应的机理尚未完全探明，目前高原医学认为，一个人是否容易发生高原反应关键看身体的自我调节能力如何，没有明显规律可循，与体质和体型没有直接的关联。

　　进行一般的藏地旅行而不是去探险或登山，罕闻因高原反应而发生严重后果的。因此，进藏的旅游者不必过分担忧高原反应。当然，尽量采取措施远离或减轻高原反应也是非常必要的，毕竟大部分游客的行程是比较紧张的。初到高原地区，建议不要快速行走或奔跑，尽量减少较强的体力活动，多休息，就算没胃口也要坚持进食，刚到时以不喝酒为妙，等身体适应了才可酌量而喝，不可过度。多食蔬菜和水果等富含维生素的食品，多饮水，如果你能适应酥油茶的味道，可以多喝些酥油茶，对缓解高原反应有一定的作用。注意保暖，避免受凉感冒。尽量不要吸氧，让身体自己适应。可服用一些缓解高原反应的药品：红景天（至少提前 10 天服用）、高原安（到达西藏后服用）、西洋参含片、百服宁（控制高原反应引起的头痛）、普萘洛尔（又名心得安，不可多服）、维 C 腾泡片、安眠药（能睡个好觉比吃什么药都好）。

　　一般高原反应症状在 1～2 天内可以消除，如出现严重的高原反应：浮肿、剧烈咳嗽、高热等症状，建议一定要到医院检查看是否患有高原肺水肿及做输液、吸氧等治疗，仍然没改善就尽快离开高原。

　　远离高原反应，主要还是要保持良好的心态，初到西藏，要尽量克制自己兴奋和紧张的心情；其次，可在进藏之前或进藏后，适当购买服用抗高原反应的药物，虽然这些药物更多的是给人以心理上的安慰；如果仍对自己的身体缺乏信心，那就不妨买个氧气袋，价格不贵，买个安心。实践表明，绝大多数人买的氧气袋都没有真正派上用场。切忌一有高原反应，哪怕症状轻微也去吸氧。图一时畅快，一旦对氧气袋产生依赖性，整个西藏之旅就算毁了。

4 出行基本装备

西藏被誉为地球的第三极，由于这里特殊的地理气候环境，部分地区交通的不便，多数旅游景点的设施不完善以及历史人文方面和其他方面的特殊性，来这里旅行须有所准备，既包括心理方面，也包括物质装备方面。

西藏绝非无人区，拉萨已是相当现代化的城市，只要你带了足够的钱，你所需的东西基本上都能买到，价格比别的地方也不会昂贵很多。装备论者只管增添背包的重量，却因此而减损了旅行应该得到的快乐。当然，一些基本的装备还是需要的，特别是当你要以拉萨为中心展开周边或长途自助旅行，像一头驴子一样在西藏的千山万水间跋涉时。

鞋：千里之行，始于足下。如果你喜欢徒步登山和爬雪山，或准备在野外露营，那么专业的硬底防水登山鞋是必不可少的，最好的自然就是进口的 gore-tex 登山鞋了，它的防水透气和保暖性非其他鞋类可以比拟。如果你只打算到常规的景点参观，一双结实、耐用的旅游鞋就完全能够胜任。

背包：一般情况下，50 升左右的背包足够放下你全部的必需品了，若再带一个 10 ～ 20 升左右的随身小包或冲锋包，在一些场合也能派上很大的用场。若你不准备扛大箱，一路以包车为主的话，另准备一结实的大编织袋用于包装大背包，既可防尘、防水，又可防止路途颠簸磨损背包。

着装：西藏的昼夜温差非常大，即使你夏季进藏，也须准备御寒的衣物——羽绒衣值得推荐，同时防雨的衣服也是很有必要准备的。衬衫、内衣和袜子，多带上几件备用，因为除了在大的城镇有条件外，很多时候你可能好多天都没有机会换洗衣服。

帽子、墨镜、望远镜：因为拉萨的强烈阳光，帽子和墨镜必不可少。戴宽沿的帽子尤其好，不但可以遮阳，还可以防雨，一般在八廓街的摊上花十多元即可买顶好看的礼帽；墨镜不但可以防紫外线，还可以在过雪地的时候防止强烈的反光导致的雪盲；如果你打算在高原旅行途中，尤其是在青藏铁路沿途观察藏羚羊、野驴等珍稀野生动物，最好别忘了携带一架倍数较高的双筒望远镜，相信它将给你带来意外的惊喜。

高度数的防晒霜和润唇膏：这两样东西在高原也是必需的。用 30 度以上的国产防晒霜就很好，完全不需要更昂贵的进口产品。据说用酥油搽脸也是美容养颜的秘方之一，只要你受得了，不妨试试。西藏大部分地方的气候很干燥，经常涂抹润唇膏，可以防止嘴唇干裂。

湿纸巾、口香糖、纸巾：在一些偏远的地区如阿里、双湖等地，沿途许多地方都没有自来水，如果你想做个简单的个人清洁，除了在路边的溪流中洗漱外，就要靠自带的湿纸巾。嚼口香糖既可以提神也可以漱口。女性旅行者还要带足生理卫生用品，因为由于高原气候和旅途劳顿，女性的生理周期常常会紊乱。

绳子：准备一条5米左右的尼龙绳，主要用来晾衣和捆绑行李。超市有套装卖，绳子的两头有钩，并且配备了夹子。另外，不妨再准备数条细绳，可以用来绑些小东西。

药品：一般药品西藏都能买得到，特别是防治高原反应的药物，应该说西藏的更多更好，但除了较大的城镇外，西藏许多地方仍有缺医少药的情况，应多准备一些药品以有备无患。其中缓解高原反应的药品（如红景天、高原安、丹参、维C腾泡剂、葡萄糖、氨茶碱、肌苷片或口服液）、抗感冒药品（如板蓝根、白加黑或康泰克、止痛片、阿斯匹林），高原急救类药品（如心痛定也叫硝苯地平、救心安油、地塞米松）尤为必需。另外，复合维生素（如金施而康、21金维他）、肠胃不适类药（正气水、黄连素、藿香正气丸、腹可安）及创可贴、眼药水、抗感染类药、润喉片等也值得携带。

♀去往雅鲁藏布大峡谷路上的背夫和旅行者。

5　西藏礼俗禁忌

西藏并不是一个蒙昧之地，但由于宗教文化发达，禁忌颇多。当然旅行者也不必为此过分担忧，俗话说"不知者不怪"，这句话无论在哪里都是适用的，西藏亦不例外。只要不是明知而为或明显的不尊重，一般的禁忌对外来者是没有多少约束力的。不过以下9条礼俗禁忌，还是应当遵守的。"入门问禁，入乡随俗"，当你懂得去尊重他人时，你必将赢得更多的尊重。

1. 到藏族人家里，主人敬酒时，客人须先用无名指蘸一点酒弹向空中，连续三次，接着轻轻呷一口，主人会及时添满，再喝一口再添满，连喝三口，至第四次添满时，必须一饮而尽。如果开始不懂如何去做，可以请主人教你。喝酥油茶时，主人倒茶，客人要待主人双手捧到面前时，才能接过来喝。

2. 藏族人普遍忌讳别人用手触摸自己的头顶或搭在自己肩上。因为按照古老的观念，藏族人认为头上住着头神（乌拉），右肩住着男神（颇拉），左肩住着女神（姆拉）。当神依附在人身上的时候，会发出灯盏的光芒，即头和左右肩上各有一盏"命灯"，别人触碰三个部位可能打翻"命灯"，危及生命。

3. 天葬时食尸的秃鹫，藏族人视为神鸟。因此，绝对不要猎杀秃鹫或用石块等物伤害秃鹫。

4. 藏族人几乎全民信仰佛教，他们有放生的习惯。如果偶尔见到身挂红、黄、绿布条的放生牛羊，不可随意驱赶、伤害。

待客热情的牧民。如果去了西藏一定要记得三口一杯。☛

雪花，酥油，灯盏。西藏的魅力在于地理景观，更在于独特的文化。

5. 忌用写有或印有藏文的纸当手纸或擦东西，这一点与汉地"敬惜字纸"的传统是一致的，何况藏文的内容大多与佛经咒文有关，所以更不可轻易亵渎、玷污。

6. 行经玛尼堆、佛塔等宗教设施，一般应从左往右顺时针绕行，同样，在推动转经筒或摇动自己买的小转经轮时，也应顺时针转动，以示尊重。若是本教寺庙和圣地则方向相反。

7. 进入寺庙，请不要吸烟，既是为了尊重，也是为了防火。不可大声喧哗、妄加指点议论。遇到法器、火盆等物应绕行，而不得跨越。同时，切忌随意摸佛像、翻经书或敲钟鼓，更不要去坐活佛的座位。未经允许，不可动手抚摸僧侣随身佩带的护身符、念珠等宗教器物。与寺院的僧侣交谈时，避免提及杀戮之辞、婚配之事，许多游客不顾他人内心感受的做法，看似天真烂漫求知欲强，实则显示了游客缺乏必要的修养。

8. 藏区各地的山口、桥头和路口，常可见到大小不等的玛尼堆，上面摆放着玛尼石、擦擦（泥塑小佛像）或刻有经文的牛羊头。不少旅行者常会以纪念为由拿几块据为己有。这种行为，难免不引起当地信教群众的极大反感。若真的喜欢那些东西，完全可以在八廓街小摊上花不多的钱买几块，在药王山下刻经人那里也能买到。

9. 由于高原严酷的气候地理环境，包括僧侣在内的广大佛教信徒，并不禁荤腥。但藏族人仍然爱惜生灵，忌讳杀生。除了牛羊肉和猪肉外，传统上一般禁吃驴肉、马肉和狗肉等，大部分人也不吃鱼。现在，城市里的人饮食习惯变化较大，但与藏族朋友一起吃饭时，点菜前最好预先征询他们的意见，以示尊重，千万不要勉强他们吃不愿吃的东西。

6 精华景点手册

以下用最简洁的文字对西藏精华景点的门票价格和到达方式等做了介绍。需要提醒的是，寺庙的门票一般可以重复使用。

拉萨

» **布达拉宫**：门票旺季 200 元，淡季 100 元，旅行社代购需加手续费 200 元或更高。布达拉宫是拉萨乃至西藏的标志性建筑。

» **宗角禄康**：在布达拉宫的背面，又称作"龙王潭"。经全面改造兴建，现已免费对外开放，是不错的休憩之地。

» **药王山**：在布达拉宫的前右侧。著名的千佛崖却在山后，需从林廓西路或德吉南路向南绕行才能到达。

» **大小昭寺**：大昭寺门票 85 元，小昭寺门票 20 元。小昭寺位于大昭寺以北约 1 千米处，可步行。

» **八廓街**：值得一逛再逛的消磨时间的好地方。关键是要会砍价，砍至店家喊价的二三成才算真本事。

» **罗布林卡**：门票 60 元。若逢雪顿节期间，尤其值得一往。

» **哲蚌寺**：门票 55 元。乘 3 路中巴车即可抵达。山脚下是西藏佛学院所在的乃穷寺，门票 25 元。

» **色拉寺**：门票 55 元。乘 5 路中巴车即可抵达。除周末外，色拉寺每天下午 3 点后有辩经活动。

» **甘丹寺**：距拉萨 57 千米，门票 40 元，班车双城票价来回 30 元 / 人，只有三班。每天早上七点左右，在大昭寺广场入口处有前往甘丹寺的班车，双程票价 20 元，下午三四点原车返回。

» **热振寺**：距拉萨 240 千米，门票 31 元。拉萨东郊客运站有去热振寺的班车。每天一班，早上八点发车，票价 30 元。

» **直贡梯寺天葬台**：距拉萨 160 千米，门票 45 元。在拉萨东郊客运站有不定期发往直贡梯寺的中巴，也可租车前往。

那曲

» **那曲恰青赛马节**：为了方便游客，当地将赛马节的时间固定在8月10日举行，一般要持续7天。如能赶上赛马节，无疑令人惊喜。

» **纳木错**：门票淡季80元，旺季120元，观光车15元。可在当雄租车或徒步前往，也可直接从拉萨租车。

» **骷髅墙**：多多卡天葬台骷髅墙位于比如县达木寺前。那曲长途汽车站每天上午八点半有发往比如的班车，或搭乘返回比如的货车。对骷髅墙拍照或摄像，要缴纳100元到2000元不等的费用。

林芝

» **墨脱**：推荐两条徒步路线：1. 米林县派镇→多雄拉→拉格→汗密→马尼翁→背崩→墨脱；2. 波密县扎木镇→嘎隆拉→52K→80K→108K→113K→墨脱。行程3天至4天。若经邦辛→加拉萨→甘甸，可进入雅鲁藏布大峡谷深处，目睹绝世景观。

» **南迦巴瓦峰**：在林芝县境内的色季拉山口，可远眺南迦巴瓦峰。或到米林县派镇，在雅鲁藏布江边饱览南迦巴瓦峰一带的风光。

» **巴松错**：门票实行淡季60元（每年11月1日至次年4月30日）、旺季120元（每年5月1日至10月31日），凭学生证半价。巴松错距川藏公路39.6千米，包车前往最为方便，但费用较高。

昌都

» **强巴林寺**：免门票。在昌都镇旧城区，可步行前往。

» **卡若文化遗址**：门票25元，乘公交车即可抵达。

» **丁青孜珠寺**：昌都每天早上都有一趟发往丁青县的班车，孜珠寺距县城约37千米，需包车前往。

» **然乌湖**：位于八宿县城西南80千米的川藏公路边上，沿途可尽情观赏湖光山色。如有兴致，从然乌镇出发沿湖上行约1千米，到康撒村路口，往左前往察隅，向右可经湖边10千米简易公路到达世外桃源来古村，在此可远眺来古冰川。

山南

» **雍布拉康**：门票60元。从泽当镇步行至雍布拉康需3小时。乃东路上有前往雍布拉康的中巴车。雍布拉康是远眺雅砻河谷的极佳所在。

» **昌珠寺**：门票70元。参观雍布拉康的路上可顺道前往。泽当镇乃东路上也有直接去昌珠寺的中巴车。

» **桑耶寺**：门票40元。大昭寺广场入口处每天早上有发往桑耶寺的中巴，也可从拉萨乘坐开往泽当的汽车，在桑耶渡口下车，或从泽当镇乘车到桑耶渡口。下车后乘坐机动船横渡雅鲁藏布江。到对岸可坐中巴车，约行10千米即到桑耶寺。

» **青朴修行地**：位于桑耶寺东北10千米处。在旅游旺季，桑耶寺基本上每天都有去青朴的车辆。

» **拉姆拉错**：从泽当镇搭乘去加查县的班车，在加查县包车去崔久乡，至穷果杰寺后，请当地人带路，徒步四五个小时即可到拉姆拉错。

»　　**羊卓雍错**：可从拉萨包车或乘坐去浪卡子县的汽车前往。或走阿里线、珠峰线时回程经江孜到羊卓雍错。

日喀则

»　　**扎什伦布寺**：门票 55 元。位于市区内，徒步前往即可。

»　　**夏鲁寺**：门票 40 元。位于日喀则市东南 20 千米处，可乘坐去往江孜的班车，在路边下车步行三四千米即可抵达。

»　　**萨迦寺**：门票 45 元。日喀则市与萨迦县之间有对开的面包车，可在客运站乘坐前往。

»　　**白居寺**：门票 60 元。日喀则市每天有开往江孜的班车。

»　　**帕拉庄园**：门票 30 元。距江孜县城约 4 千米，可步行。

»　　**珠穆朗玛峰**：珠峰旅游景区门票实行"一票制"，每人每张 180 元。对从事登山、探险、科考以及拍摄广告等活动的人员，除收取门票外，根据其停留时间另收取环境卫生费：停留 1 天，每人 20 元；停留 2～10 天，每人 60 元；停留 11～30 天，每人 100 元；停留 31 天以上者，每人 150 元。对进入珠峰景区的机动车辆收取公路养护费：大车每次进入 600 元，小车每次进入 400 元。日喀则客运站不定期（人数凑齐即发车）有发往珠峰大本营的班车，票价 250 元，也可在拉萨或日喀则包车前往。

阿里

»　　**冈仁波齐**：可乘坐阿里地区客运站发往普兰的班车，途经冈仁波齐时下车。也可从狮泉河或普兰包车前往，搭便车一般以"扛大厢"为主。

»　　**玛旁雍错**：神山圣湖联合门票 200 元。如有毅力，可随朝圣的信徒们一道转山转湖至少一周。

»　　**古格王朝遗址**：门票 50 元。距札达土林以西 18 千米，可租车或徒步。看洞窟和壁画需带手电筒，但为了保护壁画，切记严禁拍照。

»　　**东嘎和皮央石窟**：门票 25 元，须在当地文化局购买。交通不便，最好包车前往。

7 六大经典线路

西藏的旅游格局，是从拉萨向外辐射到日喀则、山南 、那曲、阿里、林芝和昌都，并形成了六条主要的线路。

1. 拉萨—日喀则—拉孜—樟木线，是传统的黄金线。在这条旅游线上，你会看到西藏的第二大城市日喀则和这个城市里扎什伦布寺辉煌耀目的金顶与班禅新宫；看到雅鲁藏布江与年楚河交汇的河谷风光；看到古朴庄重的萨迦寺中的精美壁画、唐卡和密如蜂房的藏书阁；看到世界屋脊上珠穆朗玛峰和希夏邦马峰等连绵不断的雪山。

2. 拉萨—日喀则—拉孜—措勤—改则—革吉—狮泉河（噶尔）—普兰线，线路虽然漫长，但充满魅力。它要经过被称为"世界屋脊的屋脊"的阿里高原。沿途，桑木巴提山圆锥形的金黄色山峰，扎日南木错辽阔清碧的湖面，达瓦错丰美的水草，巴林冈日群峰上的皑皑白雪，札达一带神秘的古格遗址和荒凉而奇特的土林地貌，以及普兰境内被多种教派誉为圣地的神山冈仁波齐和圣湖玛旁雍错，都会倾倒前来游览的旅人。

3. 拉萨—江孜—日喀则—拉萨线，是一条旅游环线。 走这条线，要跨越雅鲁藏布江上的曲水大桥，登上岗巴拉山口，面对碧波映天的羊卓雍错。抵达古城江孜时，可以观瞻抗英遗址宗山炮台和白居寺内被誉为西藏独一无二的"十万佛塔"。从江孜向北，在日喀则游览古老的夏

距林芝排龙 5 千米的央古桥。

雍布拉康。

鲁寺后，再经仁布、尼木县返回拉萨。

4. 拉萨—山南（泽当）线。山南，是藏族的发祥地，曾拥有古老的雅砻河谷文明。现在已被辟为国家级风景名胜区。沿途有西藏的第一座寺庙——桑耶寺、第一座佛堂——昌珠寺、第一块农田——索当、第一座宫殿——雍布拉康，加上扎塘寺、藏王墓、拉姆拉错圣湖和哲古草原等，处处向游人诉说着藏族的兴起和沧桑。

5. 拉萨—那曲—格尔木线，是一条沿青藏公路、以草原雪域风光为主的线路。出拉萨向西北，首先途经藏于深山之内的楚布寺。再向西北抵达著名的地热区羊八井时，在很远的地方，你就可以看到地面上升起一缕缕蒸气。一过羊八井折向东北，连绵的雪峰和无际的草原将一直伴你而行。如果想目睹西藏第一大湖——纳木错，则要在当雄向北，穿越草原和念青唐古拉山。那曲是藏北重镇，每年八月的羌塘恰青赛马节远近闻名。

6. 拉萨—林芝—山南—拉萨线。在这条环线上的林芝被称为"西藏的江南"。这里有雅鲁藏布大峡谷国家级自然保护区、巴松错民族度假村，世界第一大峡谷雅鲁藏布大峡谷虽然很难进入，但闻名遐迩，是探险旅游、科学考察的好去处。

8 西藏的民用机场

西藏现有拉萨贡嘎机场（海拔 3569.5 米）、昌都邦达机场（海拔 4334 米）、林芝米林机场（海拔 2951 米）、阿里昆莎机场（海拔 4274 米）、日喀则和平机场（海拔 3782 米）等 5 处民用机场可供使用，已开通至成都、重庆、西宁、西安、北京、上海、昆明、迪庆、加德满都等地的航班。另外，那曲地区将建那曲达仁机场。

9 进出拉萨火车站相关火车

坐着火车去西藏，沿路欣赏高原风光，无疑是进藏方式的上上之选。拉萨与北京、兰州、广州、重庆、成都、上海、西宁之间均有火车车次来往。

实用藏语列表

语言是一个民族区别于其他民族的主要特征。到西藏时，利用空闲时间鹦鹉学舌一般学几句简单藏语，无论是与藏族人拉近距离，还是买东西时砍价，相信你会有意外收获。

问候语和礼貌用语

汉语	藏语译音	汉语	藏语译音
谢谢	突及其	你好吗	如索得波钦拜
请进	牙沛	请坐	秀垫佳
再见（您慢走）	卡里沛	再见（您留步）	卡里秀
对不起	广达	欢迎	嘎苏徐
叫什么名字	名卡热	我的名字是	额阿吉名
从哪里来	卡内沛巴	到哪里去	卡巴太卡

场所

汉语	藏语译音	汉语	藏语译音
旅馆	准康	商店	村康
剧场	德莫达萨	书店	贝村康
加油站	弄鲁萨	银行	威康
邮局	依松康	厕所	桑措
寺庙	贡吧	街道	狼嘎
市场	村纳	医院	门康

购物

汉语	藏语译音	汉语	藏语译音
买（卖）	尼（冲）	价格	孔者
贵了	孔泽青波	便宜	孔泽开波
钱	贝夏	这是什么	笛卡惹
多少钱	贝夏卡则惹	我买了	尼格因
青稞酒	枪	馒头	莫莫
牛肉	察下	羊肉	卤下
面条	土吧	风干肉	下甘布
青稞糌粑	乃糌	豌豆糌粑	散玛
奶酪	达雪	胸前带的小佛	嘎乌

常用对话

汉语	藏语译音	汉语	藏语译音
喂，你好	弓卡姆桑	见到你很高兴	切让结威嘎布穷
你好吗	切让得布饮拜儿	好，你呢	额啊得不迎，切让
我很好，谢谢	额阿得不迎，突及其	对不起	广达
什么事	捎烈卫云啊	现在几点钟了	躺搭趄翠卡簇热
从哪里来	卡耐沛吧	到那里需要多久	九脑哇土簇卡翠果热儿
好的，谢谢	拉索，突及其	不客气	可几朗个马热
您好，欢迎	切让配伯尔歌苏雄	一路上好吗	哪姆娜，得布穷啊
有座位吗	朽萨赌格儿	有，请进来坐坐	独，呀配徐点家
我们坐哪儿	额阿让措卡巴尕嘎	无所谓	概米度
你要吃什么	切让卡日确嘎	好吃吗	鞋辣桌布簇盖儿
很好吃	桌布扎独	我明白了	额啊线松
请喝茶	苏儿捎确	这有房间吗	抗米有批
和他怎么联系	只哇肯浙茄古日	你哪儿不舒服	切让卡日拥给朵
不要紧吧	册切不钮给	记住了	额而松
师傅，可搭车吗	格啦，莫扎卤若郎	我不舒服	阿代彼敏度
帮我找个医生	安木期才热囊	辛苦了	嘎地
可以在你这里借宿吗		切让叠呢捏呢永古度枚	

行走西藏的100个理由

在名著《叶甫盖尼·奥涅金》第一章的开头，普希金引用了俄国诗人维亚塞姆斯基的一句诗："活得匆忙，来不及感受。"

旅行家理查德·波顿告诉我们："在呆板的日常生活中，所能享受的最大快乐，莫过于经过了漫长的旅行后，置身于一个陌生的世界。在这里你可以摆脱世俗的牵绊、生活的压力、虚伪的面具、家庭琐事的重负。这是一种重生的幸福！"果真如此的话，在这个世界上，还有什么地方会比去西藏，更能让我们感受到重生的幸福？

无论是为了寻求理想，还是为了逃避现实，西藏，这个跟月亮背面一样神秘的地方，业已成为现代都市人的新图腾和旅行者的终极圣地。

在豆瓣网的《100个人眼里100个西藏》《为什么喜欢西藏》和天涯社区的《你去西藏寻找什么》等热帖里，我们看到在不同的人眼里，有着不同的西藏；不同的人，也有着不同的行走西藏的理由。在这里，我们选择其中精辟、闪光的句子辑录如下，与大家分享：

1.西藏一直是个梦想。目前只能梦一梦和想一想，但是我相信梦想不是梦想，总有一天我会站在西藏大声地喊：西藏，我来了，我真的来了。（Doux）

2.西藏，只是我想去的一个地方，我不能赋予它更多。（柚子·苗疆五毒教）

3.是任何人都给不了的圣堂。（Asaco）

4.西藏是一种精神，是每个人心里的neverland。（卡卡的葵）

5.无他，一切源自海拔。（阿滋猫）

6.我觉得西藏是神给予人类的一个美好，因此世界才不全是肮脏、无趣和疲累的。（赫斯的琴弦）

7. 一样，它也不是天堂。一样的生、老、病、死，贫穷或富贵。只是那里的人们会相信，而我们，什么也不信。（深山含笑）

8. 是我前世的故乡。（五之的无知）

9. 是你肉体可以随意到达，心灵却永远无法靠近的一个地方。（清欢"高四你好"）

10. 我去过了，却……还想去。（雪狼）

11. 还没去过……传说中最美的风景要和最爱的人一起欣赏。（菠菜开花）

12. 西藏让我最感动的是她的纯洁，是人们对生命里某种东西坚定的执着，是一种找到自己的感觉，找到自己内心里一直存在却一直没有发掘的东西。（大红）

13. 我眼中的西藏是安静的，只有喇嘛的诵经声和虔诚的藏族人的等身头。（米黄色纱布）

14. 我梦想中的地方。就像一个情结，一直在心里，一直告诉我，要去那里。（清和）

15. 我最大的愿望，现在想来，似乎不是睁大眼睛看西藏的风景，而是闭上眼睛安静呼吸。仅仅看看西藏，是不够的。（呆瓜泱）

16. 一个让你站在自己的海拔极限来审视、总结自己的地方，一个让你在大脑经常缺氧的条件下还会时时感动、感悟的地方。（纳米）

17. 西藏……就是一个转经筒。（楼小雨）

18. 带一块玛尼石回家，带一块擦擦回家。西藏在我生命中是抹不去的记忆。我们的根在那里。我不怕这梦会醒来。（小怪奥丁）

19. 天蓝，草绿，干净，没有纷争。（沧海→变桑田）

20. 城市喧哗，想要内心的平静和释然，因为我想做个纯净的人。（weiyang要认真）

21. 西藏是个很神奇的地方。想想看站在地球的鼻尖上。（凌曦）

22. 我最爱的还是她的平静和纯净。去那里也需要我带着一份纯净的心境，不可轻易地去，生怕扰乱了那块神圣的土地，我还在等待。（LEAVING）

23. 想体验那种靠双脚一步一步到达心中的目的地的感觉。西藏够远，够辛苦，也值得我经历这些。（Jessica.cymm）

24. 遥不可及的地方，可以一个人沉默不用解释的地方。（隐秘乃神的荣耀）

25. 离天堂最近，忘掉一切！（阿谁·骚烤）

26. 最纯洁的地方，最神圣的地方。有很多寄托，伸手便是天堂……（Nausicaa~吾分之一）

27. 喜欢西藏，是因为，它的高度，它的纯净，它的遥远。但是一定会有一天，我会深深呼吸它的气息。（依米）

28. 背靠着无限的广阔和无限的上升，后悔错过了以往那么多无知的岁月，直到今天，才找到了灵魂的栖息地。（漂流草）

29. 用一个沿海的城市人的眼光对于那片土地充满了那个年纪单纯的向往，可是后来渐渐发现其实不是，不管怎样，那边的天空是最蓝的，最宽广的。（东邪西毒）

30. 西藏固然神圣，而我更多的是喜欢那儿的淳朴。假使有一天那也像凡世一样污浊的话，我也会离它远去的。（中国炸弹）

31. 喜欢那里的人，喜欢那里的藏獒，喜欢那里的一花一草。如果它慢慢地变得熟悉，慢慢地失去最原始的真诚，它将会是人类欲望享受的空间，变得与海拔3000米以下没什么区别。（拉萨）

32. 那里可以让我们忽略自己忽略一切……（大头小笨笨*一个年长一圈）

33. 我觉得那里圣洁，我想去那里祈愿，似乎离神灵很近。（暖，爱和赵成成小朋友唱反调的暖）

34. 只是有一种感觉，我的灵魂在那里。（海蓝）

35. 她的神秘，令我不能了解。她的遥远，让我不能达到。她的圣洁，让我魂牵梦萦。可惜，也许今生不能与之谋面。（子萌）

36. 明媚的阳光，晴朗的蓝天，和善的人们，微笑的喇嘛……有信仰的人是有福的。（eau）

37. 她是我们共同的香格里拉。因为它的神秘，纯粹。我觉得如果到了那里我会更清楚地看明白自己。（nirvana）

38. 想一个人去到最接近神明的地方给最爱的男人写明信片。（黑色樱桃）

39. 到了那里才感觉到归属感。（lost-kaine）

40. 经幡飘动……（dodo）

41. 去之前没太搞懂，只是一个梦；去的当时，只是瞎激动；去了之后，哎，好多怀念，怀念拉萨，怀念阳光，怀念小河。（快雪时晴）

42. 对于生长在南方的我，那种雪域的美感自然会让我激动不已……对于藏地的印象全部是虚无和臆测。所以我要去。去过之后，我发现，疑

团在消逝，魅力却陡增。（旦增诺桑）

43.每天为工作的忙碌奔波让我常常忽略自己内心深处的想法，忘了追求什么，忘了内心的净土，希望能够有一天去发现西藏，找回最初的自己。一定会去！（布瓜西西）

44.心灵的渴望。（地理时间）

45.灵魂的一部分在那里，生命的一部分也在那里，有机会自己要只身进藏。（瞬间的放逐）

46.西藏，现在不敢说还是一片净土，但是，那是一个有信仰的地方。在那里，我相信还有神灵。（靠边站）

47.因为一个诺言才喜欢那里。这辈子一定要去一次，我想去那里感受一下灵魂的存在，膜拜、信仰。（watami）

48.吸引我的当属那里人们纯洁的信仰，天空的明净，星空的璀璨，高原的缺氧……（无是唯佳）

49.去之前觉得可能不会那么喜欢，去的时候觉得确实很喜欢，回来才发现西藏是我的爱。就像那首歌：遇上你是我的缘。（这一次，我真的不改名了，真的。）

50.可以远离尘嚣，洗涤心灵。（lost.lest）

51.自由。（欧兜麦）

52.增加自己这本书的厚度。（母子驴）

53.也许真的没有什么目的，只是看到这样的话：人这辈子，一定要去一次西藏。（crissraining）

54.或当或卖的懒懒散散的自由生活+刺眼的阳光。（kickmeout）

55.去拉萨抽根烟！（samsamsamho）

56.天空和藏族文化。（49度的雨）

57.去了之后发现，不管是为了什么，去了，都不会后悔！（花脸老猫猫）

58.逃亡，一边流泪一边享受。（光着脚丫的夏天）

59.喜欢那里天的蓝，一辈子都看不厌的蓝。（想念di季节）

60.去感觉一下人在自然面前是多么渺小和可笑。（轻尘微染）

61.寻找先知，就像当初的德国探险者。（看雪读松）

62.享受孤独，我一直希望能背着行囊孤独地走在西藏。夕阳照着，天很蓝，很近，触手可及。（天宝0001）

63.喜欢旅行，喜欢走在路上的感觉，感觉自己真切地活着，到西藏觉

得自己走在最干净的路上。（写字都不容易）

64.找一个人，和我一起翻越喜马拉雅，抵达尼泊尔！（袖舞清风）

65.没什么理由，心想流浪的时候，脚步只能跟随！（kill155）

66.西藏，凡尘中的最后一块净土。我要去，我会去，一定去！（寂寞也潇洒）

67.如果去的话会是为了一个不能成行的约定，风轻云淡的年少，柔情似水的往昔。看一遍西藏，想一遍亲爱的你！（袖子无心）

68.在钢筋水泥的城市待久了，感觉呼吸困难。那是一片净土，想在那里让身心平静下来，自由呼吸。（微雨桔梗）

69.我希望能让雪山见证我们的婚礼。（jane.way）

70.寻找那一朵莲花。（kappa522）

71.寻找失去的或正在失去的东西。（kobemilk）

72.盼着哪一天，和心爱的人一起站在纳木错旁，深情相望……不过，那里好像不能接吻，不知是不是？（屋子里的小耗子）

73.我只想去一个自己没去过的地方。（fly00）

74.忘掉一个人。（曾经梦了J）

75.挑战（身体）、尝试（孤独）、品味（生活）、寻找（心灵的净土）。（飘逝流星）

76.为了和行尸走肉有所区别，我们还是去一趟吧！看看那里的朝圣的人。（苏123）

77.从书中认识到西藏，接着就特想去一次。这成了我一直以来的心愿，也一直希望能有一个所爱的人相陪前往。（水瓶座的小猪猪）

78.去过西藏的人心底应该会流下一滴泪。有感动，有追梦，有自由，有许许多多要向天空诉说的衷肠……去过西藏的人，学会了一样最重要的东西——就是感激人生。（泥巴精灵）

79.地广人稀，空旷的感觉。（咖啡暗香）

80.什么都可以做，什么都可以不做。什么都可以想，什么都可以不想。（四眼先生）

81.因为和一个人有过约定，那是要一起去的地方。（zhazha121）

82.想去那里，在旷静的苍天和辽莽的土地上，体味孤寂的滋味！在中国的屋脊上，举起双臂，或许，我们真的可以傲视一切！我们可以连接起天与地！（尚漠馨）

83. 喜欢空旷、无人、天空明朗的地方，当然还不能迷路，那个地方也许就只有西藏了。（风说了什么）

84. 我想是感动！一提到西藏就兴奋！我想当我踏入那片土地的那一刻，一定无法抑制自己的泪水！（素面朝天666）

85. 因为西藏在那里！（库克船长1770）

86. 在神山圣湖边转山转湖，洗涤心灵的尘埃，请求上天对过去所有无知和劣根的宽恕……西藏归来，是一次重生，做个想做的人，至少是个好人。（尘尘326）

87. 我想寻找爱情……不知道我这辈子中的那个人是否去了西藏，又是否已经在西藏出家啦。（嫁不掉的女人）

88. 为了忘记，去了之后不留下任何东西，也不带走任何东西。（明天会在哪里）

89. 那么不适合人居住的地方，去看看。（小色）

90. 自然，人文，历史。一个都不能少！（以沃）

91. 为了约定以及再去受一次伤！（paradise.corners）

92. 佛，文成公主。（孤翎无天）

93. 因为不同，与日常生活不同，所以每次去任何地方只是因为不同。西藏是不同之中的不同吧！（淡品旧卷听箫琴）

94. 只是喜欢在路上的感觉了，不为别的。（两只手套）

95. 在乎的不是目的地，在乎的是沿途看到的风景和看风景的心情。（水电兵）

96. 曾经很天真地对一个人说过："25岁之前要去西藏，那是我的梦想。然后回来随便找个人嫁了。"那时似乎是把自己的前一半人生，执意要用西藏作为断点。到今天，一切是"当时已惘然"，我转身，你已不在。要去西藏，作为回忆，作为遗忘。（yingfengyaoyi）

97. 去之前觉得好像是为了理想，去了之后发现自己不是为什么去的，只是想去，那就去了呗。（zzdog）

98. 曾经听过这样一句话：人若很想去西藏，那是因为神在对他召唤。（恩蓝恩蓝）

99. 天，是那么蓝；云，是那么白。无语了。（MichaelJun）

100. 所有的理由全部占齐了，看来不得不去走一回了。（路人壹）

逃跑的孩子去西藏

忽必烈曾问马可·波罗："你回到西方以后，会对你的同胞讲述你告诉我的故事吗？"马可·波罗回答："我不断地讲述，但是，听众只会听到他所期待的话语……主控了故事的不是声音，而是耳朵。"所以，我也许应该保持沉默，对自己在西藏的经历守口如瓶。何况，西藏本身就是一个不可言说、难以言尽之地。但无论沉默与否，曾经发生过的那些故事，日日夜夜总在敲打着我的记忆。

"八年援藏"，这个如今已被人们淡忘的词汇，在那个年代，却彻底改变了我的一生。

许多年后，当我读到《仓央嘉措秘史》里别人问询身世时，六世达赖的回答："我自幼浪迹在外，年深日久，父母乡土都忘怀了……自己尚且不自知，你知道我是谁？"就不由感同身受，悲从中来。

少年子弟江湖老，红粉佳人两鬓斑。有些人的一生，无论什么缘由，似乎注定要远离生养自己的故土，"逃亡"异域他乡，颠沛流离。也许，他们正像电影《燃情岁月》里印第安老人所说的："这一切是因为他们的身体里沸腾不止的血液，是因为不肯安歇的灵魂。"

时间已是距那时十多年后的一个深夜。我像有什么心事似的，心神不定。洗手间的水龙头不停地叮叮滴着水，恍惚之间，我仿佛又回到了墨脱某处山谷流水潺潺的溪岸边。我不禁想起卡夫卡写给女友密伦娜信中的一段话："我正在读一本关于西藏的书。读到对西藏边境山中一个村落的描写时，我的心突然痛起来。这村落在那里显得那么孤零零，几乎与世隔绝，离维也纳那么遥远。说西藏离维也纳很远，这种想法我称之为愚蠢。难道它真的很远吗？"

回首往事，我多少感到有些失落。隔着岁月看过去，当年的那个我，于我已然陌生。我就像看别人的故事一样，偶尔回忆起过去的点点滴滴。

曾以宽阔的胸怀接纳了我迷惘青春的西藏，是如此令我眷恋。即使我已离开了，它仍一再呼唤我重回到它的怀抱里去，哪怕它只是一处从未存在过的想象之地，哪怕它只不过是一座过眼烟云般的海市蜃楼。喜马拉雅山区的空气纯净新鲜。海拔 4000 米之上，蓝天白云之下，牧草青青，牛羊成群。在简陋的帐篷边举杯，一佛二法三僧，挥指弹三下，仰脖一饮而尽！——但我知道，虽然我已再度回来，那样的生活却一去不再复返。

拉萨八廓街。冬夜。风雪弥漫。觉卧佛的信徒们早已各自回到了温暖的家。跋涉千里以身体丈量大地的磕长头朝圣者，也在某处布满破洞风雪侵凌的帐篷里进入了梦乡。有一个人，游魂一般彻夜行走在这条全西藏最著名的转经道上。他留在雪地上的脚印，一圈一圈，立时被大雪覆盖。这个人不是六世达赖，我说的是我自己，那个在圣城拉萨里，心灵最彷徨无依的人。

谨以此书缅怀我在西藏度过的青春和那一段生关死劫与酒同饮的快意人生。

是为后记。

致 谢 辞

在本书定稿付印之际，我谨向下列人士致以诚挚的谢意：

首先，特别感谢刘志松先生，本书最初的创意主要来自他，没有他的启发和协作，就不会有这样一本书。还有参与本书编辑制作发行的人员，在此一并深深躬谢。

其次，感谢提供照片的阿吉拉姆、阿觉娃、布加、陈志伟、顿珠、贺卫华、江岛、李建、桑德和五之、沈瑞城、王成刚、王晓斌、薛林、羊羽、张韬、张雪绯（按音序排列）及李婉等各位朋友，他们的精美照片，使本书增色。本书个别图片来自其他途径，请作者见后与本书著者联系：nimadawa@sina.com。

再次，感谢《西藏行知书》的著者曹凤英，本书中的部分攻略内容来自她深入藏区的旅行经历。感谢顿珠先生在宗教民俗知识方面给予的指导，感谢藏族诗人仙巴格勒为本书提供了优美的藏文翻译。

最后，感谢所有阅读本书的读者。如果你曾经去过西藏，希望本书成为我们共同的回忆和纪念；如果你即将开始西藏之行，希望本书能够对你深入了解和感知西藏有所助益；如果你向往西藏已久，但暂时没有机会前往西藏，那么，希望本书可以成为你直达西藏的一条捷径。